American Pre… …or

The Hunt for the Most Meticulous Serial Killer o… …tury

Maureen Callahan

捕食者

全米を震撼させた、待ち伏せする連続殺人鬼

モーリーン・キャラハン

村井理子＝訳

亜紀書房

発見された被害者とその家族、未だ発見されていない被害者とその家族へ

すべての不可能を除外し残ったものが、
たとえどれだけ信じられないものだとしても、
それが真実となる

——シャーロック・ホームズ

目次

捕食者

全米を震撼させた、待ち伏せする連続殺人鬼

序文

殺人の最も稀な形態が連続殺人だ。『CSI：科学捜査班』や『マインドハンター』といったテレビドラマ、映画、犯罪小説が人気を博しているが、実際には、理由もなく手当たり次第に殺す殺人鬼は、非常に珍しい存在である。彼らが私たちの意識の中に、巨大な姿で現れる理由がそれだろう。

それは同時に、私たちが殺人鬼について、すべて理解できていると考えてしまう理由でもある。しかし、本書に記された容疑者は、FBIがこれまで目撃してきた殺人鬼とはまったく違うタイプの人物だった。彼は新種のモンスターで、近代のアメリカで発生した多くの未解決殺人事件、そして行方不明事件に関わっていると推測されている。

彼の名は知られていない。これを読んでいるあなたでさえ、彼の名を耳にしたことはないだろう。

本書は、この事件に関わった多くの特別捜査官との何百時間にも及ぶインタビューに基づいて書かれている。登場人物による推察の記述は、直接提供された情報に基づいている。一部のケースでは、内容をわかりやすくするため、ＦＢＩの尋問の様子を編集、簡略化した。

第I部

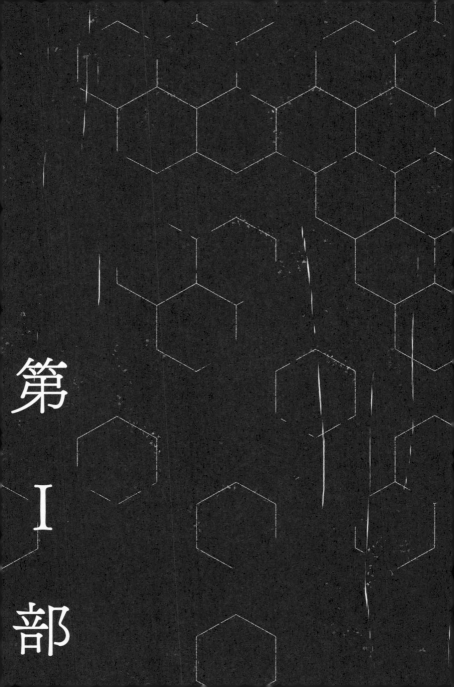

第1章

四車線道路の脇にある五フィート（約一・五メートル）の雪の吹き寄せの横に、小さなコーヒースタンドがあった。その明るい緑色は、地面のアスファルトと、灰色で無機質な大規模量販店の姿とは対象的だ。スタンドの前を車で通り過ぎる運転手の目には、楽しげな印象ではありながらも、ひっそりと佇むその小屋の屋根が、積もった雪の上から見えていた。

前日の夜、十八歳のサマンサ・コーニグは、たった一人でこのコーヒースタンドで働いていた。そして、姿を消した。彼女がこの店で働きはじめて、一ヶ月も経っていなかった。

二〇一二年二月二日木曜日の朝、出勤してきたバリスタによって、彼女が行方不明であることが警察に通報された。バリスタは、いつもとは違う様子に気づいた——サマンサはきっちり閉店の作業をしていく責任感のある女性だったというのに、その日の朝は店内にものが散乱した状態で、その上、前の晩の売上金が消えていたのだ。

サマンサについて調べたアンカレッジ警察は、たった一日ではなんの手がかりも掴むことができなかった。彼女は周囲の生徒から好かれる人気者の高校三年生で、授業をさぼる日もあれば、ドラッグで問題を起こしたこともあるようだった。クールな生徒たちだけではなく、誰とでも仲良くなることができた。彼女の人生には、大事な人が二人いる。一人はボーイフレンドのデュアンで、一年ほど前から交際を続けていた。そして父親のジェイムスだ。

この状況から何を導き出すことができるだろう？　もちろん、サマンサは誘拐されたとも考えられる。しかし捜査員たちには、彼女が自ら姿を消したように思えた。争った形跡はない。店内には非常ボタンがあったが、サマンサはそれを押していない。行方不明になる前後、携帯電話を使用している――浮気をしているのではと疑って、デュアンと争いになり、私にこれ以上関わらないでというメールを送っていた。

一方で彼女は、父親にも電話をかけ、コーヒースタンドまで夕食を持ってきて欲しいと頼んでいた。

家出をするつもりであれば、なぜそんなことをしたのだろう？

この事件は新米警察官の現場訓練として、ぴったりだろうとアンカレッジ警察の巡査部長は考えた。巡査部長はこの事件を、家族三代にわたって警察官である、三十五歳のモニーク・ドール刑事に担当させることにした。彼女が殺人課に配属された初日の任命だった。ドールには十年のキャリアがあり、そのうち四年は麻薬取締局（DEA）だったから、彼女は適任だと言える。ドールは、アンカレッジ警察でもナンバーワンの美人刑事で、目立つ存在でもあった。その名前の通り、人形のように美しいブロンドの女性だったが、男性とも女性ともつかない、ミキというニックネームで呼ばれていた。アンカレッジ警察のもう一人のスター、ハンサムなジャスティン・ドールと結婚しており、二人は地元では名の知れたカップルだった。

巡査部長はドールに、この事件は君が仕切れと伝えた。そして、この事件は何か不自然だと説明を加えた。

町では、FBI特別捜査官スティーブ・ペインが、警察署の友人からの電話を受けていた。麻薬がらみの事件をまとめている最中のことだった。大きな都市だが、まるで小さな町のように動くアンカレッジでは、珍しいことではなかった。警察官、FBI捜査官、被告側弁護士、検察官、裁判官——誰もが顔見知りだ。アラスカ人であることの矛盾はここにあると言える。この州を故郷とする人間は、率直な個人主義者であると同時に、厳しい冬と冷気に周囲を囲まれた状況では、互いを助け合う日が来ることを知っているのだ。

ペインは前の晩の夜中に十八歳の女性が行方不明になったこと、彼女が怒りを込めたメールをボーイフレンドに送っていたことを伝えられた。

数日だけ姿を消すために、サマンサが売上を持ち逃げしたのだろうという説が、最新の情報だった。そんな動機は、アンカレッジでは珍しいことではない。

しかしペインは納得がいかなかった。姿を消すには、ある程度しっかりとした計画と高度な知識が必要だ。彼にとってサマンサは、単に暮らしに余裕のない、若い女性だった。ペインは道路脇のコーヒーショップの常連だったが、バリスタの給料の安さは想像することができた。そこでたった一人で接客させられていた若い女性は、夏場にはビキニを着せられていた。楽な仕事ではなかったはずだ。

それに、暗く、凍てつくように寒い水曜の晩に、十代の女性がどこへ消えるというのだろう？天気は荒れ放題で、気温は華氏三十度（摂氏マイナス一度）、地面には雪が積もっていた。その日の晩、サマンサは自分のピックアップトラックに乗ってはいなかった。トラックにはボーイフレンドのデュアンが乗っていた。アンカレッジは、徒歩で移動できるような町ではない。サマンサが、ただふらふらと、たった一人で歩いて移動するなんて辻褄が合わないのだ。もし彼女が、昨夜デュアンに送ったメールで書いた通り、友達の家に向かったのであれば、警察がすでに彼女を発見しているはずだった。

ペインは捜査に加わると伝えた。

すると、「いや、動けるやつは十分いるんだ」という答えが返ってきた。「だいたいのところは摑めてるから」

ペインは電話を切った。何か釈然としない。彼が知る限り、どんな事件捜査であっても、先入観をなくすことが初期段階のルールだ。発生したかもしれない事件に、自分なりの解釈を無理矢理当てはめることはすべきでない。

サマンサの失踪が届けられてからも、警察は事件現場のコーヒースタンドを立ち入り禁止にもしなかったと耳にしていた。コーヒースタンドではすでに、サマンサの同僚のバリスタが、モーニングサービスを顧客に提供していた。もしコーヒースタンドが事件現場だったとすれば、この時点で証拠は汚染されている。

あり得ない……と、ペインは考えた。こんなこと、基本中の基本じゃないか。事件発生から数時間が、捜査にとってすべてだ。最新情報や、説得力のある目撃証言が得られるのは、このときだけということは、ペインにとっては明白なことだった。重要なのは、捜査官自体が興味を強く抱き、事件に熱心に向き合い、見知らぬ登場人物のミステリーに対峙することなのだ。これが、捜査の方向性のすべてを決める。誰かが行方不明になると――特に、子どもの場合だ。ペインはサマンサを子どもだと考えていた――初動捜査の良し悪しで、生きて、元気な状態で発見できるかどうかが決まる。

口を挟みたくはなかったが、我慢できなかった。ペインはアンカレッジ警察署に電話を入れ、メッセージを残し、午後の間、返事を待った。

ようやく、夜の八時になって、ペインの電話が鳴った。ドール刑事からだった。

「状況が変わりまして、お越しいただけませんか」と、ドールは言った。

ペインはＦＢＩアンカレッジ事務所から、車を二十分飛ばしてアンカレッジ警察署に向かった。ペインはドールより六歳年上で、連邦捜査局での経験は十六年目だった。生まれも育ちもアンカレッジという珍しい男だ。ここに住む人間は、例えばドール刑事のようなタイプは、大半がアラスカ州以外の出身だった。地元生まれのペインには、この町の息づかいのようなものが理解できた。アンカレッジに住む、貧しく、トラブルを引き起こす路頭に迷う若者に対して警察が持つ偏見を、ペインは知り尽くしていた。失踪しているサマンサが、警察から誤解されることをペインは怖れた。

ペインの見た目から、彼の気性を窺い知ることはできない。そのキャリアを通して、ドラッグと暴力事件を担当してきた特別捜査官だとは想像できないだろう。小柄で、痩せ型。まるで会計士だ。しかし彼は生まれながらの捜査官で、自他共に認める生真面目な男。捜査に没頭するあまり、最初の結婚には失敗した。殺人捜査の信条に常に立ち返る、完璧主義者だ。その信条は、「初動でミスを犯すな。チャンスは一度きり」である。

連邦捜査局で彼の口癖はからかいのまとだった——それは、手がかりや、役立ちそうな情報を見つけたときに思わず口にする「ちょっと待て」と、もう少しで解決しそうだった事件が、最終的に未解決になるときの「マーフィーの法則」（悪い予感は的中する）という口癖だった。ペインはマーフィーの法則を、個人的なトラウマのように捉えていた。

ドール刑事は、これまでに自分が得た情報を、簡単にペインに説明した。店内に設置されていた防犯カメラの映像をチェックし終えたところだったのだ。それは現場から二千五百マイル（約四千キロメートル）離れた場所に住むオーナーが、八時間前に警察に提出したものだった。その報告はペインが怖れていたことを裏付けるものだった——サマンサは不安定な十代の若者で、警察の捜査対象としては優先順位の低い人物だったのだ。サマンサの父親は、一晩中サマンサの携帯に無意味な電話をかけ続けていて、そして翌朝の次のシフトの時間（午後一時から午前八時）の前には、彼女が戻ることを願いつつ、店の入り口に立ち尽くしていた。
「映像を見せてくれますか」とペイン捜査官は言った。

午後八時直前の映像だ。ライムグリーン色のシャツを着て、茶色い長い髪が特徴的なサマンサが画面に現れる。リラックスした様子でコーヒーを淹れながら、スタンドの窓越しに客と話をしている。

感じのよさそうな女の子だな。ペインはそう思った。明るい女の子のように見える。

店の外にいる人物は、カメラのレンズが捉えることのできない場所にいる。サマンサは慣れた様子で作業を進めるが、二分六秒、突然、店内の灯りが消える。

音声はない。

サマンサが両手を上げる。店外にいた人物は影のような形でしか確認できないが、スタンドの窓越しにサマンサに対して銃口を向けているようだ。銃口は窓の上部の高い位置にあり、商品を手渡す窓は地面に対して低めの位置に設置されていることから、この謎の人物は背が高いことが考えられた。サマンサは、背中を外の人物に向けながら、用心深くカウンターに近づいた。サマンサが跪いた。彼女はその姿勢のまま、一分以上落ちつかない様子をしていたが、三分三十秒のところで立ち上がり、レジまで歩いて、引き出しから現金を出した。映像は粒子が粗く、彼女が現金を直接手渡したのか、それとも置いたのか、判別することは難しかった。サマンサは落ちついた様子で元の場所に戻り、再び跪いた。次の瞬間、明らかに何か別の指示が彼女に与えられ、サマンサはよろめきながらも窓まで進み、止まり、そして背を向けた。五分十九秒。大柄な男が店内に上半身を入れている状態だ。確信は持てないが、サマンサの両手を背中で縛りあげているように見える。

そこから二分が過ぎた。二分なんてあっという間だと思うかもしれないが、フィットネスジムの大規模駐車場と、車の往来の多い道路の間にある、誰もが知るコーヒースタンドの外に男性が銃を構えて立っていることを考えれば、異様に長い時間だということがわかる。

男が誰かはわからないが、手慣れた人物、あるいはサマンサの知人かもしれないとペインは考えた。スタンドはとても小さい。たぶん、縦五フィート（約一・五メートル）、横九フィート（約二・七メートル）ほどのサイズしかなく、地面からわずかに持ち上げられたような状態だった。広く開いている商品提供用の窓は、若い女性たちをこれ以上なく無防備にしていた。なぜ誰もそれに気づかなかったのだろう。

数秒後のシーン——男がまるでチーターのように身軽に飛び上がり、一気に窓からスタンド内に入った様子を、ペインは固唾を呑んで見ていた。背を丸め、腕を伸ばし、サマンサの右側に優雅に降り立った。あっという間の出来事だった。

ここで明らかになったことがある。この人物はとても背が高い。背が高く、そして冷静沈着だ。窓の外を確認し、そして窓を閉めたように見え、それからサマンサに話しかけている。二人の間に流れる空気は、至って普通に見える。

男は何かを拾い上げ、開き、それをサマンサに見せる。どうも、彼女の財布のようで、中には何も入っていないようだった。

八時五十五分。男は膝をついている。広くて逞しい背中がカメラのほうを向いていて、右腕で跪いたサマンサをしっかりと抱えている。男の着ている黒いパーカーの背中に書いてある白い文字は、判読することができない。男はサマンサにぴったりとくっついていて、まるで二人は合体した像のように見える。

男はサマンサを立ち上がらせる。

男とサマンサはためらうように一旦後ろを振り返り、その二人の表情をもう一台の防犯カメラが捉えていた。男はサマンサをスタンドの小さなドアまでまっすぐ導き、そして外に出た。彼女と男は、降り積もったばかりの雪の間を抜けながら、ゆっくりと歩いて去っていく。男は彼女の肩に腕を回していた。


ペインはなんと言っていいのかわからなかった。もう一度、彼はFBIとして捜査協力を申し出たが、ドール刑事はそれを固辞した。彼女にとっては初めての勤務日だったとはいえ、指揮を執るのは彼女で、アンカレッジ警察の事件だったからだ。

同じく、アンカレッジ警察から事件の担当を命じられていたのはジェフ・ベルで、彼の若々しい外見からは、十七年も法の執行に携わっていることは想像もできなかった。彼は過去に、連邦保安局特別部隊、SWAT、巡査長、そしてFBIでは犯罪防止特別部隊に所属し、セキュリティー・クリアランス（機密にアクセスする権利）を与えられている人物だった。ベルは捜査チームにとって、最適な人材だろう——客観的、論理的思考ができる男であり、アラスカで最も犯罪率の高い町としてアンカレッジを際立たせることに貢献しているギャングのメンバーやドラッグの運び屋、覚醒剤中毒、ポン引き、強姦魔、殺人者を結びつけることができるカリスマだ。

アンカレッジ警察とFBI捜査局では、ベルはメトロセクシャル（外見や生活様式の維持に徹底的にこだわる、独特な美意識を持つ人物）として知られていた。これは必ずしも褒め言葉ではなかった。髪を刈り上げ、神秘的な雰囲気を身にまとい、体重管理も怠らず、常に服装にも気をつけていた男だ。

ベルは同僚たちから一目置かれていた。生まれ育った中西部では、彼の率直さと人柄のよさは誰もが知るところだった。アラスカには大学時代の恋人を追いかけて辿りつき、二人はそこで結婚した。ずっと昔から、ここに住むほとんどの人がそうであるように、ベルは自分がアメリカ人というよりはアラスカ人だと感じるようになっていた。ここ以外の土地は、すべてよその土地なのだ。ベルはアンカレッジを、ペインと同様に熟知していた。街角のほとんどすべてに強盗、逮捕、死体の記憶が残っている。

しかし、肝心のベルでさえ防犯ビデオの映像には困惑させられた。確かに、サマンサは両手を上げていたし、映った人物は男性のように見えたが、あの売店内で実際に起きていたことは、一体なんだったのだろう？　映像は暗すぎて、よく見えない。なぜ会話に時間がかかっていたのか？　ベルは出来事の時間の流れを計ってみた。この男は、スタンドの外に少なくとも七分は立っており、内部には明らかに十分以上滞在しているのだ。合計十七分だ。

一体、二人は何を話していたというのだ？

この十七分という時間の長さが、部署の最初の見解に繋がった。それは、サマンサは被害者ではないというものだった。警察は報道関係者にそれを伝えるつもりはなかったが、その対応自体が、サマンサが被害者として扱われていないことを明らかに示すものだった。サマンサの失踪を公にすることすら、アンカレッジ警察は予定していなかったのだ。

さらに二日が過ぎたところで、冷静さを失ったサマンサの父親により、警察は動くことを余儀なくされる。

第2章

金曜の午後、ジェイムス・コーニグは、コーヒースタンド「コモン・グラウンズ」の外に立っていた。娘が失踪してから、四十八時間近くが経過していた。この衝撃は親だけが理解できるものだ。子どもが、理由もわからずに、突然どこにも見当たらなくなってしまったときの、絶望にも似た無力感を。

こんなこと、あるわけないだろ?

無愛想で、青い瞳のジェイムスは、周囲の人間からはサニーとして知られていた。トラック運転手で、アンカレッジの物騒な地区のことはよく知っていた。バーやストリップ・クラブがあり、バイクに乗ったギャングたちがたむろする場所だ。麻薬取引に関わっているとも噂されていた。ジェイムス・〝サニー〟・コーニグは、一部の市民にとっては、悪党とされる人物だった。

しかし、彼はサマンサのためならなんでもするような男だった。サマンサが生まれた直後は、呼吸が止まるのではないかと心配し続けるあまり、眠ることができなかったほどだ。親の愛とはいかに果てしないものかと人は言うが、今だったらその意味が理解できる。サム（サマンサの愛称）は彼の一人娘で、愛してやまない子どもで、彼の世界のすべてだった。あの日の夜、サマンサに夕食を届けるためにジェイムスがスタンドを訪れていたのなら、彼女が行方不明になることなど決してなかったはずだ。なぜジェイムスはそうしなかったのか？　なぜ？

ジェイムスは、自分ができることに集中した。娘を探すため、アンカレッジ中の注目を集めるのだ。サマンサの写真が掲載されたフライヤーの上には、赤い大文字で「誘拐」と書き、その下に彼女の名前を記した。ボランティアがひっきりなしに彼のもとを訪れ、ジェイムスを抱きしめ、雪の舞う中、フライヤーを手に去っていった。

取材陣も集まってきていた。ジェイムスは一日中彼らと話すことをいとわなかった。サマンサは連れ去られたのだと主張し、それは間違いないことだと付け加えた。

「バッテリーが切れるまであの子に電話し続けたし、メールだって送り続けたんだ」とジェイムスは言った。「でも、留守番電話に切り替わるまで呼び出し音が鳴るだけだ。それでついに昨日の夕方になって、呼び出し音が鳴らなくなった。そのまま留守電に切り替わる」

ジェイムスは、このことこそが、サマンサが連れ去られた証拠だと信じていた。ジェイムスとサマンサは一日に何度もメールを送り合い、通話もしていた。しかし警察は確信を持てなかった。アラスカでは人が行方不明になることなんて日常茶飯事だ。ふらりと迷子になることだってある。

ことも暗い登山口で道に迷い、雪だまりで凍死することさえある。発見されることもあれば、されないこともある。ここでは、それが日常なのだ。一部の人間にとっては、それは恩恵でもあった。

アラスカ人の魅力の多くは、その謙虚さにあった。我々の祖先が一万年以上前に住みはじめた地は、一八六七年、ロシアがアメリカに一エーカーを二セントで売却したときには、ほとんど未開発の状態だった。それでもアラスカ人は、ジェイムス・ミッチェナー（一九〇七年生まれ、アメリカの小説家）が〝偉大なる土地〟と呼んだこの地に残り続けた。人類が誕生する前の状況に最も近く、汚されておらず、畏敬の念を抱かずにはいられないほど雄大な自然の残る、この土地に。冒険家、孤独を愛する者、ロマンチスト、ならず者、絶望する者、そして破滅へと向かう者が住む町だ——この地の享楽と、誘惑と、荒涼とした様は、人間の野性を引き出してしまう。アラスカとは、黒い月と真夜中の太陽が存在する土地なのだ。

夏、特にアラスカとアンカレッジは、この地球上で最も明るい場所となる。日照時間が一日に二十二時間という長さになるため、バケーションに訪れるアウトドア好きな家族にとってはテーマパークのような場所となる。しかし、冬が訪れ、観光客が去れば、その仮面は剝がされる。アンカレッジ本来の姿である、野蛮な一面が露わになる。光と生命に飢えた、暗闇と堕落が競い合うのだ。世俗世界と未知の現象が作り出す漆黒の隙間でゆらゆらと揺れる、完全なる暗闇。それに包み込まれる六ヶ月。このときほど、この地が地上の末端にあることを感じられることはない。この孤立の中では、何が起きても不思議はない。

女性が暮らすのには、難しい土地だ。

一九八八年に発表された『アラスカ』で、「アラスカは二面性があると考えなくてはならない。偉大な美しさがある場所、そして同時に、無慈悲なまでの敵対心も存在する」と、ミッチェナーは記している。ここで生き残る者は、「ある意味、特別だ。闇夜が続く、凍てつく冬を生き延びる、冒険家で、勇ましく、猛烈に吹き付ける風に抗うことができる人間だ」とも書いた。

それはまさにサマンサだった。彼女は、父親と同じようにタフだった。母親とうまく関係を維持することができず、麻薬の問題も抱えていた。高校は中退しそうになっており、低賃金での仕事に行き詰まり、夢は先送りせざるを得なかった。それでも彼女はその状況を耐え抜き、現在はアンカレッジ・ウェスト高校の二年生となっていた。動物を飼育する仕事に就くか、看護師を目指すか、あるいは海軍に入隊しようと考えていたそうだ。生まれながらにして面倒見のよい人物で、カフェテリアに一人でいるはみ出し者や、学校の集会で周囲になじめないようなタイプの学生を見れば、自然に近づき、おしゃべりをはじめるような女性だったそうだ。彼女は、心の優しい人だった。

サマンサにはかわいがっている姪っ子がいて、大切にしていた二匹の犬がいた。口げんかが絶えなかったけれど、ボーイフレンドのデュアンを本気で愛していたし、八ヶ月前からデュアンはサマンサとジェイムスの家に同居しはじめていた。デュアンも人気のシーフードレストランで皿洗いとして働きながら、よりよい暮らしのために貯蓄をしていた。

彼女が失踪した日の夜、デュアンはサマンサをコーヒースタンドに迎えに行く予定だった。だが、彼が到着したときには、彼女はすでにそこにいなかったと警察に証言した。

日曜日になった。アンカレッジ警察には、巻き返しを狙う必要があった。そう、サマンサの発見だ。同時に、世間を沈静化させる必要もあった。事件の内容が全国的に知られるようになったのだ。

世間知らずなのか、はたまた自暴自棄なのか、デイブ・パーカー警部補はマスコミに対して饒舌だった。「二人が徒歩で現場を離れているということぐらいしか、我々にはわかっておりません」と彼は口を滑らせた。

「しかしですね、彼女の失踪は、完全な謎に包まれています」

この発言は地域の不安を煽っただけだった。サマンサの失踪は、人の往来が多く、暗い場所で、一人で働く若い娘を持つ親たちの間に恐怖を植えつけることとなった。

サマンサの誘拐は他人事ではなかったのだ。

そして、アンカレッジ警察が防犯ビデオの一部をメディア公開へと踏み切ると、世間の圧力が高まった。警察が発表できたことは、このときも、犯人が暗い色のパーカーを着用していたこと、野球帽らしきものをかぶっていたこと、わずか五・五フィート（約百六十五センチ）のサマンサよりも、はるかに背が高いということだけだった。

「この特徴は、誰にでも当てはまる」と、ある刑事は言った。

その「誰にでも」の中には、サマンサの父親ジェイムスとボーイフレンドのデュアンも含まれていた。

ドール刑事は、木曜日の朝、別々に二人の男性を署にて尋問した。それはサマンサが失踪してから数時間以内のことだった。ドール刑事のジェイムスに対する最初の印象は、実直な男というものだった。ドールの記した警察調書には、1から10の信頼度で表せば、ジェイムスは「10、大変正直」と記載されていた。

しかし、ジェイムスとデュアンの証言が、彼女を困惑させているのも事実だった。

デュアンはサマンサと共同で所有していたピックアップトラックで、夜の八時三十分頃、そのコーヒースタンド「コモン・グラウンズ」まで、彼女を迎えに行ったと証言した。仕事が長引き、十分ほど遅刻して到着したらしい。

デュアンが車を停めると、店内の灯りが消えていることに気づいたと彼は言った。全体が暗闇に包まれていたそうだ。デュアンはトラックから降りると、窓から内部を覗き込んだ。サマンサはいなかった。

「スタンドは閉まっていました」と、ドール刑事に彼は言った。ナプキンとストローが床に散らばっていて、タオルがカウンタートップに置いたままになっているのが見えた。それが彼の印象に残ったそうだ。サマンサは整頓好きだったから。

それではなぜ、デュアンはスタンド内に入っていこうとしなかったのだろうか?

「防犯アラームを鳴らしてしまい、泥棒だと間違えられたくなかったんですよ」と彼は打ち明けた。サマンサは誰かに送ってもらい、家に戻ったのだろうと考えたそうだ。ドール刑事はデュアンに証言の時系列の証拠を示すよう求めた。彼が携帯のメッセージの履歴をスクロールして見せたとき、サマンサとの関係が明らかに良好でなかったことが、ドール刑事にははっきりと理解できた。

それは誤解だとデュアンは言い張った。関係はうまくいっていた。もちろん、揉めていた時期だってあったかもしれないけれど、二人の関係はそんなものを超えていたのだと。

ドール刑事はそう思わなかった。彼女はデュアンに、メッセージをもっとスクロールして、過去のテキストを見せるよう迫った。すると、とある会話が出てきた。ああ、それですかと、デュアンは言った。別の女性と浮気していたのだ。サマンサはそれを知り、激怒していた。刑事には携帯電話の内容をすべて確認することもできた。だから、あらいざらい認めることをデュアンは選んだようだ。サマンサが行方不明になった夜、彼女に電話をして、今は話せないと言われると、デュアンは「勝手にしろ」と返して電話を切った。確かに彼女に腹を立てていたことを認めたのだ。

ドール刑事は、その日の晩の十一時三十分、ようやくサマンサからデュアンに戻ってきた返信を読むことができた。

ファック・ユー、最低男。あんたがやったことなんて全部わかってる。態度がおかしかったもの。友達のところで、二、三日過ごして考える時間が必要だわ。パパに全部話してやるから。

「態度がおかしかった」とは？　誰がおかしなことを？　ドールは攻めの質問に転じた。デュアンは一体何をやったのだろう？　「おかしな」ことって、どのようなこと？　デュアンが浮気をしていた？　サマンサを迎えにきたそのとき、二人の間で対立があったのでは？　彼女に対して冷静さを失ったデュアンが、考えていたよりもずっと先に進んでしまったのだとしたら？　何かが偶然に起きてしまったとか？

違いますよ、とデュアンは言った。俺はやってないです。

ドールは、そう、それじゃあ、この出来事の後にあなたは何をしたの？と彼に問いただした。デュアンはジェイムスの家に戻り、サマンサが帰ってくるのを待っていたと言った。そして明け方の三時頃のことだった。突然、玄関から外に出なくてはならないという予感めいた気持ちを抱いたそうだ。

なぜ？とドール刑事は尋ねた。

デュアンはその気持ちを言葉で説明することはできなかった。しかし、外に出ると、覆面をした男が、六フィート（約百八十センチ）ほど先に停めてあった彼とサマンサのピックアップトラックの中から何かを探している姿を目撃したのだという。その男とデュアンは立ったまま、見つめ合った。男はドアを閉めて、立ち去った。

さて、デュアンはどう反応したのだろう？

彼は家の中に戻ると、ジェイムスに覆面男のことを伝えたと証言した。約一時間後、デュアンはトラックの中を確認して、サマンサが車のバイザーに常に挟んで保管していた運転免許証がなくなっていることに気づいたそうだ。それを確認すると家の中に戻り、もう一度寝たという。ぐっすりと寝たようだ。翌朝の九時半まで目覚めなかったのだから。

ドール刑事は疑っていた。デュアンの証言によれば、サマンサが失踪してこの時点で七時間が経過していたことになる。彼女は、どれだけ自分が腹を立てているか、テキストメッセージで彼に伝えている。どういうわけか失踪から数時間後に、覆面の男が彼らの家に現れた。男は不思議なことにサマンサの住んでいる場所を知っていて、彼女の車まで知っていて、そして彼女の運転免許証のある場所も正確に把握しており、それを持ち去り、そしてデュアンもジェイムスも警察に電話をしなかった？　歩き去るその男の後を尾行しようとも、追いかけようともしなかったというのか？

本気？

デュアンとジェイムスが本当に彼女のことを心配していたのなら、なぜ二人は警察に通報しなかったのだろう？

なぜ二人は、サマンサを行方不明者として届け出なかったのだろう？

デュアンの答えはシンプルだった。サマンサが失踪して二十四時間が経過しなければ、警察はどのみち何もしないと考えていたのだ。

なるほど。それは先に尋問したジェイムス・コーニグが、ドール刑事に語ったことと同じだった。

その日の夜遅くに、ドールは武装した刑事二人をジェームスとデュアンの家に派遣した。事前に知らせることはなかった。ドール刑事には二人に聞きたいことが山ほどあったのだが、彼女がこのようなことをした本当の動機は、無防備な状態の二人のリアクションを見たかったからなのだ。

二人の刑事が目撃した様子は、ドールをより一層懐疑的にした。ジェイムスは玄関を開けたが、刑事二人が中に入ることは拒否した。その代わり、ジェイムスはドアの隙間に体をねじ込むようにして外に出ると、背中で玄関ドアをしっかりと閉じたという。デュアンと話をしたいと伝えると、ジェイムスは家の中に同じようにして戻り、同じくデュアンもジェイムスと同じようにして、家に出入りしたのだという。

これが、心配して取り乱している父親とボーイフレンドの態度と言えるだろうか？　娘が誘拐されたと主張しているのに、警察を家の中に入れないとは、どういうことなのだろう？ジェイムス・コーニグに対する、二十四時間体制の監視を任命されたのはジェフ・ベル刑事だった。

数日が経過した。

やったのは本当にジェイムスなのだろうか？　この捜査に携わった捜査員全員が、ジェイムスは正直者で、娘を溺愛しているのは明らかだと思ったが、それでもなお、確信を持てなかった。

だから、手の内は明かさなかった。

しかしそれも意味はなかった。ジェイムスは、愚か者ではなかったのだ。自分が第一容疑者だということは理解していた。担当課の目を他に向けねばならぬことを知っていたのだ。

ジェイムスはメディアと積極的に話をしてくれとサマンサの友人たちに頼んだ。

元同僚のヘザー・カートライトはサマンサのことを、「自分の美しさを知らなかった、美しい女性」とメディアに語った。サマンサが連れ去られたと確信している理由は「わざとパパを苦しめたりするような子ではないから」だとも言った。

翌週の土曜日（二月十一日）、数百人の住民がろうそくを手に祈りを捧げるため、街の広場に集まった。子ども、警察、ファースト・リスポンダー（事件などが発生したときに初期対応する、警察や消防隊などの人員）など全員が、サマンサの小さな写真を彼女のお気に入りの色だったライムグリーンのリボンにピン留めしていた。ジェイムスもそこに来ていて、娘の愛犬、六歳のピットブルのシーバを両腕に抱きながら、胸にサマンサの写真を携えていた。

FBI事務所では、スティーブ・ペイン捜査官がフラストレーションを溜め込んでいた。アンカレッジ警察が事件発生三日目にFBIを巻き込んでから、サマンサの父親は警察署全体よりも多くの仕事を成し遂げていた。情報受付窓口を開設し、コーヒースタンドの真横にボランティアの待機場所まで設置していた。五フィート（約一・五メートル）もの高さのある巨大なプラカードを作成し、「誘拐」と大きな黒い文字で書き、その下に娘の顔を大きく印刷し、道路脇の小屋の壁に設置した。クロスカントリーのスキー選手たちに、山道の捜索を依頼しはじめていた。友人や、サマンサを知らなかった人でさえ、雪の上に、蛍光グリーンのペンキで希望のメッセージを吹き付けた。

今となっては、この地に住んでいる人は誰もがサマンサのことを知るようになっていた。北の外れのアラスカで行方不明になった女性について、感心を失うどころか、全国メディアがこぞって興味を抱き、報道しはじめたのだ。時事番組『ナンシー・グレース』のディレクターがジェイムスにインタビューを申し込んだ。ABC、NBC、CBS、CNN、FOXニュースといったメディアが、次々とサマンサについて報道しはじめた。遠いところではニュージーランドからも、フェイスブックのメッセージが届いていた。

一方で、ペイン捜査官は事実だけに着目していた。サマンサがアラスカ州を離れたという証拠を探すため、部下たちがすべての航空会社にコンタクトを取っていた。

しかし、何も出なかった。

ボートやクルーズ船は？　乗客名簿や即日・短期雇用リストに彼女の名前はないのか？

皆無だった。

ペインは他の捜査官に頼んで、二十名以上の友人知人の中からサマンサに似ている人物を探した。写真と名前を精査し、万が一、パスポートを偽造するため、その中の一人の身分証明書をサマンサが使った場合を考えたのだ。

しかしその形跡はなかった。

姿を消した日から、サマンサの携帯電話は使用されていなかった。電源は切られたままだ。車で逃げたのか？　アンカレッジを出る主要道路は三本しかないが、まともな防犯カメラを設置している道路は皆無だった。

こんな事件は初めてだ。物的証拠はゼロで、サマンサが誘拐されたと示唆するサインは一つもない。それでも確かに、顔写真が数多くの新聞に掲載され、人口三十万都市の市民がこぞって探し求める、現金さえ所持していない十八歳の女性は存在していた――レジから現金を盗んでいたとしても、最高額で二百ドル程度だっただろう――そのうえ、彼女が街を出たとする証拠さえなかった。もしサマンサが家出したのではなく、誘拐されたのでもなかったとしたら、答えは何になるのだろう？

捜査陣が見過ごしていたものは何か？

ベル刑事も同じことを考えていた。ペイン捜査官に情報を与える一方で、ドール刑事を手助けしていたベルは、ＦＢＩとアンカレッジ警察の間を行ったり来たりするような状態だった。ベルの役割は、調査の遂行であると同時に、緩衝でもあった。新人にしては自信たっぷりに映るドールをペインは毛嫌いしていた。ドールは、初めて担当した行方不明事件に首を突っ込んでくるペインに憤慨している様子だった。ベルは一方で、ドールが主張するほど、サマンサの父親のジェイムスが事件に関係しているとは考えていなかったが、ペインが確信しているほど、サマンサが誘拐されたとも思えなかった。

実のところ、ベルはすべてがサマンサのでっちあげではないかと疑いはじめていたのだ。

しかし、これほどまでメディアの関心を集めている状況で、アンカレッジ内で身を隠すことは、不可能だった。デュアンのトラックの捜索では何も出てこなかった。サマンサが誘拐をでっちあげ、防犯カメラの映像に映った男を共犯者とするのが、最も論理的な説明だった。

特殊部隊が動員された。特捜課が招集された。警察は確実に情報を提供できそうな五十人ほどを拘束し、サマンサ・コーニグについて聞いていることはないかと尋問した。

多くの情報が集まった。

ジェイムスがしでかしたことに対する、ロシア人マフィアの仕返しだ。同じ理由で、バイカーギャングのヘルズ・エンジェルの仕業だ。そう刑事たちは聞かされた。サマンサが麻薬を売っていたことを、サツのくせに知らなかったのか？　サマンサは「ひと稼ぎ」していたんだ。元締めからくすねていたのさ。麻薬がらみの借金があって、連れ去られたと聞いた者もいた。

サマンサが覚醒剤にどっぷりハマっていたことは、周囲の誰もが知っていたと言う女も現れた。その周囲の人々でさえ、サマンサは失踪する一週間前にジェイムスから五千ドルを盗んだと証言した。ジェイムスが言うほど二人の関係は良好なものではなかったと彼らは証言した。サマンサは常に父親からの関心を求めていて、それを得るためならなんでもしたのだと。

二月十五日、サマンサの遺体が発見されたという噂が広まった。

事実ではなかったが、この事件に関する警察の管理体制が、どれほど杜撰であるかが示されたと言える。ＦＢＩ事務所もアンカレッジ警察も混乱を収め、サマンサを見つけ出さなければならなかったが、ベル刑事には、ここは小さな署であり、警官が三百五十人しかいないという当たり前のことがわかっていた。残業代を永遠に払うことはできない。二週間が経過して、誰もが疲れ切っていた。この事件が長引けば長引くほど、警察がサマンサを発見する可能性は低くなるだろう。

一方、父親のジェイムス・コーニグがフェイスブックで設置した懸賞金募金への募金額は六万ドルを超え、次々と手がかりが掘り起こされ、捜査員たちをこれ以上ないほどマヌケに見せていた。

第3章

二月二十四日午後七時五十六分。デュアンは衝撃を受けた。サマンサの携帯番号からメッセージを受信したのだ。サマンサが消息を絶ってから三週間が経過していた。

コナー公園　アルバートの写真の下　美しい娘

デュアンとジェイムスはアンカレッジ警察に通報し、ランナーたちに人気のコナーズ・ボグ公園に急いだ。二人はアンカレッジ警察よりも十五分早く現場に到着した。

迷子になった犬のアルバートのチラシが留められた掲示板の下にジップロックのビニールバッグが置いてあり、中にはとりとめのない文字列が記された身代金を要求する手紙と、サマンサのポラロイド写真のモノクロコピーが入っていた。その中の一枚に映ったサマンサは、口元と顎を銀色のダクトテープで覆われているように見えた。アイライナーを引いた彼女の両目はカメラを見据えていて、髪は編み込まれていた。防犯ビデオの映像では、サマンサは髪を下ろしていたはずだ。

サマンサの頭は男の手で摑まれていた。写っていたのは男の手と筋肉質の腕だけだった。写真上部には、アンカレッジ・デイリーニュース紙が写っていて、日付は二〇一二年二月十三日と印刷されていた。

生存の証拠だ。

白い無地の紙にタイプされた手紙は、新たな謎を引き寄せただけだった。サマンサとともに行方がわからなくなっていたデュアンのキャッシュカードについて、メモは言及していた。「アラスカでカードは使わないかも。人が少ないから」と読めた。「でもすぐにどこか別の場所に行くから、思い切り使ってやる」手紙はサマンサがすでにアラスカを離れ、アラスカ以外の四十八州内の砂漠地帯を移動していることを示唆していた。「二度、逃げられそうになった。一度はチューダー（通り）で、もう一度は砂漠で。腕が落ちたもんだ」

要求は、三万ドル。デュアンとサマンサの口座に即日入金すること。手紙には、金とそれ以外の要求が満たされたら、サマンサは六ヶ月以内に解放するとあった。

この事件は、正式に連邦犯罪（米国連邦法によって違法とされている犯罪で、刑事裁判権が連邦に委ねられているもの）である誘拐事件となった。サマンサが行方不明になってからはじめて、ペイン捜査官は安堵した。事件は、今となっては彼の手中にあり、アンカレッジ警察の手にはない。彼は、まるで映画の中のセリフのようではあったものの、間違いのない真実をジェイムスに伝えることができた。

「これでFBIの総力を本件に集結できるでしょう」そうペインは言った。「誰に対しても、何も立証する必要はありませんから」

我々は精鋭部隊だとペインは考えていた。捜査メンバーには、子どもに対する犯罪、人身売買、性犯罪、殺人、そして強姦魔とシリアルキラーを相手に十年捜査をしてきたジョリーン・ゴーデン捜査官がいたからだ。ゴーデンは、今まで何度も修羅場を見てきたと話していたが、それでも彼女の揺るがない信念は、彼女に強さと思いやりをもたらしていた。ゴーデンが対峙してきた犯罪者の多くは、幼少期に虐待されてもいた。彼女は犯罪から人間を引き離して考えることができるプロだったが、残酷な真実を覆い隠すことはしなかった。彼女はこの捜査には完璧な人物だった。

そして次にキャット・ネルソンだ。若く、活気にあふれる捜査官で、事実と数字にこだわった。多くの人にとって退屈なものが、彼女に火をつけた。デジタルフットプリント（インターネットを使用した際残る記録や痕跡）、携帯電話記録、クレジットカードの請求書、財産記録、納税申告書といったデータを整理し、そこからストーリーを導き出す。

ＦＢＩのペイン、ゴーデン、そしてネルソン。そしてアンカレッジ警察のドールとベル。このメンバーを集めた小さなグループが、この重要事件を担当することとなった。

ペインはすでに、サマンサ、ジェイムス、そしてデュアンの携帯電話の通話記録を入手していた。サマンサの携帯電話からデュアンの携帯電話へ、身代金に関するメッセージが送られたとき、それをネルソンはリアルタイムで目撃していた。三週間もかかってしまったとはいえ、捜査員たちはサマンサの失踪と第三者の関与を示すわずかな手がかりを得ることができた。

ペインは捜査員全員に身代金を要求するメモに着目するよう指示していた。彼はそのメモの実物を、ヴァージニア州クアンティコにあるFBI本部に、分析のために送っていた。繊維、指紋、そしてDNAの検出だ。ペインはそのメモと写真がどのようにして作成されたのか分析したかった――（コンピュータではなく、実際にタイプライターで作成されたものだとすれば）使用されたタイプライターの種類、リボンの種類、インクの種類、そしてプリンタの種類だ。わずかな証拠でも、見過ごしていいものなどない。

ペインはベル刑事の懐疑的な見方も気にせず、FBI行動分析課に電話を入れた。ベルの行動分析課に対するイメージは、テレビ番組と映画の中で見る情報に限られていた。彼が想像していたのは、事件現場からは何千マイルも離れた本部で椅子に座る、身だしなみの整った人々――それが行動分析官だった。事務作業をテキパキとこなす彼のデスクサイドの雰囲気はいかにも優秀で、最終的には、どうにかして見知らぬ容疑者の詳細なプロファイルに辿りつく。そんな人物だ。

同僚刑事たちの大半と同じように、ベルにとって行動分析課のプロファイラーたちは、サイキックよりはマシといった程度の印象だった。暴力的な犯人に関するプロファイリングはいつも同じだったからだ。若い男、たぶん白人。低賃金の仕事に就き、人との関係維持が難しく、特に女性に対して怒りのコントロールがまったくできない。それが容疑者だ。

あっと驚く結末にはほど遠いものだった。

捜査員たち全員の頭の中に、同じ疑問が渦巻いていた。あのポラロイドに写っていたサマンサは、今、生きているのか、それとも？

ドール刑事は確信を持てなかった。ペイン、ゴーデン、そしてネルソンの三人の捜査官全員が、サマンサは生きていると考えていた。ベル刑事は彼女が死亡しているだろうと考えていた。

しかしペイン捜査官はそれに疑問を呈した。サマンサには、切り傷も痣もなかった。化粧をしていた。脇の下は剃ってあった。髪は編み込まれていた。肌は健康的だった。彼女の頭を手で摑んでいたのは、見た者にインパクトを与えるためだけだったのかもしれない。

行動分析課はスナッフフィルム（実際の殺人行為を撮影した映像）の専門家をチームに引き入れた。その専門家でさえ、はっきりとしたことはわからなかった。身代金を要求する手紙は、スペルミスとともに雑にタイプされていた。それは、わざとだったのだろうか？　そうに違いないのだ。これを陰で仕掛けている誰かは、明らかに知能が高い。そうだとするならば、なぜ主要道路脇の、人々の集まるハイキングトレイルに、取り押さえられるリスクを冒してまで手紙を置いたのだろう？　なぜ、三万ドルだけ要求したのだろう？　懸賞金の額が七万ドルまで引き上げられていたのは、誰もが知るところだったし、ジェイムスはその金額をすでに確保していたのだから。

奇妙なことは、これ以外にもあった。身代金を要求する手紙はサマンサについて何も言及していなかった。巷の噂にさえ触れていなかった。ペイン捜査官にはそれが引っかかっていたのだ。サマンサの麻薬や、麻薬の借金についても、昔の、あるいは現在の友達に関してもそうだった。しかしペインは自分自身に言い聞かせた。見ず知らずの人物による誘拐は非常にレアなケースだ。これは捜査の攪乱を狙ったものではないのか？

さらに捜査チーム全員が、一般には公開しないほうがいいと考えた事件の詳細があった。それは、身代金を要求する手紙を書いた人物が、サマンサを六ヶ月以内に戻すと記したことだった。誘拐でそんな約束をするケースを体験した捜査員は一人としていなかった。誰もその言葉を信じようとはしなかった。

とにかく身代金を要求する手紙に反応しなければならない。銀行口座に入金すべきなのは父親のジェイムスであるという点については、全員の意見が一致した。しかし、手紙に対してどのように反応すべきなのか？　これはペイン捜査官が行動分析課に助けを求めたもう一つの事例だった。どのような反応が、誘拐犯を誘い出す可能性を高くするのだろう？

ＦＢＩ特殊部隊の一人が、デュアンとサマンサのキャッシュカードを解約することを提案した。現金を引き出してから、サマンサの携帯電話宛てに、直接会って現金と引き換えにサマンサを引き渡すようジェイムスに書かせるのはどうかと言うのだ。

ペインは凍り付いた。そんなものは最悪の提案だ。その提案で事態は好転するだろうと話し合う捜査官の会話を、驚愕しながらペインは聞いていた。

絶対にダメだ。キャッシュカードとサマンサの携帯電話は、唯一、捜査チームとサマンサを結びつける手がかりだった。こういうタイプの犯罪を行う人物は、犯行現場から距離を置いているはずだとペインは考えた。こいつはアマチュアではない。

ペインは落ちついてはいられなかった。自分の思い通りに事を進めなければならない。サマンサはアンカレッジにはいなくとも、まだ州内にいるはずだとペインは確信していた。時間が過ぎれば過ぎるほど、彼女を発見できる可能性は低くなる。この不条理と戦えば戦うほど、サマンサをより危険な目に遭わせることになる。

それでも、ペインはうまく立ち回らなければならないとわかっていた。勝つための論理を貫くためには、冷静になり、説得力を持ち、きっぱりとした態度でそれを示す必要があった。「もしサマンサとの繋がりを絶つようなことがあれば」と彼は言った。「それは大きな過ちになる。そこから挽回できるかどうか、私には確信がない」

しかし、そう言う代わりに、彼はキャッシュカードを有効にしておくことを提案した。この手紙を書いた人物は明らかにすべてを計算し尽くしている。サマンサの十六桁の口座番号は身代金を要求するメモに記されていた——それはこの人物が、正真正銘、犯人だと示していた。入金すれば、現金が引き出される可能性は大いにあった。

ペインは、キャッシュカードを追跡すればいいと主張した。そして、サマンサを拘束している人物を探し出すのだ。

一方、ドール刑事を含め、チーム内部のメンバーは、誰がキャッシュカードを持っているかは明らかだと自信を持っていた。なぜなら、カードはすでに使用されていたからだ——サマンサが姿を消したまさにその日、一度ならず、何度も。

サマンサが姿を消してから二十四時間、警察官を自宅に招き入れなかったジェイムスの奇妙な態度を、まさかFBIは考慮しようとしなかったのだろうか？　ジェイムスは麻薬の密売人と噂されていた人物だ。最近、ジェイムスが麻薬を売った儲けから六万ドルもの金を動かし、その半分を盗んだという噂をドールは耳にしていた。いつまでこんな馬鹿げたことを続けるつもりなのか？　少し話をしようじゃないかと父親ジェイムスにもちかけ、そのときの反応を見ればいいのでは？

だが、ベル刑事でさえ、ドールのセオリーは的外れなものだと考えていた。麻薬取締局で覆面捜査官としての実績を積んだドールだが、それが原因で彼女は麻薬へのこだわりが強いのではないか。キャッシュカードを有効なままにし、入金をするというペイン捜査官の強い思いは、まっとうなものだ。

そしてペインは意見を貫き、ドールの意見はしりぞけられた。

チームの高揚はあっという間に鎮まった。父親のジェイムス・コーニグが入金を渋ったのだ。

身代金を要求する手紙が本物かどうかわからないと主張するジェイムスを説得するために、捜査員たちは四日間を費やした。写真に関しては、偽物ではないかと言いはじめた。懸賞金をせしめるための、とんでもないでっちあげなのではと疑っていたのだ。
ドール刑事は信じられない思いだった。ペイン捜査官によって戦線離脱を強いられたあげく、彼女が怪しいと睨んだ人物は、今となっては確実に怪しい。なぜ誰も私の言うことを聞かないの？　この事件を率いるメンバーの中で、私が数少ない女性だから？
彼女にとっては、それは明白なセオリーだった。なぜ今更、父親のジェイムスが躊躇するというのだろう？　この時点でも、ジェイムスはフェイスブックで募金をかき集めていたというのに。なぜ？　サマンサが姿を消して四十八時間しか経過していない段階で、どうやってジェイムスはフェイスブックにアクセスし、こんな投稿をしてまで金を集めることができたのか？

サマンサ・テスラ・コーニグを救出するための懸賞金に寄付したい方は、デナリ信用組合の口座番号一三五〇〇六、あるいはペイパルのアカウントを設置しましたので、サイトで私のメールアドレスを入力してください。すべての収益は救出活動に使用されます。サマンサを私のもとに、無傷で無事に戻してくだった方には懸賞金が支払われます。

ドールはジェイムスがすでに募金の一部を使い込んでいることを知っていた。町全体がその噂で持ちきりだった。アンカレッジ・デイリーニュース紙は、噂に関してジェイムスに質問までしている。ジェイムスは、個人的に金を使ったことについては否定した。「家計を維持するために資金に頼らざるを得なかったのです」と答えていた。

ドール刑事が怪しいと睨んだ理由は、これ以外にもあった。刑事たちがジェイムスの家に立ち寄った際の奇妙な行いの直後に、ドールが家宅捜索の令状を取ったときのことだ。ジェイムスが屋内でマリファナを栽培していたのだ。そのことに驚きはしなかった。だが、まともな捜査員にとって、あれだけの量のマリファナを屋内で栽培する目的は違法なものであることは明白だ。

そのうえ、コーニグ一家を知る人物からアンカレッジ警察に電話がかかってきていた。その人物は、サマンサの失踪後、父親のジェイムスと一緒に彼の家で何時間も過ごしている。そして、ジェイムスが金の話ばかりをしていたと証言した。特に、懸賞金のことだったそうだ。募金額を確認するため、一日に何度もインターネットにアクセスしていたらしい。

「それが気になるのよ」と、電話の女性は言った。「何かが絶対におかしいんです」

第4章

二月二十九日。書きなぐられた身代金を要求する手紙を発見してから五日目、サマンサの父親のジェイムスがアンカレッジ警察に電話をかけてきた。午後四時五十五分のことだった。

ジェイムスは、報奨金の中から五千ドルをサマンサの口座に入金すると伝えてきた。三万ドル全額を入金するなとFBIが言ったと彼は証言した。身代金を要求してきた人物にフラストレーションを与え、こちらに再度連絡を取るよう仕向けるのが目的ということだった。

アンカレッジ警察署では、ジョセフ・バース刑事が、ボーイフレンドのデュアンとサマンサ共通の銀行口座の追跡を任命されていた。

キャッシュカードは彼女が行方不明になった直後の、午前三時に地元のATMで使用されていた。その日以降の引き出しはなかった。サマンサとデュアンの二人の口座には、五ドルも残っていなかった。

バース刑事は自分のデスクから、ジェイムスが口座に五千ドルを入金する様子を確認し、その四時間後、驚愕することになった。誰かがアンカレッジ内のATMからその現金を引き出そうとしたのだ。

ベルがドールのセオリーを軽んじていたのは否めなかった。ジェイムスとデュアンだけがこの計画を知っていた。入金直後にサマンサのキャッシュカードが使用されるなんて、どんな偶然だというのか？　それだけではない。引き出しが試みられた金額は、六百ドルだった。多くのATMでは、一日の引き出し限度金額は五百ドルに設定されている。それを試みた人物は、こういった金銭を、電子機器を使用して引き出した経験がないのだ。現金商売しかしていないジェイムスは、それを知っていたのだろうか……。

いまやゴーデン、ネルソン、そしてペイン捜査官でさえも、ドール刑事が正しかったのかもしれないと認めていた。なぜなら、最初に引き出しを試みた二時間後に、再び引き出しが行われ、このときは成功したからだった。デナリ信用組合のATMから、五百ドルが引き出された。最初の引き出しが失敗したATMから、車で六分ほど走った場所だった。

夜中の十二時まであと四分という時間の、立て続けの引き出しだった。

三十分後、再び引き出しが行われ、このときは、数千平方マイルという広大な手つかずの土地に隣接する、デバー通りのATMが使用された。キャッシュカードを使用した人物は、間違いなくアンカレッジという土地を熟知しており、飲み込みの早い人間だった。この人物は、午前零時前後に現金を引き出し、一時間以内に数千ドルを手に入れた。

口座の動きそのものは驚くべきことではなかった。走り書きのメモは現金を要求していたし、口座には入金されていた。デナリ信用組合のATMには監視機能がついていたことが後からわかったが、それを確認するには翌朝まで待たねばならなかった。しかし、周辺の商店から防犯ビデオの映像を集めるために急ぐ理由は、FBIとアンカレッジ警察にはなかった。

今となっては、ジェイムスが第一容疑者だからだ。ドール刑事の主張が立証された形だった。

翌朝、三月一日のことだ。ペイン捜査官と彼のチームは、サマンサの失踪事件についてひっきりなしに報道し続けていたアンカレッジ・デイリーニュース紙上に、興味深い記事を発見した。パーカー警部補が再びデイリーニュース紙の取材に対して、捜査は「日々、進展している」と、軽率な発言をしたのだ。そして、サマンサは、生存していると伝えられた。

これは致命的な間違いだった。

パーカー警部補は、サマンサの生存を示す証拠など持っていなかった。そんなもの、誰も持っていなかったのだ。パーカー警部補のおしゃべりは度重なる捜査への妨害行為にあたるもので、ペイン捜査官は立腹していた。ある意味、彼にとってアンカレッジ警察は手に負えない人間の集まりだった。ベテランの刑事が、どうやってそれほど馬鹿な間違いを犯すことができるのか？もし、万が一、サマンサが生きていなかったとしたら、誘拐犯にこちらの手数が少ないことがバレてしまう。サマンサの遺体が発見されでもしたら、署全体とFBIが、どうしようもないマヌケに見えてしまう。

それに、ジェイムスとデュアン、サマンサの親戚と友人たちの気持ちは？　そういった生存を保証するような言葉は、間違った希望を与えてしまう。

ペイン捜査官、ベル刑事、ゴーデン捜査官、そしてネルソン捜査官は寝る間も惜しんで働き、心身ともに限界に近づいていた。だが、誰も決して止まろうとはしなかった。家に戻れば、すぐにパソコンにログオンし、手がかりを探した。機密事項データベースにアクセスできる彼らだったが、主に頼りにしていたのはGoogleだった。

まるで、捜査官のまねごとが好きな民間人のオンライン刑事ごっこのような手法だということはわかっていた。サマンサが姿を消してから、二十九日が経過していた。

予想より悪いことに、デナリ信用組合のATMで撮影された防犯ビデオの静止画がクアンティコのFBI本部に届いたのは、それから二日後のことだった。若き画像分析官クリス・アイバーのデスクに、ようやく画像が到着したのだ。スティーブ・ペイン捜査官の依頼は正式な書類を介さずに行われたが、アイバーに多くを語る必要はなかった。「若い女性が誘拐された」、それ以上の情報は重要ではない。本部が正式でない手続きを見逃してくれる場合があることをアイバーはよく知っていた。ボストンマラソン爆弾テロ事件の捜査に関わったことがある彼も、彼以外の人々も、誰も書類など必要としていなかった。

捜査局にいる犯罪科学画像専門分析官六人のうちの一人だったアイバーは、動画分析にも長けていた。ペイン捜査官が最も期待をかけられる男だったのだ。

通常ならペインのような捜査官に、アイバーがその内容を伝えることは決してなかったが、彼には厳しい現実が理解できていた。もし画像分析が徒労に終われば、捜査が難航することは明らかだ。ウェブスレイス（行方不明者を捜すためのインターネットコミュニティー）や『CSI：科学捜査班』を視聴する何百万人の人々がどう考えようとも、火のないところから煙を立てることはアイバーでさえ難しい。

ペイン捜査官は、ATMの防犯ビデオに映った男が着ている衣類を分析するようアイバーに依頼した。それは時間が必要なタスクだった。まず、アイバーは画像の信憑性を確認した。いかなる方法であっても、加工された形跡がないことを確かめるのだ。そして歪みが出ないよう、画像を拡大する。画像内に写る別のものを計測し、写真測量法を用いて男の身長を割り出す。最後には、男のジャケット上のロゴと書かれた文字を判読することができた。そして何千と存在するフォントとの比較解析を行った。

アイバーは夜中までかかって仕事を進めた。ペイン捜査官と話したことで、彼がどれだけ不安を抱えているかわかったからだ。そのうえペインは冷静さを失いつつあり、様々な見解の間で激しく揺れ動いていた。

多くのものごとが父親のジェイムスを疑わしいと指し示す中で、ペインの心の一部がそれを信じられずにいた。ベル刑事は連日、サマンサ死亡の可能性を示唆する証拠を目撃し続け、一方でペインは彼女が死んでいないと信じる必要があった。ものごとを明確に見据えたいのに、自分を信じられずにいたが、誰に相談すればいいのかわからなかった。この事件に完全に没頭しているペインに腹を立てている恋人は論外だったし、チームのメンバーに相談することもできなかった。ベルに対してさえ無理だった。チームのリーダーとして、メンバーからの信頼を失墜させるリスクを冒すことはできなかったのだ。

代わりに、ペインは親友に電話をかけた。捜査局に勤めていたときの元相棒だった。二人は十二年にわたってタッグを組み、ペインは彼のことを最も優秀な捜査官の一人だと考えていた。

「なあ、俺は間違ってると思うか?」とペインは聞いた。「どうなんだよ、俺は?」

ペインは自分自身の限界を知っていた。秩序と必然性が彼のすべてだった。数学で学位を取得していたが、FBIの果たすべき役割の一パーセントが明確で、残りがグレーだ、というこのような事件では、その学位が役に立つことはなかった。

「わかっているのはこれだけだ」とペインは言った。「身代金を要求する手紙がある。写真もある。顔色、姿勢から判断して、生きていると思う。だが、証拠はない。俺のこの期待が事件を解決から遠ざけていると思うか? 証拠に正直になろうとは思っているが、その肝心の証拠の数が少ないんだ。俺は間違っているか? 俺の疑問は? 今の捜査で、手がかりを追えていると思うか?」

「間違っていない」とペインのかつての相棒は答えた。「お前のその気持ちは思い込みじゃない。お前が正しい」

翌朝、画像分析官クリス・アイバーがペインに朗報をもたらしてくれた。かさばった衣類であったにもかかわらず、映像に映る男が逞しい体型の持ち主だと断定した。暗い色合いのジャケットはパーカーだった可能性がある。左胸のあたりに、明るめの色のペンキが飛んだような跡があり、背中の文字は「ＣＯＲＰＳ」のように読める。ペインは画像をベル刑事に送り、すべての画像を iPhone に保存した。ベル刑事は、容疑者は元海兵隊員ではないかと考えた。

アイバーは、これ以外にも情報をもたらした。男は透明、あるいは薄く色のついた眼鏡をかけており、灰色のフェイスマスクと手袋、暗い色のズボンと、淡い色、あるいは白の靴を履いていた。

しかし、アイバーは謝罪した。もっと多くを発見できると考えていたからだ。ペインはその言葉に心を動かされた。発見してくれた事実だけではなく、遠くで起きた事件について、夜中までかかって調べ上げてくれたアイバーの働きに感動したのだ。連日、二千三百人が行方不明になるアメリカの、顔も知らないＦＢＩ捜査官のために。時間の経過とともに解決が困難になる事件でも、心ある人が捜査に関わってくれているのだとペインは思い直していた。

一方で、アンカレッジでは恐怖と怒りが急激に蔓延しはじめていた。ベル刑事もそれを肌で感じ取っていた。地域の人々が誤解しているわけではない。アンカレッジ警察の捜査が難航していることを、住民はわかっていたのだ。

情報さえあれば。

二月二十日、サマンサが行方不明になって三週間後、ようやくアンカレッジ警察はサマンサが働いていたコーヒースタンドの向かい側に建つホーム・デポに、防犯ビデオの提出を依頼した。その映像を入手するのに、さらに二日かかった――身代金を要求する手紙が投函されたその日、映像は届けられた。捜査員たちがこの事件のはじまりを目撃することになった日だった。

二月一日午後七時四十五分、白いトラックがホーム・デポの駐車場に停車した。解像度は低かったが、ベル刑事にはトラックの後ろの文字が見えた。Chevrolet（シボレー）だった。同じ文字数の社名を持つ他の自動車メーカーは、アメリカには存在しない。

ライセンスプレートはついていなかった。

運転手は十分間運転席に座り続け、そしてトラックから出るとチューダー通りを渡って、画面から消えた。およそ二十分後、男は通りの向こうから再び姿を現した。同じ交差点付近で、今度はサマンサと一緒だった。腕をサマンサの肩に回していた。近くを人々が通り過ぎたが、誰も二人の姿を怪しんでいるようには見えなかった。

しかし信号が変わり、二人が通りを渡りはじめたときだった。サマンサが男の腕から逃げ、走り出したのだ。両手首が拘束されていて、彼女が意志に反して連れ去られ、パニックに陥っていることは明白だった。悲鳴を上げただろうか？　刑事たちにはわからなかった。

数秒後、男はサマンサにタックルして倒すと、彼女をまっすぐ立たせた。耳に何かささやきかけ、そして白いピックアップトラックまで歩かせた。隣に停められた車の横を見知らぬ人々が通り過ぎるのを待った。

ペイン捜査官は、まずいと思った。今がチャンスだ。「助けて！」だとか「火事だ！」とか、なんでもいいから叫ぶんだ。この男に連れ去られたら最後だ。しかしペインには、この先に何が起きるかわかっていた。初めての逃亡のときに男がささやきかけた言葉が、サマンサの体を麻痺させたのだ。見知らぬ人たちが車に乗り込み、走り去るまで立ちすくんだ姿勢のまま、彼女は待っていた。

男はトラックのドアを開けると助手席にサマンサを押し込み、ゆっくりと運転席まで回り込むと、中に乗り込み、そして駐車場から出て行った。

ペインは落胆した。俺たちが見逃していたことは、まだあるのか？

多くの時間を無駄にした今となっては、彼らが探さねばならないのは、白いシボレーのピックアップトラックだった。簡単なことだとペインは考えた。アラスカで、最も親しまれているトラックだったからだ。

第5章

唐突に、ATMから現金が引き出された——それも、アラスカ以外の州で。三月七日午後十時三十分、ペイン捜査官の電話が鳴った。サマンサのキャッシュカードが、州間高速道路十号の近く、アリゾナ州ウィルコックスという小さな町で約十分前に使用されたとのことだった。引き出されたのは四百ドル。サマンサが行方不明になってから一ヶ月以上が経過していた。

ペインは衝撃を受けた。最後にATMが使用されてから六日が経過していた。そして今、ペインと捜査チームは四千マイル（約六千四百キロメートル）ほど離れてはいたものの、実質的には容疑者のすぐ背後にいたのだ。

ペインはフェニックスにあるFBIの支局に電話をした。捜査官の一人が銀行のオーナーの知り合いで、一時間以内には全員が現場に集まり、監視カメラの映像をダウンロードし、確認しつつ、毛髪、繊維、指紋、そしてタイヤ痕を集めようと現場をあたっていた。

ウェスタン銀行は規模が小さく、映像や財務関係の情報を集めるための一元化されたデータベースを持っていないことはペインも理解していた。アンカレッジにいるペインのもとに監視カメラの映像を届けるには一晩かかるだろう。そしてクアンティコにあるFBIの研究所にそれを送るには、もう一日かかる。サマンサの誘拐犯はきっとこれを知っていた。犯人は捜査官たちが考えているよりも賢かった。

それでも、地元のFBI捜査官たちはウィルコックスの銀行ATMからの二人の足取りが映った静止画をペインに送ってくれた。明瞭な画像ではない。しかし、二人の姿を確認するには十分だった。ペインは男の姿を見て、アンカレッジで防犯カメラに映った男に似ていると思った。男は背が高く、約六フィート(約百八十二センチ)ほどで、自分の体格を偽装するように、かさばる服を着ていた。パーカー、サングラス、フェイスマスクといういでたちだった。ジーンズと白いテニスシューズを履いていた。

一時間ほど経過したときのことだった。サマンサのキャッシュカードが再び使用された。こんな瞬間のためにペインは生きているといっても過言ではない。彼はチームに知らせ、事務所に急いだ。

次の瞬間だった。ニューメキシコ州ロードバーグから警報が入った。ウィルコックスからは車で一時間の距離だ。容疑者が州間高速道路十号を東に進みながら、一日の限度額である金額を超え、再びウェスタン銀行から預金を引き出そうとしたのだ。ペインは長年アラスカに住み慣れた人間が、時差に混乱したのではないかと考えた。山地標準時は中部標準時よりも一時間遅れている。するとアラスカ時間は太平洋標準時よりも一時間遅れているということになる。

アンカレッジの午後十一時二十四分は、ニューメキシコでは、午前二時三十四分だ。サマンサのキャッシュカードはアラスカ時間で設定されていた。ペイン捜査官とベル刑事は地図を睨み、カードを持っている人物は州間高速道路十号を東方面に進むだろうと予測した。それが最も理にかなっていたのだ。

容疑者の乗る車のメーカーもモデルの情報も持っていなかったにもかかわらず、捜査員たちは容疑者が白いシボレーに乗っていないことはわかっていた。レンタカーを使っているに違いない。ペインはロサンゼルス、サンディエゴ、フェニックス、アルバカーキ、そしてエルパソの警察にBOLO（捜査指令：be on the look out）を出した。

午前二時三十五分、同じATMでカードが使用された。残高照会が行われ、三千五百九十八ドル九十一セントが口座には残されていた。その一分後、八十ドルが引き出され、容疑者は一日の引き出し金額のリミットである五百ドルに近づいた。

ベル刑事はペイン捜査官と同じように興奮していた。キャッシュカードがそれ以上使えないことはベルにもわかっていた。警察がそうしたのだ。しかし同時に、FBIとて、この小さい町に住む警察官たちを叩き起こして州間高速道路十号をパトロールさせることはできないだろうと自分に言い聞かせた。パトロールがはじまるまでに、容疑者は逃げてしまう。町によっては、せいぜい二十人程度の警察官がいるだけだ。夜間パトロールの担当日ではない警察官を叩き起こし——ほとんどが担当日ではない——彼らが州間高速道路に到着するまでに、容疑者はとっくに遠方まで移動している。車が一台も走っていない高速道路を、時速八十とか百マイルで飛ばしながら。

ペイン捜査官と彼のチームは、そろそろ夜中という時間に無機質な会議室に座りながら、壁を睨み、遠い南東部でATMが操作されたという報告を待っていた。彼らは現実に直面していた。わずかな手がかりだった。どうか失敗してくれるなと遠方で奮闘する捜査官を信頼するしかなかった。そしてキャッシュカードを持っている人物が、それを使い続けてくれることを祈るしかなかった。その人物が、聡明で、すぐに使用を止めるだろうとわかっていても。

第6章

スティーブ・レイバーンがペイン捜査官のBOLOを最初に見たのは、三月十二日、午前六時三十分だった。自宅で朝のコーヒーを飲みながら、ブラックベリー（携帯端末）に届いたメールをスクロールしていた。BOLOはまるで、古くさい電報のようだった。

REF：サマンサ・コーニグ誘拐事件容疑者

容疑者は身元不明の男性
明るい色のスウェットパーカー着用
容疑者の車は比較的新型の乗用車

ＡＴＭ取引状況から判断して
容疑者はエルパソに向けて東進している模様

添付されていたのは三枚の写真だった。最初の一枚は、フェイスブックからダウンロードされたサマンサの写真。とてもきれいな子だなと彼は思った。それはサマンサが頭に緑のバンダナを巻いて、笑っている写真のアップだった。二枚目の写真には、小型の白い乗用車が映っていた。窓には色がついていないようだ。三枚目の写真は、容疑者がパーカー、ブルージーンズ、スニーカーを着用しているもので、表情は不明瞭でまったく見えなかった。

レイバーンはテキサスレンジャーを三年間勤めていた（テキサスレンジャーは、テキサス州の警備隊のこと）。その前は、ラフキンの警察官として八年勤め、州警察官として十年の経験もある。ラフキンとヒューストンを結ぶ六百マイルの幹線道路である国道五十九号線を熟知していた。彼は、この道路が重要な役割を果たすだろうと予想していた。

午前十時五十八分、直属の上司であるケヴィン・ピューレンからメールを受信した。ピューレンはＦＢＩから支援を依頼されたとそこに書いていた。すでに三人の捜査官が、二日前にキャッシュカードが使用されたテキサス州ハンブルの現場に赴いていた。ピューレンのメールに添付されていたのは、「ロケーションの確定」と題された文章だった。レイバーンはファイルを開いた。

REF：アラスカ、アンカレッジで発生した誘拐事件容疑者について

容疑者はATMを二回利用。一回目はテキサス州ハンブル。そして同じくテキサスのシェファードで二回目の使用。

この文章とATMの情報をすべての車載コンピュータに送付すること。この件でFBIを支援する主な隊員として、ラフキンのスティーブ・レイバーン隊員を任命する。

自分に割り当てられた職務の内容を初めて知ったのがこのメールだった。レイバーンは不安になった。州間高速道路で起きた誘拐事件について、FBIと組んだことは今まで一度もなかったからだ。

上司であるピューレンの文章には、写真が添えられていた。容疑者の顔のアップだった。明るい色のマスクで鼻と口を覆っているように見える。眼鏡をかけていたが、写真は不鮮明だ。

レイバーンは狼狽した。まさかこれで捜査をしろというのか？　二〇〇九年にレンジャー部隊に移動になってから、直下で任務に就いて以来、長きにわたってピューレンのことは知っていた。テキサスレンジャー部隊の隊員であるということは、レイバーンにとっては誇りだった。レンジャー部隊は警察官と同じぐらい、法律上の恩恵を得ていた。彼らのモットーは、「暴徒一人には、レンジャー部隊一人で十分だ」。ジョン・ウェズリー・ハーディン（西部開拓時代に生きたガ

ンマンで、アメリカを放浪して殺人を繰り返した）、そしてボニーとクライド（一九三〇年代の強盗・殺人犯のカップル）を仕留めたのがレンジャー部隊だ。テレビドラマのローン・レンジャーは、テキサスレンジャー部隊を手荒くイメージして製作された。レンジャー部隊の隊長を務めたジャーナリストのジョン・サーモン・フォードは、一八五〇年代のレンジャー部隊をこう描写している。

「大部分は……結婚もしていなかった。酔うために酒を飲む者もいた。それでも、彼らは生真面目で勇敢な男たちの集まりだった。自らの義務を理解し、遂行した。町にいる間は、自慢げに振る舞うことをしなかった。通りを馬で駆け抜け、銃を撃って叫び声を上げるなどもってのほかだ。彼らには、道徳を促す秩序が備わっていた。正しいからこそ、正しい行いをしていたのだ」

レイバーンは、そんなレンジャー部隊になろうと努力を重ねていた。テキサス州全域にある複数の法執行機関に報告書が溢れかえる今、レンジャー部隊とはっきりと印刷された情報を作成するのがいいのではと考えた。レンジャー部隊が、そのロゴを報告書に印刷するときの意味を、警官と州警察官全員が理解していたからだ。それは、最重要事項という意味だ。

レイバーンはテキサス州コンロー近くのFBI事務所に電話をかけ、ATMで預金が引き出された明け方の二時二十三分頃、付近で白いフォード・フォーカスを目撃したハンブル市内勤務の警察官がいたことを知った。防犯カメラに映った車の写真が二枚あった――画質は低かったが、再び、クアンティコの画像分析官クリス・アイバーがメーカーと型名の断定に成功した。後になって、白いフォード・フォーカスは、アメリカ国内で最も貸し出される車両だということがわかった。最初はシボレーのピックアップトラック。そして今度はフォード・フォーカス。容疑者は、周囲に溶け込む方法を熟知している。

レイバーンはデスクに座り、より詳細な報告書を書いていた。白いフォード・フォーカスの写真を添付し、レンジャーズらしく書き綴った。

二〇一二年二月一日午前二時（山地標準時）、被害者は就労地であるアラスカ州で誘拐された。家族と交際中の男性は容疑者からは除外されている。

二〇一二年三月七日、被害者の交際相手であるデュアン・トートラーニ名義のデビットカードが、アリゾナ州ウィルコックスのＡＴＭで、午後十時十五分に使用された。キャッシュカードはニューメキシコ州ローズバーグで、午後十一時三十分に再び使用された。カードが最後に使用されたのは、テキサス州シェファードで日付は二〇一二年三月十二日午前二時四十七分だった。

シェファードは国道五十九号線に隣接する。警官たちは周辺地域にあるパーキングエリア及びモーテルを捜索した。

ＢＯＬＯが発令され、手配容疑者、あるいは被害者に似た人物の乗る車両の捜索にあたった。容疑者はトートラーニ名義の盗難されたATMカードを所持している疑い。

容疑者は国道五十九号脇のラフキンを脱けて北進するのではないかとレイバーンは予想していた。高速道路がここで合流し、地図で見ると水路のように張り巡らされた道路はまるで車輪のように見える。ラフキンはハンブル市に二番目に近く、一時間半ほど車で北上した位置にある。そして、清潔なホテルのある唯一の場所だ。州間高速道路四十五号を北上してもラフキンには到着するが、移動距離は相当長く、二時間半もかかってしまう。

そんなことを考えていたレイバーンは、捜査というものは、釣りや狩猟に似ていると感じていた。獲物が十中八九進むと考えられるルートを見続けなければならない。フォード・フォーカスにテキサス州のライセンスプレートがついているとは、レイバーンには思えなかった。きっと容疑者はアラスカの人間だろう。そしてすでに、二つの州を運転して進んできている。しかしレイバーンは、それを自分が書いた報告書には記さなかった。事実ではなく、直感だったからだ。

彼は下書きをもう一度読み直し、午後一時十八分、その報告書をテキサス州南東部、ルイジアナ、そしてアーカンソー州の政府機関に送信した。

次に彼はカラーコピーを何枚も印刷して束ね、ラフキン警察署の州警察官たちのもとに運んでいった。このような事件ではテクノロジーは両刃の剣だ。車載コンピュータからラジオを通して溢れ出る大量の情報には、優秀な警察官や州警察官でさえ混乱してしまう。カラーコピーのような昔からあるやり方は、より長期間にわたって捜査員に印象を与えるものだとレイバーンは常に感じていた。俺はこれを君たちに届ける。君たちと話をする。これは重大な事件なのだから。

その足でレイバーンは公安局に向かい、報告書のコピーをテキサスハイウェイパトロールのブライアン・ヘンリー伍長に手渡した。ヘンリーはハイウェイパトロールで二十年、州警察官として二十二年の経験があった。そのうえ、テキサス州法執行機関で代々働く家系の出身だった。

「あなたの助けが必要なんです」と、レイバーンはヘンリーに言った。「私たちが探している容疑者の乗る車両はこれです。フォード・フォーカスの最新モデルで、傷や凹みはありません。窓ガラスに色はついていません。運転手が該当車の持ち主なのか、レンタカーなのかはわかっていません」ヘンリー伍長は至近距離から写真をじっと見て、「なぜこれが白いフォード・ファーカスだと断定できるんです?」と聞いた。

「FBIからそう伝えられていますので」とレイバーンは答えた。「コンローの事務所とも話はしています」

ヘンリー伍長は懐疑的だった。彼はチラシを手にして、地元のフォード販売店に出向いて確認してみた。そこでわかったのは、フロントガラスの分析を行い、フォード・フォーカスを割り出した画像分析官のクリス・アイバーが正しいということだった。

一方アラスカでは、ペイン捜査官と彼の捜査チームは意気揚々とした状態から、フラストレーションを溜め込んだ状態になっていた。ペインにとって、捜索車両がアメリカ国内で最も一般的なレンタカーだというアイバーの評価もまた、マーフィーの法則の一例だったからだ。

進展はわずかに見えた。男、年齢、人種、そして体格はわかっておらず、頭から足の先まで覆い隠し、特徴のない車両で主要高速道路を移動し、小さな町の小さな銀行を、人目につかない時間を選んで利用していた。そうすれば、拘束されるリスクが皆無だと知っていたからだ。男は監視カメラを異様に警戒し、その撮影範囲を外れた場所に停車することが多かった。

男を捕まえられるチャンスはどれほどあるというのか？

キャット・ネルソン捜査官はいくらか楽観的だったから、ペインを励ました。この男はテキサスで二度も預金を引き出した。一回はハンブル、そしてもう一回はシェファードで。テキサスは、もちろん、アリゾナやニューメキシコよりはかなり広い州だけれど、この二度の引き出しは、より狭い範囲内で行われている。ネルソンは、容疑者が数日間は動きを止める可能性が十分あるとペインに話し、それを「巣ごもり」と呼んだ。

だが、ネルソンが積極的にできることは何もなかった。彼女はアラスカに留まり、テキサスレンジャー部隊にすべてを委ねていた。

ジョリーン・ゴーデン捜査官も同じような気持ちだった。ネルソンやペインのように、絶望と興奮の間を行ったり来たりする状況だったが、ATMからの引き出しが頻繁になってくると、逮捕も時間の問題だと考えていいかもしれないと感じはじめていた。

アンカレッジ警察のジェフ・ベル刑事は、そこまで確信を持てないでいた。これはアメリカ国内で連日出されるBOLOの一つでしかない。なかには、容疑者の行き先やその理由さえわからないものもあったし、読む関係者のほとんどが「可能性は低い。捕まえようとしても無駄だ」と思うことぐらい、ベルにはわかっていたからだ。

スティーブ・ペイン捜査官もそれに同意していた。この時点では、運に任せるしかなかった。関係者にはしかるべき行動をしてもらうよう、期待するしかない。昨夜は、捜査全体に対する、がっかりさせられるようなやりとりさえあった。三月十二日の夜明け前、再びテキサスで預金の引き出しが行われた後、ペインはハンブル在住の地元銀行の支店長に電話をかけ、監視カメラの映像を確認するよう依頼した。

だが、彼女はこの要請を断った。

ペインは面食らって、懇願さえした。南西部にある他の銀行の支店長は、即座に了承してくれたし、真夜中であっても起き出して対応してくれたというのに。若い女性の命に危険が迫っているのですよと、ペインは彼女に必死になって伝えた。

申し訳ないですけど……と、彼女は返してきた。でも、今から銀行には行きませんし、従業員の誰も銀行には向かわせません。翌朝九時の開店時間になるまで待ってくださいと彼女はペインと捜査チームに伝えただけだった。

監視カメラの映像は役に立たないことがわかったが、この経験がペインを酷く落胆させた。新しい手がかりがない日、ATMからの引き出しがない日には、ペインは容疑者がアラスカ以外の四十八州に永遠に身を隠してしまうのではと心配するようになっていた。

テキサスレンジャーのレイバーンにとって、まだ捜査は二日目で、彼の不安感は慎重な楽観論に取って代わった。朝早く事務所に行き、別のＢＯＬＯを書きはじめたほどだ。更なる情報を得られなかったとしても、別のＢＯＬＯを推し進めることで、他の人間に緊張感を保つ必要性を示すことができる。電話が鳴ったとき、新しいＢＯＬＯをどのように書けばいいのか、悩んでいる最中だった。

電話の向こうの声は、デブラ・ガナウェイだと自己紹介した。ラフキンのＦＢＩ捜査官だったが、三十三年の経歴のほとんどをヒューストンの事務所で過ごしたそうだ。上司のケヴィン・ピューレンが彼女に連絡を取り、「アラスカで失踪した女性と、デビットカードについて知っているかどうか」尋ねてきたのだとガナウェイは言った。容疑者はヒューストンからガナウェイの管理地域まで北上してきている可能性があった。事務所に立ち寄っていいだろうか？と彼女は聞いた。

「もちろんですよ」とレイバーンは答えた。午前十時半のことだった。数分後、ガナウェイ捜査官はレイバーンの事務所に入ってきた。

話し合う必要などまったくなかった——レイバーンはガナウェイと同じレベルですべてを熟知していた——二人は捜査手順について相談した。ガナウェイ捜査官は、些細なデザインの違いから、国内で最も流通している車種を特定した連邦捜査局の手腕に感嘆していた。レイバーンは、テキサスハイウェイパトロールのブライアン・ヘンリー伍長が写真をフォードの販売店に持ち込み、本物のフォード・フォーカスの真横に並べて見比べたのだと自慢した。テキサスレンジャー部隊にとって、大事ではない仕事など一つもないのだと。

レイバーンの携帯電話が鳴った。午前十一時近くになっていた。ヘンリー伍長だった。地元のホテルの駐車場をチェックして回っていたところ、白いフォード・フォーカスを発見したという。サウス・ファースト通り沿いにあるクオリティー・インの前に駐車されているが、何か手がかりはあるか？　それは国道五十九号の脇だった。

ヘンリー伍長は昼食を取りに行くところだったが、レイバーンが到着するまで待っていると言った。

ガナウェイ捜査官はジャケットを手にした。レンジャー部隊の厳しいドレスコードを遵守しているレイバーンが、カウボーイハットを脱ぎ、ネクタイを外した。レンジャー部隊の人間だと思われたくなかったから、できる限り、その雰囲気を消したかったのだ。それでも、長袖のドレスシャツと、清潔なブルージーンズとカウボーイブーツは身につけたままだった。

ガナウェイとレイバーンは、レイバーンのピックアップトラックに乗り込むと、クオリティー・インに急行した。一一五号室の前に、白いフォード・フォーカスは停まっていた。追っていた男をとうとう見つけたのかもしれなかった。

レイバーンは、一九九〇年代から一緒にパトロールをした旧知の警部補ミッキー・ハノットに電話をかけた。ハノットは覆面麻薬捜査官を指導する立場だった。「この車を見張りたい」とレイバーンはハノットに伝えた。「覆面捜査官を派遣してくれないか？」

ハノットはレイバーンに、現地に向かっていると告げた。彼自身が見張るというのだ。

一方、ヘンリー伍長はレイバーンに対して、昼食は抜きにすると言いだした。興奮して、ランチどころではない。彼もその場に留まり、一一五号室と、その真上の二一五号室を監視し続けた。

駐車場では、ガナウェイがレイバーンのトラックを降りて、フォード・フォーカスの周りを歩き周りながら、リアウィンドウに貼られていたバーコードの番号を控えていた。レンタカーだ。後部座席に女児用衣類が置かれていた。ライセンスプレートはテキサスのものだった。レイバーンは番号をシステム内で検索した。

ハノットとヘンリー伍長が目を光らせる中、レイバーンとガナウェイ捜査官はホテルのロビーに歩いて入り、支配人を呼んだ。支配人は二人に宿泊客名簿を渡したが、フォード・フォーカスに繋がる人物はホテルに滞在していなかった。クオリティー・イン、近隣にあるホリデー・イン、コンフォート・スイーツ、すべて合わせて数百室はある。どの客がどこに駐車してもおかしくない状況だった。

ヘンリー伍長はレイバーンに電話を入れた。「例の車を、上の階から見下ろしていた男がいたんだ」と彼は言った。

そこにハノットから無線が入った。十一時三十分だった。

「白人の成人男性が二一五号室から出た」と、ハノットは言った。「白いフォード・ファーカスに荷物を積み込んだぞ。出るようだ」

「ヘンリー伍長」と、レイバーンは声をかけた。「国道五十九号だ。車が一旦走り出してしまえば、止める理由が必要になる。逃がさないでくれ」ヘンリー伍長は即座に車を出すと、国道五十九号の中央分離帯に停めた。そこからは、遮るものがなく、ホテルの入り口と出口を見渡すことができた。

数分後、ヘンリー伍長はフォード・フォーカスがゆっくりと国道五十九号を左折して北上する姿を目撃した。ヘンリーは、フォード・フォーカスと自分の車の間に二台の車を挟み、尾行しはじめた。

運転手に怪しいところは一切なかった。刻一刻と、時間だけが過ぎていった。国道五十九号沿いの住宅街を抜ければ、運転手を止める信号はない。制限速度が緩和されるのは時間の問題だった。

レイバーンは、何が起きているのかを知りたかった。「理由をこじつけろ」と彼は再び言った。「理由をこじつけなければダメだ」

クオリティー・インから七分の距離にある信号で、フォードは停止していた。ヘンリー伍長は車載のレーダー画面で男の位置を捉えていた。信号が青に変わり、フォード・フォーカスが、速度制限をわずか二マイル超えた時速五十七マイルでアクセルを踏み込んだところで、ヘンリー伍長は非常灯を点けた。運転手が落ちついた様子で車を寄せ、コットン・パッチ・カフェの駐車場に停車するのを疑うような表情で見つめていた。

ヘンリー伍長は車両に向かって歩いていった。運転手は三十代中頃の白人男性で、一人だった。ラップアラウンド・サングラス（顔に沿うようにしてカーブしているサングラス）を着用していた。

「テキサスハイウェイパトロールです」とヘンリー伍長は彼に言った。「どこからお越しです?」

「アラスカだよ」と男は答えた。

信号で車両を停止させ続けて二十二年、ヘンリー伍長がアラスカから来た人物を停車させるのはこれが初めてだった。「運転免許証の提示をお願いします」とヘンリー伍長は言った。「車外に出ていただけますか」

男は財布に手を伸ばすと免許証を抜き出して手渡し、車から出た。

テキサスにいるアラスカ人。故郷から遠く離れた場所にいる男。ヘンリー伍長は免許証を確認し、そして男を見た。伍長は何も言わなかった。「姉貴の結婚式で来たんですよ」と男は言った。「ここから十五分ぐらい行ったウェルズってところで式があって」

ヘンリーはもう一度免許証を確認した。名前はイスラエル・キーズ。一九七八年一月七日生まれ、アンカレッジ在住。ジーンズの前ポケットにナイフを忍ばせているのが見えた。後ろのポケットにも、もう一本。

「ナイフをトランクの上に置いてくれませんか」

ヘンリーは不安だった。追跡してきていたはずのハノットを探して、周囲をちらりと見た。ヘンリー伍長はハノットを手招きして呼ぶと、パトカーに乗り込み、ライセンスプレートを調べた。何も出てこなかった。違反もなければ、令状も出ていないし、スピード違反の切符さえ切られてはいなかった。

ハノットはレイバーン隊員とガナウェイ捜査官に電話をかけた。二人が到着する数分前になって、ヘンリーは再び運転手に歩みよった。

「一体なんの騒ぎです？」とキーズは聞いた。

「誘拐事件の捜査をしていましてね」とヘンリー伍長は答えた。

「アラスカで起きた事件なんですが」

「俺はほとんどウェルズに滞在してましたよ」とキーズは答えた。

「でも、夕べは弟とクオリティー・インに宿泊してました。町には弟が二人、結婚式のために来てますから。二人ともメイン州から」

尋ねてもいない情報だった。ヘンリー伍長の勘が働いた。この男、嘘をついている。

同時にヘンリーは、キーズがやたらと汗をかいていることにも気づいていた。この季節にしては、奇妙なほどに。その日はテキサスの春らしい、爽やかな気候だった。気温は華氏八十五度（摂氏約二十九度）、からりと晴れていた。ドラッグストアで三枚セットで売っているタイプの薄い灰色のタンクトップに、汗染みができていた。

「いつからテキサスに滞在しているんです？」とヘンリーは尋ねた。

キーズは、考え込むようにして黙った。

「先週の木曜日ですね」とキーズは答えた。「大雨が降った日ですよ」

確かに大雨は降った。その日の夜は、酷い嵐が吹き荒れ、降水量は一時間に百ミリを超えていた。グレープフルーツほどの雹が木にとまっている鳥に当たり、気絶させるほどだった。

「飛行機で？　それとも車で？」と、ヘンリーは聞いた。

「アンカレッジからの航空券はラスベガス行きです」とキーズは言った。「娘にグランド・キャニオンを見せてやろうと思って、まずはベガスに飛んだんです」

話せば話すほど、辻褄が合わなくなった。

「娘さんは、今どこにいるんですか？」とヘンリーは聞いた。

「あの子は俺の弟と町にいますよ。ウェルズです」とキーズは答えた。「十歳です」


レイバーンがガナウェイ捜査官とともに現れた。メンバー全員が現場にいてくれることにレイバーンは安堵した。レイバーンはヘンリーに歩みよった。ヘンリーは身につけていたマイクロフォンを外し、レイバーンに手渡しながら、状況説明をした。「パフォーマンスエリア」内――パトカーのダッシュボードに設置されたカメラに映る範囲――に留まるよう気をつけながら、レイバーンはキーズに近づいた。

口火を切ったのはキーズだった。

「昨日の晩に駐車場をうろついていた警察官に関係ある話ですか？」と彼は聞いた。

レイバーンはそのことについて一切知らなかった。彼はキーズの質問を無視した。

「昨夜、クオリティー・インに宿泊されました？」と、レイバーンは聞いた。

キーズは、早足にレンタカーの周辺を歩いて見ているガナウェイ捜査官に視線を向け、そしてレイバーンを見た。

「ええ、弟とね。部屋は弟の名前で取ってありますよ。ここのところ二日間、出入りしてますから」レイバーンはキーズをじろりと見てから、運転席のドアから中を覗き込んだ。シートの下から、白いスニーカーが見えていた。

「この車を借りたのはいつですか？」

「数日前ですね」とキーズは答えた。「ベガスに飛んだ翌日です。先週の木曜日かな」キーズは自分の足をストレッチした。この男はまた嘘をついている。逃げる隙を狙っているかもしれない。

ガナウェイ捜査官が歩みよってきた。

「FBIの特別捜査官、デブラ・ガナウェイです」と彼女は言った。「それで、どの州に立ち寄りました？」

「そうですね」とキーズは言った。「州間高速道路四十号を走ってフーバーダムに立ち寄りましたけど、一晩に一時間半程度寝ただけですから、滞在というほどのものでもないんですけどね。残りはずっと運転してましたから」

「給油が必要でしょ？」とガナウェイは聞いた。

「ああ、もちろん。何度か給油はしました」

「支払いはどのような感じで？」

キーズは口ごもった。

「どうだったっけな」と彼は答え、「たしか現金です」と言った。

ガナウェイ捜査官にスイッチが入った。

「もう一度お聞きしますよ。支払いはどうしたんですか?」
「たぶん、現金です」とキーズは答えた。イライラしてきているようだった。
レイバーンが割って入った。「いいですか」と彼は言った。「あなたの証言を裏付けることは簡単ですから。財布の中身を見てもいいですかね?」
「何も触らないでくれ」とキーズは言った。
「これは逮捕か?」

スティーブ・ペイン捜査官は、シュガー・シャックコーヒーの列に並んだ車の中で座りながら、まっすぐ前を見据えていた。アンカレッジの時間で、午前八時三十分過ぎのことだった。ようやく日が昇りはじめていた。

ペインは疲れ切っていた。前の晩、ATMで現金の引き出しがあったと三回も連絡があり、その都度起こされていた。午前二時、二時半、そして二時四十七分だった。ペインはテキサスのチームと、朝の五時まで電話で話をしていた。もう一度寝直すのは難しかった。

ペインは苛立ちを募らせていた。微弱で不安なエネルギーと罪悪感が入り交じったような感覚を抱いていた。働いているときは眠ることができなかったし、眠っているときは働くことができなかった。もし何か起きたらどうなるのだろう? 眠ることができなければ、正しい判断はできなくなる——しかし、それはただの言い訳で、俺の身勝手なのでは?

いつもの二十オンスのペパーミントモカのホイップ添えを注文するために待っていた。事務所にある薄くて安いコーヒーの不味さを補うかのような、少女っぽい好みをペインはいつもからかわれていた。

シュガー・シャックはFBI事務所から歩いて数分の距離にあり、ペインは若いバリスタ二人が――今は二人で働いていた。サマンサが姿を消してからというもの、若い女性が一人で働くことはなくなっていた――忙しい時間にコーヒーを淹れる姿を見ていた。息は冷えた空気で白く、空はきらきらと明るくて、使い込まれた指なし手袋が、カップ、現金、クレジットカードを握り、売店の窓から出たり入ったりする様子だった。この若い女性二人は、早朝四時半から開店時間まで起きていて、温かい繭の中で過ごすように快適な眠りに抗って、容赦ない寒さの中で働いていた。

ペインはバリスタのほとんど全員の名前を知っていた。それは彼の看護師のガールフレンドも同じだった。バリスタのうち何人かは大学に進学するために貯金していたし、医学で学位を取得しようと学んでいる人たちもいた。ペインのガールフレンドはいつも、諦めないようにとバリスタたちに声をかけていた。素晴らしい学生だとペインは思っていた。だって、僕のモカを毎朝作ってくれるのだから。この子たちがサマンサと同じ運命を辿っていたのかもしれないなんて。彼女の運命がどのようなものだったのかは、わからないけれど。

ペインの携帯電話が鳴った。番号に覚えはなかったが、とりあえず応えた。

「テキサス州ラフキン事務所の特別捜査官デブラ・ガナウェイです。速度超過で、そちらの事件の容疑者を確保しました」

ペインは一気に目が覚めた。

「運転免許証を押収しました。アラスカ在住で名前はイスラエル・キーズです」

聞いたこともない名前だ。しかし、アラスカ在住だという——これは決定的だった。それでもペインは自分に言い聞かせた。マーフィーの法則を忘れるなよ。

「了解です」とペインは答えた。「それで、どういう感じでした?」

「行き先を尋ね、テキサスに滞在している理由を聞きました」とガナウェイは返答した。「男は、ベガスで車をレンタルして、妹の結婚式に出席するために来たそうです」

「それ以外は何かありました?」とペインは聞いた。

「車外から見える範囲ですが、運転席の下に白いスニーカーを置いていますね。それから、助手席のドアポケットにゴムで束ねた現金が見えてます。紙幣には赤い染料がついているのも見えます。助手席には印がついた地図もあります」

ちょっと待て……と、ペインは考えた。ATMで現金を引き出した容疑者が履いていたものと一致する白い靴——似ているのではなく、まったく同じタイプのスニーカーだ。銀行は盗難されたときのために、現金には染料を吹き付けている。そして、GPSの時代に紙の地図を持っているだって……?

「協力的ではないですね」とガナウェイは言った。「動揺していますし、信号で止められたぐらいで尋問する理由は何かと聞いています。どうしますか?」

ペインはアドレナリンが脳内を駆け巡るのを感じていた。一瞬で判断しなければならないが、注意深く考えねば。キーズの車を捜索する、十分な理由があるだろうか？　ガナウェイ捜査官が押さえていたものは、多くなかった。

「迷ってしまうな」とペインは言った。「地図とスニーカー……十分とは言えない」

「確かに」とガナウェイは答えた。

「でも、アラスカの運転免許証と辻褄の合わない供述ですよね」とペインは言った。「根拠はありますかね？」

ガナウェイはしばらく考えていた。

「この機会を潰したくはないですね」と彼女は答えた。「テキサス州では捜索の根拠について免除されることをお伝えしておきます。犯罪に使われた車両であると確信できる十分な理由がある場合は、捜索が可能です」

ペインの判断は非の打ち所のないものでなければならない。たった今耳にしたわずかな事実だけで、キーズは確実に怪しい容疑者だと思えた。しかし、後になって捜索の根拠が十分でないと判断されたとしたら、法廷ですべてをひっくり返される——それは毒樹の果実（違法に収集された一次的証拠から得られた、二次的証拠のこと）と呼ばれていた。

ペインは自制した。今まで一度もこんな気持ちで事件を見たことはない。証拠を押収することより、姿を消した人の命を守ることを優先するなんて。

キーズはプレッシャーをかけはじめていた。「もういいか？」と彼は聞いた。「弟に電話するぐらい、いいだろ？」

携帯電話を耳に押し当てた姿でガナウェイは振り向いて、キーズにイエスと答えた。「弟さんに電話してもいいですよ」

ペインは心を決めた。「車の捜索なしで、この男を行かせるわけにはいきません」と彼はガナウェイに言った。「手法は問いません」

ペインは電話を切った。泣きそうだった。コーヒーを手にして、コーヒースタンドの後ろに車を停めた。なんとしてでもガナウェイと電話を繋いでいたかったが、訓練がそうさせなかった。ガナウェイと彼女の捜査チームが、目の前の容疑者に集中しなければならないことがわかっていたのだ。FBI事務所に出向くことも考えたが、それもしたくはなかった。コーヒーを手に車の中に座り、静かな環境で思考を整理したかった。

本当に、この男が犯人だろうか？　ペインは、自分自身が強くそう望んでいることに気づいていたし、希望を持つことが不運をもたらすのではと心配になった。

しかし、彼はその恐れを追いやった。捜査官らしく考えるのだと、自分に言い聞かせた。事実と理解できているものごとは、何を指し示しているのか？

はるばるアラスカからテキサスまでやって来た男が拘束されている。ペインはそう考えた。俺たちのチームは、そこから遠い場所にいる。男は、妹の結婚式に参列するために、なぜそこまで奇妙なルートを使ったのか、それを申し開きすることはできない。車は一致している。染料のついた札束。地図、スニーカー。落ちつきのない振る舞い。

この男に違いない。ペインは腹の底から感じていた。彼は一歩、進む決意をした。こいつだ。間違いない。ペインにはわかっていた。そして再びサマンサが生きているという希望が、自分の中で湧いてくるのを感じていた。

ペインは時間を確認した。十分経過だ。それはまるで一時間のように感じられた。

この瞬間の孤独は、現実感のないものだった。州をまたいだ十代の少女誘拐事件を捜査するトップのFBI捜査官は、一気に冷めつつあるやたらに高いコーヒーとともに、駐車場の中で座り込んでいた。空気は冷たく澄んでいて、輝く空は希望の前触れのようだった。彼が、アラスカでただ一人、サマンサの誘拐犯かもしれない人物をテキサスの捜査官が確保したこと、そしてその先の数分間に導かれるだろう結果を知っていた。

待つことは耐えがたかった。もしテキサスの連中がしくじったら？　想像以上に賢い男だったらどうする？　幼い娘と一緒に、犯罪の証拠を持ち歩いて逃げるような犯人なんて、いるだろうか？　釈放するしかなかったら？　次には何をすればいい？

二十分が経過した。しくじったのか？

携帯電話が鳴った。ガナウェイ捜査官だった。

「身柄を確保しました」と彼女は言った。「この男に間違いありません」

ペインは信じられない思いだった。

「証拠は？」と彼は聞いた。

「十分です」とガナウェイは答えた。

ペインは彼女に礼を伝えた。何度も、何度も。サマンサを故郷に連れ戻すのだ。

第7章

テキサスでは、道路脇で五人の警官に容疑者が囲まれ、立っていた。テキサスレンジャーのレイバーン隊員は自分のピックアップトラックに歩いて戻ると、ニコンのカメラを持ち出して、現場にいる巡査部長に手渡した。

「何もかも撮っておいてくれ」とレイバーンは言った。

午後十二時二十六分、キーズの車が停車させられてから、一時間近くが経過していた。レイバーンとFBIのガナウェイ捜査官が捜索を開始した。車内あるものすべてをくまなく見つけ出し、リストを作成した。助手席には印がつけられたカリフォルニア、アリゾナ、ニューメキシコ州の地図。続いて二人は以下の物品を見つけ出した。

• 開栓されたエナジードリンク一缶

•学校で撮影された子どもの写真二枚
•白いスニーカー一足
•運転席の床に敷かれたマットの上に落ちていたATMのレシート　「デビットカードはお取り扱いできません」の文字
•二百枚ほどの結婚式写真が撮影されたソニーのデジタルカメラ
•新しい灰色のシャツ。店の値札がついたままの、ウィンチェスター社製
•琥珀色のサングラス。ケースなし
•片袖が切り取られたTシャツ
•コロンビアのフリースジャケット。ダークグレー
•ウォルマートの袋、数枚
•ゴムでまとめた五ドル札と十ドル札

後部座席にて押収したもの
•「二〇一二年三月十二日午前四時十分　テキサス州ラフキン」と印字されたウォルマートのレシート
•サンドイッチのパック
•エナジードリンク一缶
•黒いサングラス

・一ガロン（約一・八リットル）入りの水の残り
・洗濯用洗剤
・ピンク色のバックパック

トランクにて押収したもの
・緑色のバックパック
・黒人女性のポルノ画像が印刷された灰色のＤＶＤケース
・トランスジェンダーの俳優が出演するポルノＤＶＤ
・イスラエル・キーズと娘が搭乗したと見られるアラスカ航空のフライト予約確認書
二〇一二年三月六日にアンカレッジ出発
ワシントン州シアトルに午前五時五十四分到着
シアトルを午後三時三十分出発
ラスベガスに午後五時五十六分到着
・ウォルマートのバッグに入った、冷えた状態のアルコール
・灰色のフリースジャケット。前ポケットに琥珀色の狙撃用サングラスと灰色の布のマスク。もう一つのポケットに手袋
・ノートパソコン

・サムソン社製の黒い携帯電話。スライドタイプ。バッテリーとＳＩＭカードは入っていなかった
・携帯トイレキット
・拳銃一丁
・双眼鏡
・黒いスキーマスク
・ヘッドランプ

レイバーンは、男の車を止めたヘンリー伍長に手柄を取って欲しかった。「手錠をかけてくれ」とレイバーンは言った。

とうとうキーズは逮捕され、レイバーンがキーズの財布の中身を確認することになった。中に入っていたのは、サマンサ・コーニグの運転免許証だった。

第8章

ペイン捜査官は五分かけてFBI事務所まで車を走らせた。途中でアンカレッジ警察に電話を入れると、ベルとドール刑事は即座にイスラエル・キーズの犯罪歴を精査した。記録は一切なかった。

これは異例の展開だ。大きな罪状で逮捕される人間のほとんどが、過去に逮捕歴が確実にあるのだ。

次に男の免許証について調べた。住所はアンカレッジのターナゲインにあるスパー・レーン二四五六。これも異例だった。多くの弁護士、検察官、裁判官が居住する地域だったからだ。

誰もが同じことを考えた。サマンサはこの男の家にいるのではないか？　地下で身柄を拘束されてはいるものの、アンカレッジ内で今までずっと生存していたのではないか？

ドール刑事は捜索令状を書きはじめていた。ベル刑事は特別捜査班とSWATとともに、男の家に急行した。

次に、ペインはFBIのキャット・ネルソン捜査官に電話をして、独自に捜査をはじめるよう伝えた。彼女も、まずは犯罪歴を洗い、何もないことに驚いた。とても狭いコミュニティーに、珍しい名前の人物がいて、何も出てこないですって？　ペインと同じように彼女も自分が信じられなくなった。「入力が間違っていた？」と、思わず考えた。

ネルソンは再度イスラエル・キーズという名前を検索した。今度は、ＦＢＩ独自のデータベースを使った。アメリカ国内のどんな場所であっても、この時点より以前に警察調書に一度でも言及されていれば、男の名前は浮かび上がるはずだった。

しかしその記録さえなかった。

絶望し、とうとうネルソンは男の名前をGoogle検索してみた。友人と家族のメンバーの中から——警察用語で「犯罪関係者」と呼ぶ人物がいるかどうか——探し出そうとしたのだ。それに加えて過去の住所、狩猟または入漁許可証、そして銃器所有者として登録されているかどうかも調べた。

男はトランクルームを借りたのだろうか？　知り合いに、サマンサを隠すことができる場所を持つ人物はいただろうか？

ネルソンはいくつか手がかりを探し出すことができた。ワシントン州フォートルイスがキーズの過去の住所だった。これはキーズに従軍経験があるかもしれないという意味だ。軍に電話をすること……と、メモした。

ネルソンの発見によれば、スパー・レーンの家の持ち主はキンバリー・アンダーソンで、アンカレッジ・リージョナル病院の看護師だった。FBIの公文書サーチでアンダーソンを検索し、彼女が二〇〇九年にこの家を購入したことを突き止めた。登録されていた車種は日産のエクステラで、アンカレッジのATMから現金が引き出される様子を映した防犯カメラに数回映っていた。プロフェッショナルで聡明な女性が、キーズとどんな関係があるのだろう？　まさか共犯？ネルソンはFBIだと名乗り、病院に電話をかけた。キンバリー・アンダーソンさんは勤務しておられるでしょうか？

はい、という答えが返ってきた。

引き留めておいてくださいとネルソンは告げた。電話をかけ直すまで、彼女がそこを離れないように。

アラスカは午前九時三十分になろうとしていた。ベル刑事と特別捜査班は男の家の外で所定の位置についていた。小ぶりで青い、手入れの行き届いたその家は、U字路の一番奥にあった。家の右側に二棟の小屋、そしてトレイラーハウスが設置されていた。家の前には、シボレーの白いピックアップトラックが停めてあった。

ベルはがっかりしてしまった。この住所に停められているトラックは、サマンサが失踪した後、アンカレッジ警察によってチェック済みだ。すでに捜査から除外された車だったのだ。

警察官が玄関のドアをノックした。返事はなかった。家の右側を覗き込み、積もった雪の上についたばかりのタイヤ痕を発見した。誰かが走り去った直後だったのだ。

ベルは裁判官に捜索令状を請求してはいなかった。それは、サマンサがどこかにいる可能性があるというのに、家、小屋、トレイラーの中に彼らが踏み込むことができないという意味だ。できたことと言えば、玄関と裏口のドアをノックし、窓から中を覗き込むことだけだった。

ベルはトラックに近づいた。ライセンスプレートの番号を控えた。FTC990。電話番号は運転席側のドアの、KEYES CONSTRUCTION（キーズ建設）という文字の下に書かれていた。ベルはiPhoneですべてを撮影した。

ピックアップトラックの荷台の上には木材用のラックが設置されていた。近づいてよく見ると、ラックを取り付けているボルトが新品だということにベルが気づいた。ボルトが新品だというのに、ワッシャーは錆び付いている。監視カメラの映像に映っていたピックアップトラックにはラックが取り付けられてはいなかった。サマンサが連れ去られる前に撤去され、そして連れられた直後、再度取り付けられたに違いない。

なんとしてでも踏み込まねば。

ペイン捜査官は、キーズを取り調べるため、その後ベル刑事とともにテキサスまで飛行機で向かうことになるドール刑事に電話をした。一緒に行きませんかという彼女の親切なオファーに、ペインは驚かされた。

ペインはドールに対しては率直だった。「どうしても一緒に行って、この男と話がしたいんですが……」と彼は言った。「しかし、起訴できなければ、釈放するしかない」ペインは宣誓供述書を書きたかった。そもそもの起訴内容は偽造アクセス機器を使った詐欺で、キーズをテキサスからアラスカに引き渡すのに十分なものになるよう、起訴内容を確実にしておきたかった。

ドールとの電話を切り、最初の車の捜索で見つかった謎の多い物品について考えた。なぜあれだけ多くの小額紙幣を現金で持っていたのだろうか？　ほとんどのATMで二十ドル札が入手できるというのに。なぜキーズは解体された携帯電話を持っていたのだろう？　なぜバッテリーが入っていなかったのか？　そんな状況をペインはそれまで一度も見たことがなかった。

キンバリー・アンダーソンは、アンカレッジ警察によってアンカレッジ・リージョナル病院で拘束された。その後、署に連行され、ドール刑事と向かい合わせに座っていた。アンダーソンは、キーズと彼の娘と一緒に暮らす家を警察が家宅捜索するところだと聞くと、震え上がった。彼女はきっぱりと言い切った。私のボーイフレンドはサマンサ失踪事件と一切関係はない。サマンサが消えた日の夜、彼は私と娘と一緒に家にいたのだからとアンダーソンは証言した。その日の晩、彼女の寝室に何度もやってきたのだそうだ。

彼女の寝室？　キーズはどこで寝ていたというのだ？

アンダーソンは続けた。キーズは娘の様子を確認し、朝の五時に起床した。アンダーソンはそのときに目を覚ましたのだと続けた。その日の朝、キーズと娘は飛行機で旅立つことになっていて、空港まで向かうタクシーに乗る二人を見送ったのだという。彼の渡航歴を見てくださいーーあの人と娘はアンカレッジを飛び立っていますよ。その数日後、アンダーソンはニューオーリンズから出港するクルーズ船で二人と合流した。

彼にそんなことをする時間なんてなかったはずだとアンダーソンは証言したのだ。

テキサスでは、キーズがラフキン警察署に車で連行されていた。レイバーン隊員とガナウェイ捜査官はサンドイッチ店のサブウェイに立ち寄った。サンドイッチとポテトチップスを購入すると、どうやってキーズにアプローチするのが最適なのかを話し合った。

「あなたがまずは攻めるべきだと思う」とガナウェイは言った。「今のところ、あいつの気性はわからないから」彼女がそう言ったのは、場を仕切る女性に対して、キーズがどのように反応するかわからないという意味だった。「テキサスレンジャーにどんな態度を取るのか、見てみましょう」と彼女は言った。

二人が署に到着すると、レイバーンとガナウェイはもう一度キーズの財布の中身を確認した。信号で停めたときは、財布を渡すことを怖れていたように見えた。中に入っていたのは、クレジットカード、キーズのATMカード、名刺、そして裏側のポケットには、サマンサのボーイフレンドの名前で発行され、表面にPINナンバーが書き込まれた、緑色のVISAデビットカードが一枚だけ入っていたのだ。

レイバーンとガナウェイは、言葉もなく見つめ合った。

狭い取調室に座って、キーズは二人を待っていた。音声と映像が記録されていた。テキサスハイウェイパトロールのブライアン・ヘンリー伍長とレンジャー隊員数人が、マジックミラーの向こう側から見つめていた。この容疑者が何を言うのか、聞きたくて仕方のない様子だった。キーズはとても落ちついて見えた。

三時半、ランチとボトルに入った水を持って、レイバーンとガナウェイは取調室に入り、キーズの向かい側に座った。事前の情報で、キーズが訪問していたテキサス州ウェルズでサマンサが生存している可能性があるので、逮捕は公にしないようにと二人は伝えられていた。サマンサには、そこに住む叔母がいるらしかった。

慎重にいけ……二人はそう言われていた。

「サンドイッチでもどう？」とガナウェイは尋ねた。

「あなたにも一つ、買ってきたんだけど」

「いらねえよ」とキーズは言った。

「そう」と彼女は答えた。「気が変わったらどうぞ。テーブルに置いておくから」

親密さを演出しようとした二人の試みは、失敗に終わっていた。

「なんで逮捕されたのか、わかっているな？」とレイバーンは尋ねた。

キーズはぼんやりとレイバーンを見つめた。

「いや、わかってないいね」と彼は答えた。

「ATMのカードを発見した。サマンサのボーイフレンドのものだ。それも君の財布の中に」とレイバーンは言った。

キーズは怯むことなく言った。「その話はしたくない」

まだ諦めるのは早いとレイバーンは考えた。「弁護士を呼んでくれ」という言葉を、キーズはまだ口にしていなかったのだ。レイバーンは、もう一押しした。

「FBIが犯行現場に停められた君のトラックの写真を持っている」

「そんなものがあるんだったら、とっくにFBIが俺に何か言ってきてるだろ」

キーズの言うことは正しく、それを聞いたガナウェイは腹を立てた。キーズの態度は生意気で尊大だった。それはキーズからにじみ出るようだった。俺の邪魔をするやつは、どこのどいつだ？とでも言いたげだ。

警察がサマンサの運転免許証とデュアンのATMカードを持ったキーズを逮捕したというのに、当のキーズは気にもしていない。

「アンカレッジ警察はあなたを逃がさない」と、ガナウェイがキーズに言った。

キーズは無言だった。

それ以上、会話が進展することはなかった。結局、レイバーンとガナウェイはキーズを連邦刑務所に移送する手続きをした。レイバーンはキーズの前で、手首に手錠をかけ、その手首の手錠を、わずかな隙間しか開いていない胴体周りの鎖と繋いだ。腕を上げることもキーズにはままならなかった。次にレイバーンは、頑丈な足かせをキーズの足首に装着して、マークが施されたフォードのピックアップトラックに押し込み、シートベルトをつけ、座席を一番前まで押し出して、キーズがダッシュボードと座席の間にきつく挟まれる状態で座らせた。

ガナウェイがキーズの真後ろに座った。二人の間を遮るものは何もなかった。夕方の六時になり、レイバーンとガナウェイにとっては、久しぶりの長い一日になっていた。二人は、翌日罪状手続きを控えるキーズが収容される予定の、ボーモントの連邦刑務所に移送するため、二時間のドライブに出発した。もしかしたらあさってになるかもしれない。審理の前に、キーズが国選弁護人を得る前に、アンカレッジ警察が捜査員をテキサスに送ってくれることを二人は望んでいた。一度国選弁護人が決まってしまえば、キーズが話す可能性はゼロに近かった。

アンカレッジ警察のベルとドール刑事は、困惑していた。家に戻って荷物をまとめる時間さえなかった。二人はウォルマートに立ち寄って、温暖な地域で着るための服を買い、急いで空港に向かって、深夜便の旅客機に乗り込んだのだ。アンカレッジからヒューストン行きの直行便はないため、二人は三時間半掛けてまずはシアトルに飛んだ。そこでヒューストン行きの飛行機に乗り換えるのだ――それから四時間半かけてヒューストンまで行き、そのうえ、ヒューストンで車を借りて百マイルほど走り、裁判所に向かう。アドレナリンが放出され、時差ぼけの状態で。

二人は、FBIのスティーブ・ペイン捜査官とジョリーン・ゴーデン捜査官、そして連邦検事事務所のフランク・ルッソ検事とケヴィン・フェルディス検事との緊急会議について考えていた。

二人は、キーズの尋問に対する戦略を練っていたのだ。

どれぐらいキーズに話したらいいだろうか？　あるいは、見せるべきなのか？　サマンサが失踪した夜に、ホーム・デポの駐車場に停められたキーズのトラックの写真を二人は持っていた。その写真が証明するものは、ほとんど何もない。コーヒースタンドで撮影された防犯ビデオの静止画像は役に立つクオリティではない。マスクをつけた粒子の粗い男のイメージは、その人物の正体を突き止めるのが、いかに困難かをキーズに示すだけだった。

すべて役立たずなのだ。

それでは、身代金を要求する手紙はどうだろう？　キーズが書いていないこともあり得る。とはいえ、共犯者が書いたにしても、キーズは手紙の存在を知っていたはずだ。

二人がうまく立ち回れば、手紙はキーズを揺さぶることができる。

彼らの考えは、サマンサの父ジェイムス・コーニグに伝えられた。キーズが逮捕された後、FBI事務所にいたジェイムスにペイン捜査官が電話で伝えたのだ。ペインがそこで説明したかったのは、事務所が管理された環境にあったからだが、ジェイムスに彼らが真剣に捜査にあたっていることを伝えたかったこともある。FBI事務所の穏やかさ――ベージュ色の壁、ベージュ色のカーペット、ベージュ色のオフィス家具――が、被害者家族に秩序と能力の高さを感じさせ、彼らが最高の捜査官であると強調するのだ。

ペインはジェイムスに、とある男がテキサスで身柄を確保されたこと、サマンサの失踪と男を関連づける確かな理由があることを伝えた。ジェイムスはその男が誰かを知りたがった。

イスラエル・キーズという名前の男だとペインは言った。我々は、この男についてわかることを、すべて調べ上げているのだと。

ジェイムスは啞然としていた。イスラエル・キーズという名など聞いたこともない。その男と娘を結びつけるものが、何一つ思いつかなかった。何一つだ。

どうか内密にしてくださいとペインは言った。どうか、誰にも言わないでください。どうか、フェイスブックに彼の名前を投稿しないでください。現在の捜査において、これはとてもセンシティブな情報なんです、あなたの娘さんを見つけ出す最大のチャンスなんです。

アンカレッジ警察のベルとドール刑事は、ヒューストンに降り立った。三月十四日の朝、キーズが逮捕された翌日のことだった。気温は華氏七十三度（摂氏二十三度）、快晴だった。二人は空港で車を借りて、バーモントに向かった。

十一時を過ぎてすぐ、ベルはテキサスレンジャーのレイバーン隊員から電話を受けた。「申し訳ない」と彼は言い、「電話がかかってきたんです——裁判所の階段付近で銃撃があったそうで。被害者はキーズじゃありません。ただ、裁判所に近づくことができないんですよ」と語った。

この事件に関するあれやこれやは、その発生からして、奇妙だった。

ベルはなんとかして思考をクリアにしようと努めた。彼とドールは、キーズが車を走らせたのと同じ、州間高速道路十号を北東方面目指して進み続けた。ボーモントに到着してしまえば、少なくともテープで囲まれた裁判所の外で、太陽の光に照らされて、汗とともに不安を流し去ることができるのだから。

二時間後、レイバーン隊員はベルとドール刑事を裁判所の階段付近で出迎えた。ベルはレイバーンの姿に度肝を抜かれた——カウボーイブーツ、ブルージーンズ、白いテンガロンハット、そして腰に据えた単発銃である。テレビに出てくるテキサスレンジャーそのものの姿だ。レイバーンは電話の声よりもずっと若々しく、明るい表情をした男だった。

裁判所の中に足を踏み入れながら、ベルとドールは急いで協議した。ドールがまずは先導する。レイバーンは昨日、キーズから何も聞き出すことはできなかった。彼に会うためだけにアラスカからはるばるやってきたブロンド美人のドール刑事にだったら、キーズといえども気を許すかもしれない。

チームのメンバー全員が納得したのは、キーズに見せるのは身代金を要求する手紙だけがいいだろうという点だった。

取調室に最初に入ったのはベル刑事だった。キーズを一瞥した彼は、首の後ろの毛が逆立つのを感じた。こいつがやったに違いないと心の中で考えた。

ドール刑事はベルの真後ろにいたが、まったく同じ感情を抱いていた。彼女は手紙をテーブルの上ですっと滑らせ、キーズの目の前に置いた。キーズは無言でそれを読みはじめた。

「これを書いた人物が誰であろうと」とドールは言った。「怪物に違いないわ。でもあなたは怪物には見えないけれど」

ドールはアラスカで書いた筋書き通りに話した。昔からある尋問のテクニックだ。容疑者と心理的繋がりを得る手法である。彼女は「あなたが犯人だとは思えない」とは言っていなかった。

実際には、ドールはキーズに、サマンサを誘拐したのには理由があることを理解していると伝えていたのだ。彼女はキーズに思いやりを示していた。

キーズは何も言わなかった。ドールとベルは、提示した手紙がキーズから、少なくとも言い訳ぐらいは引き出すことができればと考えていた。否定であっても第一歩だ。

「お役に立てず、申し訳ない」とキーズは言った。しかし、ドールには強い興味を抱いたようだった。

ドールは「あら、そう」と続けた。「それじゃあ、彼女のボーイフレンドのキャッシュカードが財布に入っていたことに関しては、どう説明するのかしら？」

「ああ、あの話か」と、キーズのトーンが柔らかくなった。「ようやく理解できたよ」

ドールは興奮した。さあ、洗いざらい話してしまいなさい。

誰かが、と、キーズは断りを入れた。誰かが数週間前に彼のピックアップトラックのフロントシートに、ジップロックのバックを置き去りにしたそうだ。そのバッグの中に、携帯電話と暗証番号が書かれたキャッシュカードが入っていたという。たばこを吸うから、運転席側の窓を少し開けていた、それはレンタカーの中に葉巻を入れていたのだから、ベルもドールも知っているだろうと言う。建築現場で働いたときに未払いのままだった給料として、それを雇い主の誰かが置いたのだろうとキーズは考えたそうだ。

「率直に言うけれど」とドールは言った。「それは馬鹿げた話だわ。あなたがやったのはわかってる。あなたがサマンサを連れ去ったことは、わかってるんだから」

「一体なんの話だか、俺にはわからないね」とキーズは言い放った。

キーズと対峙して一時間も経たないうちに、ベルとドールは意気消沈した状態で部屋を出た。キーズは自分とサマンサの失踪を関連づける証言を一切していなかった。自信たっぷりだ。もしキーズが、起訴されるに至ったとしても、せいぜい罪状はカード詐欺だろうと考えていたのだとすれば、それは間違いではなかった。キーズが賢く立ち回れば、サマンサの誘拐容疑での起訴から逃れられることは、ベルとドールにはわかっていた。

キーズが罪状認否を受けた後のことだ。ベルは裁判所の外で佇んでいる年配の女性の姿を見た。背が高く細身で、化粧をしておらず、長い白髪を編んで背中に垂らしていた。シンプルなコットンのドレスは首元から足首まですっぽりと覆っていて、手作りのように見えた。ベルは、もしかしたらアーミッシュ（電気や自動車などを使わずに質素な生活を送る、キリスト教メノー派の一分派である人々。主にペンシルベニア州などに住む）なのかもしれないと思った。

彼女はヘイディ・キーズだと、ガナウェイ捜査官はアラスカから来た刑事たちに説明した。イスラエル・キーズの母親だった。

ベルは彼女に近づくと、自己紹介をした。

「十八歳の女性の失踪について、息子さんが関わっていると我々は考えています」とベルは言った。「でも、何も話してくれないんですよ。私たちを助けてはいただけませんか？　お願いします、母親として、彼から何か聞き出してはくださいませんか？」

「無理よ」と、息子にそっくりの調子でヘイディは答えた。

ベルはあっけにとられた。「お願いします」とベルは繰り返した。「どうか、どうかお願いします。行方不明になっている女の子がいるんです。父親は必死に探しています。もう一ヶ月以上も行方がわからないんですよ」

「神が望まれるのであれば、その子は見つかるでしょう」とヘイディは答えた。

そして踵を返すと、その場から立ち去った。

第II部

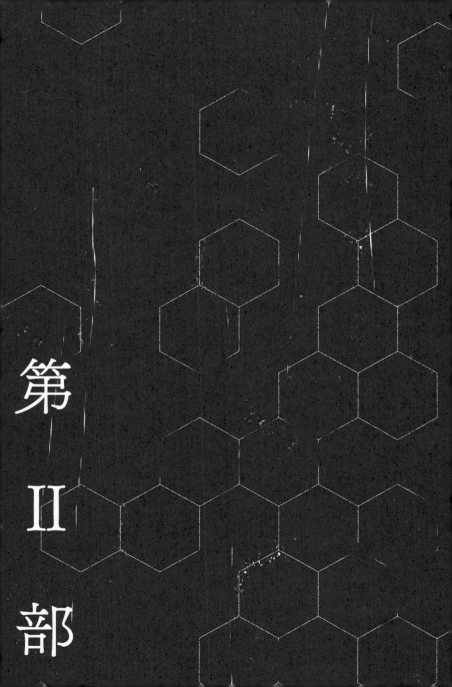

第9章

イスラエル・キーズをテキサスからアラスカに引き渡すのには二週間かかる。その間に捜査員たちは、可能な限りキーズについて情報を集める必要があった。ＦＢＩのキャット・ネルソン捜査官はキーズの仕事関係のウェブサイトを発見していた。キーズ建設のウェブサイトには、キーズのプロフィールが掲載されていた。このプロフィールが、この事件に関する捜査の第二幕の出発点となった。

彼自身の記述によると、キーズは一九九五年から一九九七年まで、ワシントン州コルヴィルで建築作業員として、ケリー・ハリス氏経営の会社で働いていた。早速ネルソンはコルヴィルについてウィキペディアで調べた。面積が三平方マイルほどの狭い町だった。二〇一〇年の人口調査によると、住民は五千人以下だ。

キーズの運転免許証は逮捕時には失効してから一ヶ月の状態だった——些細な違反だが、犯罪者のにおいがする——そこには彼の誕生日が、一九七八年一月七日と記載されていた。コルヴィル在住当時のイスラエル・キーズが、少なくとも十七歳から十九歳であったことがわかる。住民が彼を記憶している可能性はある。

その後キーズは、一九九八年から二〇〇〇年までワシントン州フォートルイス、そしてテキサス州フォート・フッド、エジプトのシナイに駐屯していた。陸軍のプリレンジャーコース（陸軍レンジャースクールのトレーニングコース）を優秀な成績で卒業している。そのコースは大変過酷なもので、六十一日間も続く訓練の最初の一週間で半数が脱落するという。

ネルソン捜査官は同時に、運転免許証に記されていた誕生日と同じ日で申請されたパスポートの申請書も発見していた。出身地はユタと記載されていた。「以前、パスポートを申請したことはありますか？」という質問にキーズは「記憶なし」と書いていた。

パスポートを申請したことを忘れる人間なんているだろうか？

二〇〇一年、軍を名誉除隊となったキーズは、ワシントン州の外れにあるネアー・ベイという場所に移り住んだ。そしてそこから六年間、公園緑地管理財団で働いていた。

ネルソンがその地域についてウィキペディアで検索すると、徐々に詳細がわかってきた。ワシントン州西部の、その最も北に位置するネアー・ベイは、マカ族の特別保留地だった。人口はわずか八六五人だった。コルヴィルと同じように、三平方マイル以下の狭い地域だった。世帯収入の平均が三万ドル以下だ。

こんなにも若い男性が——スポーツ万能で、ハンサムで、賢く、技術を持ち、明らかに冒険が好きそうなタイプ——太平洋岸北西地区のこんなにも貧しく、狭く、孤立した土地に辿りついたのか？

突然アンカレッジに引っ越した理由は？　その目的は？　現在のパートナーであるキンバリーなのか？　この二人の関係も謎に包まれていた。逮捕されて以降、キンバリーは捜査に協力することを拒否していたのだ。キーズが無実だと譲らず、自分は事件のすべてに無関係だと言い張った。キーズがテキサス州に拘留されている間に、家をくまなく捜索されたことは侮辱だと激怒していた。

その彼女が、今更どうして捜査に協力するというのだろう？

キーズの略歴は二〇〇七年に彼がアラスカに引っ越し、キーズ建設を立ち上げたところで終わっていた。

「お客様からのクレームは一切ありません！」と書かれていた。

ネルソンはキーズの略歴のすべてを捜査チームのメンバーに送った。ペインとともに担当捜査官となったゴーデンは、ショックと怒りが収まったキンバリーと、遠からず対峙しなければならないと悟っていた。しかしゴーデンが調べた限りでは、イスラエル・キーズの人生にとって大切な人はキンバリーだけではなかった。実際のところ、彼をよく知る女性が二人いた。母親へイディと、彼の子どもの母親であるタミーだ。二人は結婚してはいなかったものの、キーズは彼女を元妻と呼んでいた。

キーズが逮捕されてから数時間後、FBI捜査官デボラ・ガナウェイはヘイディの家の玄関にやってきた。一体どのようにしたのかはわからないが、ヘイディとの面談にこぎつけていたのだ。ヘイディは五十九歳。威厳のある、自尊心に満ちた振る舞いをする女性だった。自宅はウェルズという小さな町にある、狭くて質素な、大草原の小さな家を思い起こさせる建物だった。

ガナウェイの彼女に対する第一印象は真面目な女性というもので、悲しみに沈んではいるものの、キーズのパートナーのキンバリーとは違って、ショック状態というわけではなかった。これは興味深いことだった。イスラエル・キーズの母親ともあろう人物が、逮捕直後の状況下で、すべてを受け入れていたのだ。息子が十代の女性を誘拐しただけでなく、それ以上のことをした可能性があるということを。ヘイディが納得した理由はなんだろう？　成長期のイスラエルはどんな子どもだったのだろう？　アンカレッジにいた捜査チームはキーズの犯罪歴を見つけることはできていなかったが、それが彼に一切の犯罪歴がないという証明にはならない。捕まっていないだけという意味でしかない。

ゴーデンとネルソンのように、ガナウェイはキーズの家族についてすべてを知りたいと思っていた。特にガナウェイは、ヘイディの記憶が新しいうちに、今回彼がテキサスを訪れ、何をしたのか、すべてを聞き出したいと考えていた。

もちろんですとヘイディは答えた。

ヘイディはテキサスに住んでどれぐらいになるのか？　イスラエルは頻繁にテキサスを訪れていたのだろうか？

ヘイディは、四人の娘と最近引っ越してきたばかりだと答えた。以前はインディアナ州インディアナポリスに住んでいて、そこで二人の若い男性に出会った。ヘイディは彼らを「ストリートの牧師たち」と呼び、そのカリスマ性のある福音主義者がキーズ家の女性たちを説得して、九百マイルも南の場所に引っ越しをさせ、信徒に加えたというのだ。まずはダラスに移り住み、そしてウェルズに移動したらしい。ヘイディの娘の一人は、見合いで男性信徒と結婚したばかりだった。イスラエルがテキサスにいたのは、それが理由だった。

ヘイディはこの話をあたかも普通のことのように伝え、ガナウェイはあっけにとられた。イスラエルもこの教会の信徒だったのですか？と、ガナウェイは尋ねた。

いいえとヘイディは答えた。イスラエルは神を信じていませんから。彼が無神論者という事実はヘイディの人生にとっては大きな悲劇だったようだ。

何かおかしなことがありました？と、ガナウェイが聞いた。

そういえば、いくつかありましたねとヘイディは答えた。神を受け入れるようにと妹がイスラエルに懇願したことが一度あったらしい。いつもだったらそのような会話にうんざりとした態度をとるイスラエルが、今回の滞在ではとても感情的になった。イスラエルが泣き出したのですとヘイディは証言した。「俺が何をやったか知らないからそんなことが言えるんだ」と、イスラエルは妹に答えたそうだ。

サマンサ・コーニグという名前を一度でも聞いたことは？

いいえ、ありませんとヘイディは答えた。今、初めて彼女の名前を聞きました。

ガナウェイはもう一つだけ聞きたいことがあった。

前週、三月八日木曜日の夜、イスラエルと娘はヘイディの家に夜の十時頃に現れた。イスラエルは、アンカレッジからシアトルに飛び、そしてラスベガスに向かってレンタカーを借りて、テキサスまで運転してきたと言ったそうだ。

ペインとガナウェイが信号待ちの間に彼の車を止めたのは、その道すがらのことだった。イスラエルの複雑な移動方法について、何かおかしいと思いませんでしたか？　とガナウェイはヘイディに尋ねた。それも、幼い娘を連れていたというのに？

別に……ヘイディはそう答えた。結婚式も突然だったし、そのルートの旅券が一番安かったとイスラエルが言っていたからと彼女は説明した。

サマンサが失踪した直後の二月に、イスラエルはテキサスを訪れていた。ガナウェイはその訪問についての情報を集めたかった。ヘイディは、このときの記憶もはっきりと思い出した。イスラエルと娘はアンカレッジからシアトルに飛び、そしてレンタカーを借りにヒューストンに向かうと、そのままニューオーリンズに車で行ったと聞いているとヘイディは証言した。そこで二人はキンバリーと落ち合って、メキシコ行きの五日間の船旅へ出発したそうだ。

再び、A地点からB地点への蛇行ルートだ。船の旅が終わると、イスラエルはもう一台車を借り、娘と一緒にダラスまで走った。そのときヘイディはまだ、ダラスに住んでいたのだ。キンバリーは友人と一緒に車での長旅に出発していた。

このときのイスラエルはとても奇妙だったとヘイディは回想した。彼に何か起きていたのは明らかだった。なぜなら、まるで十代の若者がするように、イスラエルはヘイディの家を早朝に抜け出したからだ。二月の十三日のことで、アンカレッジに彼と娘が飛行機で戻る前日のことだった。イスラエルはベッドにメモを残していたという。

そこには「窓を修理して、銃を隠す場所を見つけにいく」と記してあった。

特におかしいとは思わなかったとヘイディは語った。窓とはレンタカーの窓のことだし、イスラエルは常に銃を携帯していたからだ。それは少年の頃からそうだった。家族全員が銃を携帯していた。

ガナウェイは穏やかに質問をした。イスラエルが家を抜け出した後、何が起きましたか？　彼はいつ戻りました？

そこがおかしなところなんですとヘイディは答えた。イスラエルはヘイディの家に戻らなかったのだ。ヘイディは、その日の朝にはじまった、家族間のメッセージのやりとりをガナウェイに見せてくれた。ベッドの上にイスラエルのメモを見つけた二時間後に書かれたものだ。

午前八時五分　イジー、銃だったら預かるよ。問題なし。

日中は返信がなかった。この日の夜遅くになってようやく、イスラエルは返信している。泥に車輪を取られたと彼は書いていた。どこにいるのかもわからない。

午後八時三十四分　迎えに行くよ。場所、わかる？

このメッセージにも返信はなかった。

午後八時五十二分　四駆があるから場所を教えて。迎えに行く。

翌日二月十四日になって、車で一時間ほどの距離にあるクリーバーンの、大規模ショッピングモールの近くに車を停めているとイスラエルは連絡してきた。家族は車で彼を迎えに行ったが、到着したとき、そこに彼の姿はなかった。駐車場にバンを停め、車中泊をしながら、彼の次のメッセージを待ったそうだ。ガナウェイは露骨な質問は避けた。なぜ家族はそこで家に戻り、シャワーを浴びて、睡眠をとらなかったのだろう？　そんなに心配なのであれば、なぜ警察に通報しなかったのだろう？　聞かなかったのは、ヘイディに守りに入ってほしくなかったからだ。ガナウェイはヘイディに続けさせた。

十五日の朝になって、とうとうイスラエルから電話が入った。ショッピングモールの反対側にいたと説明したそうだ。

服装が乱れ、支離滅裂なことばかり言う状態のイスラエルを家族が見つけたのも、同じ場所だった。レンタカーは小型の青いキア・ソウルで、泥だらけだった。イスラエルはうんざりするほど言い訳を繰り返した。ガソリンがなくなった、クレジットカードが止められていた、そのうえ現金がなかったと言うのだ。二日間も飲まず食わずの状態で、眠ってもいなかったらしい。ヘイディと家族にとって、それはイスラエルらしからぬ状態だった。イスラエルは常に冷静で、きちんとした服装を好み、要領のいい男だ。何でも作ることができたし、修理することだってできた。森の中に何時間いたとしても、決して道に迷うことはなかった。テキサス郊外で、それも日中に彼が道に迷うだなんて、あるはずはなかった。

それでも、誰も彼がどこに行ったのか、何をしていたのかを聞かなかった。そして二月十六日にヘイディは、アンカレッジ行きのチケットを二枚予約している。再びイスラエルは家を一日中空け、次に戻ったときは、九百ドルのキャッシュを持っていた。ヘイディにチケット代を払うためだった。イスラエルと娘は十八日に飛行機に乗って旅立った——これが二日間の旅程についてヘイディが記憶していることのすべてだった。

こんなことをガナウェイに伝えながら、ヘイディは認めていたのだ。何かが決定的におかしかったことを。極端な感情の揺れがあったことを。そしてイスラエルは、あおるようにして酒を飲んでいた。ヘイディはあまりにも心配で、教会の長老たちに連絡を入れ、その中の一人が助言のために家までやってきた。

その場で何が話し合われたのか、ヘイディにはわからなかった。しかしイスラエルが長老と話をしたいと希望するのは、何か不適切なことが行われたことを示す、別のサインだった。自分よりもずっと若い長老と話をするなんて、よっぽど動揺していたに違いない。

ヘイディはほとんど何も知らなかったにもかかわらず、ガナウェイに自分が思うより多くの情報を与えていた。イスラエルの尋常ではない移動パターン、キーズ一家の動き、サマンサの失踪直後にイスラエルの精神状態が破綻していたこと、そして、とても重要なことがもう一つあった。ずいぶんと風変わりな家族ではあったが、その彼らでさえイスラエルの行動には困惑していたのだ。しかし、誰も彼に文句を言おうとは思わなかった。ゴーデン、ベル、ペイン、そしてネルソンにとっては、テキサスで彼が行方不明となった二日間は、さほど謎に包まれたものではなかった。イスラエルには、やらねばならぬことがあったはずだ。

三月三十日の金曜日、ＦＢＩ特別捜査官スティーブ・ペインは、連邦保安局によってオクラホマシティを経由してアンカレッジに護送されてきたばかりのキーズが話をしたがっていると伝えられた。

とうとうこのときが来たかとペインは考えた。自白だ。

しかしペインの興奮は、二つの要因によって鎮まらざるを得なかった。一つ目は、キーズが死刑判決については話をしたくないと言っていたこと。二つ目は、メディアに対して一切情報を出したくないと主張したことだった。テキサスで逮捕されて以降、自分の名前がニュースで取り上げられたことは知っていたが、それ以外、一切公にして欲しくないと言っているのだ。子どもには知られたくはないと、キーズは譲らなかった。

初の本格的な尋問のためにペインと捜査チームが与えられた準備時間は数時間しかなく、取調室で語られた内容は、その後のすべてを左右することになるだろう。ＦＢＩが実際に知り得ている情報よりも、多くを把握しているとキーズに思わせる必要があった。実際には未入手の証拠を、ＦＢＩはすでに入手済みだから、自分は身動きが取れないとキーズに思い込ませる必要があったし、怖れるだけでなく、震え上がらせなければならないのだ。自分と対峙している捜査官はすべてを掌握していて、自分よりはるかに屈強で堕落した犯罪者を相手にしてきた強者で、キーズのことなど虫けらとも考えていないと、腹の底からキーズに感じさせねばならなかった――しかし、キーズのほうから話をもちかけてきたのであれば、ＦＢＩにも勝算はある。

一方で、もしキーズが黙秘すれば、キャッシュカードの詐欺的不正使用でしか罪に問うことはできない。連邦犯罪ではあるが、半年から最長で一年の服役となり、それだけだ。過去に犯罪歴がないことを考慮すると、罰金と執行猶予で済むのではないか。もしかしたら、サマンサは見つからないかもしれない。キーズは逃げ切るかもしれない。今回のように重罪を犯した男だから、きっとまた繰り返す。次はより凶悪な犯罪かもしれない。

最初が肝心だとペインは自分自身に言い聞かせた。チャンスは一度きりだ。

ペインはＦＢＩの会議室から、ベル刑事、ゴーデン、そしてネルソン捜査官に電話をかけた。ドールは遠方にいて、キーズの初めての尋問に立ち会えないことに心底がっかりしていた。彼女は電話越しに内容を聞くという。

ペインは、自分とベルが尋問の指揮を執ることに決めた。手続きに従い、それはＦＢＩの事務所で行われることになる。潜在的に危険な容疑者と対峙するための施設は、アンカレッジではそこしかない。外から覗くことができないように、ブラインドの角度を変えられないなど、FBIの施設には一貫したセキュリティーが備わっていた。取調室は録画と録音ができた。ゴーデンとネルソン、そして連邦検事らは、別室でキーズの証言を検証するためのコンピュータを使用しながら、リアルタイムで取り調べの様子を監視し、内容を聞くことができる。クアンティコのFBI行動分析課の捜査官たちが、テキストメッセージを使ってキーズに質問を送るためにダイヤルイン接続する。

それまでに発見している証拠から判断し、捜査チームはキーズがサマンサの居所を知っていると確信していた。

その日の朝、不安になったペインは行動分析課の関係者に電話をし、重要なアドバイスを受けていていた。容疑者をしゃべらせ続けろ、賢いヤツほどしゃべりたがるものだ……というものだった。

キーズに手の内のどれを明かすのか、明かさないのか、何を伝えるのか、どのように伝えるのか、ペインと捜査チームが決めることとなった。最初の一撃は重要だ。ペインは、容疑者との初めての顔合わせを、作家に対して自分が思い描いた事件の流れを伝えるうち合わせに喩えた。

そしてもちろん、物語の結末を知るのは作家だけだ。

アラスカで最も凄腕とされる公選弁護人の一人、リッチ・カートナーがキーズの代理人として裁判所により指名された状況下において、捜査チームの持つわずかな情報で、どうやってキーズを自白へと導くのか？　「最悪の事態に備えるしかない」とペインはチームのメンバーに語りかけた。「死刑を交渉の切り札として使わないなら、将来的に使えるカードはあまりない」これを受けて「複雑なことはしないようにしましょう」と発言したのはベル刑事だった。

キーズがテキサスで乗っていたレンタカーから押収された証拠を手がかりに、逆再生する形で事件の流れを説明することについて議論になったが、最終的にチームは証拠を時系列に従ってキーズに提示することを決めた。事件の流れをしっかりと組み立てることは理にかなっており、そうすることでキーズがチームの情報に圧倒され、隠し球の存在を怖れることを期待した。最も重大な理解の欠落については触れないでおくことで意見は一致した。その欠落とは、キーズとサマンサの関係だった。

キーズの尋問のためにチームが作り上げた台本は強固なものだったが、それを伝える人間が重要だった。ペインはベルにそれを託した。ベルには静かな自信があった。威厳を示しつつも信頼関係を築く能力があったのだ。

ベルは承諾した。彼とペインは部屋に入り、ベルがシミュレーションをはじめる。

まず、「いいか――」とペインが口火を切る。そして少し間を置き、キーズにこちらが主導権を握っていることを理解させる。「君にすべての証拠を見せることはしない。なぜなら、率直に言えば、時間がないからだ。時間があったにせよ、それではものごとが進まない。ただ、我々は全力を尽くす。決して誤魔化されはしない」

そして写真を提示する。ペインが写真の提示を好む理由は、容疑者が嘘をついて切り抜けることができなくなるからだ。今回のケースでは、チームは六枚の写真に限定した。写真の少なさは、彼らが強みに変えたいと考えていた弱点でもある。

続けて、「サマンサが失踪した夜、彼女が働いていた売店から道路を挟んだここの位置に、お前のピックアップトラックがある」とベルが告げる。「ちなみに、写真はいくらでも残っていて、今はクアンティコのFBIの専門家のところにすべてある。彼らの分析が終わったら、壁一面に貼り付けるつもりだ」

それに対するキーズの言葉を、捜査陣は固唾を呑んで待つのだ。

何も言わなかったら、写真を何枚か足していく。ペインが好きなのは、この場面だった。たくさんの荷物を担いで取調室に入ることを無情の喜びとする捜査官がいて、彼らは往々にして箱やバインダーを積み上げて「これが証拠だ」とプレッシャーをかけるのだが、ペインに言わせれば、過ぎたるは及ばざるがごとしである。ベルがトラックの写真をキーズに見せた後、ペインが突如、話に加わる。

「マスク、サングラス、それからパーカー。ATMで現金を引き出したときにお前が身につけていたものだ」とペインは言う。「お前の財布の中にあった、デュアンのキャッシュカードがこれになる。サマンサ・コーニグの携帯は、壊されてバラバラにされ、レンタカーのトランクに入っていた」

彼らは再び沈黙する。もしキーズがそれでも何も話さなければ、ペインが続ける。

「すべての答えがわかっているわけではない」と彼は言う。

このようにして事実をありのまま受け入れる姿勢は、直感に逆らうものではあるが、自信の表明となる。

「しかし我々は諦めるつもりはない。証拠はまだあるし、日々、集まってきている」彼らはキーズにガールフレンドと娘のこと、ワシントン州にいる元妻のことを話す。キーズが両親との間に困難な関係を持っていたこと、奇妙な宗教を信奉するコミュニティーがテキサスに存在すること、キーズの恥ずかしい過去を彼らが知っていること、母親との確執をほのめかしていく――決して彼を辱めるためではない。

何より、彼の目を開かせるまたとないチャンスだった。

切り札は、警察が彼の自宅から押収したパソコンになるだろう。キーズとサマンサがなんらかの交流をしていた形跡を未だ発見できていないのは事実だが、ハードディスクの中には不穏なデータが含まれていた。サマンサについての新しい記事へのリンク、同時期に公開されていた捜査報道、そしてイスラエルという名前で投稿された読者のコメントが数件見つかったのだ。

「コンピュータはすべて押収している」とベルは言う。

「いいか、我々は諦めない。コンピュータの中身を精査するには時間がかかるだろう。だが、キャッシュ、会話、すべてを隅々まで分析する。お前が削除できたと思っているもの、葬り去ったと思っているものについても、すべてだ。我々は、正真正銘、プロ集団だ」

多くの容疑者はこんなセリフを信じてしまう。なぜなら、容疑者の多くはこういった警察のノウハウを、テレビドラマの『CSI：科学捜査班』を見て学んでいるからだ。

ペイン、ベル、ゴーデン、そしてネルソン全員が、完璧な戦略だと考えていた。

たようだ。

そこで電話が鳴った。実に怖ろしいことに、アラスカ連邦検事のトップは、そうは思わなかっ

ケヴィン・フェルディスは、連邦検事事務所に一九九九年から勤めていて、アラスカには一九九七年から住んでいた。細身の中年で、薄くなりかけた茶色い髪をしていた。イェール大学とシカゴ大学ロースクールを卒業した彼は、それまで一度も路上犯罪の捜査経験がなく、ましてや殺人事件は初めてだった。知能犯ばかりを扱ってきた彼が、これは自分の事件になったとペインに対して伝えてきたのだった。

フェルディスは、イスラエル・キーズは、ＦＢＩではなく、連邦検事事務所で尋問を受けること、取調室に入り指揮を執るのは彼だけではなく、部下のフランク・ルッソも同席することをペインに伝えた。ＦＢＩはルッソの応援要員としての参加となる。

ペインは驚愕した。極めてまずいことだ——検察官による職権乱用ではないか。しかしアンカレッジのＦＢＩ捜査官や警察官は決してフェルディスに逆らおうとはしなかった。なぜなら、容疑者が刑務所に入るかどうかは、彼次第だったからだ。誰も、決してケヴィン・フェルディスには逆らわない。ここはアンカレッジで、極めて偏狭な村社会だ。アンカレッジ以外の地域であれば、ペインと同じポジションの捜査官はボスに電話して、検察官の動きを止めようとする可能性もある。それがうまくいかなければ、職権乱用を大衆に知らしめるために、メディアに情報をリークすると脅すこともできる。そうすれば検察官が手を引くこともあるだろう。もしこれがう

まくいかなかったとしたら、実際に情報をリークしてもいい。しかし、アンカレッジでそんなことが起きるわけはなかった。ペインは他の方法を探らなければならなかった。

フェルディスが捜査に参加することはおろか、取調室に入ることさえ場違いな理由はいくつもあった。まず、連邦検事事務所には取り調べを録画して記録する設備がなかった。建物内部のセキュリティーも適切ではなかった。FBIの施設に比べ、キーズが精神的にも肉体的にも震え上がる要素がなかった。これらはすべて深刻な懸念材料だった。

しかしフェルディスは意に介さなかった。

では、このデメリットはどうだろう? 警察官とFBI捜査官は、自供を引き出すために嘘をつくことが法律によって認められている。検察官にはそれができない。捜査官は検察官との法取引の可能性をちらつかせつつ、その取引を肯定的にも否定的にも扱うことができる。しかし、取引を望むかもしれない容疑者の真横に検察官がいて、簡単に「望みを叶えてくれますか?」と聞ける状態では、犯罪者を追いつめ、悩ませることができるプレッシャーが失われてしまう。

身体的にもキーズを封じ込める必要があった。取調室が狭く、窓がないのには理由がある。尋問の相手を、実際に壁に挟まれるような気持ちにさせるためだ。警察官が二人、あるいは捜査官が二人だけ尋問にあたるのにも理由がある。会話の流れを絞り、徹底するのだ。そうすることで互いに信頼関係が生まれ、昔ながらの良い警官と悪い警官の流れができあがるというわけだ。机に何人も座り容疑者を尋問すれば、キーズは、自分がちっぽけな存在で弱いのではなく、大物で力があると考えるだけだ。

これはFBIにとって、犯罪が実際に起きたホームグラウンドでの初めての尋問だった。捜査チームがイスラエル・キーズの正体を知る初めての機会であり、キーズにとっても彼らを知る初めての機会となる。捜査チームで最も尋問がうまいのがジェフ・ベル刑事だった。自尊心の強いペイン捜査官でさえそれを認めていた。もしフェルディスの不安や尻込みに気づけば、あるいは手持ちのカードの少なさをキーズに対してほのめかすようなことがあれば、サマンサを発見する最後であり最高のチャンスを逃してしまうかもしれない。

フェルディスは、人間版マーフィーの法則だった。

これは実に酷い行いだった。確実に裁判となると予想される本事件が、実際に裁判となったときの立証責任は検察にあるため、その動きは最初から公的に記録される。正義が公正に行われたかどうかは、国民であれば誰もが可能な限り、知ることができる。この尋問を指揮することで、フェルディスは検事として、同時にキーズの弁護団から証人として召喚されることもあり得る。

もし検察側のこの違法行為が暴露されたときには、それが尋問の早期であったとしても、事件は成立しない可能性がある。有罪の重犯罪人でさえ釈放され、二度と同じ罪で起訴されることはない。検察は、この時点で実際の証拠に、あらゆる意味で触れることはできない。それは証拠保全への汚染となる。いい加減な弁護人でさえ、裁判官に「政府は起訴すべきではない事件です」と言いかねない。そして、いい加減な裁判官でさえ同意するだろう。

簡単に言えば、結果は壊滅的になるかもしれないということだ。

しかしフェルディスが思いとどまることはなかった。二〇〇七年に新聞の見出しを騒がせたシリアルキラーのジョシュア・ウェイド以降、アラスカにおいてこの事件は最大級の扱いだった。サマンサ・コーニグの失踪は、全国的なニュースとなっていた。事件の内容から、アラスカとハワイを除く四十八州で事件の注目度が一気に上がる可能性がある。『データライン』や『48時間』といった未解決事件を扱うドキュメンタリー番組にはおあつらえ向きだ。キャリアを磨くチャンスにもなり得る。

もちろん、ペインとベルがフェルディスに対して捜査技術の短期集中レッスンをすることはできる。しかし、一体どれだけ厄介なことになるのだろう？

ジェフ・ベル刑事は、同じくショックを受けていた。似たような裏の駆け引きはアンカレッジでも目撃していたが、こんな状況は初めてだった。初めての尋問では、誰もが取調室に入りたがっていた——もちろん、入りたいに決まっている——でも、事件捜査は公明正大であるべきだし、十八歳の少女を探すことが先決だと普通は考えるものだろう。

ジェフはこの問題についてペインと話をした。驚いたことに、二人とも選択肢は一つしかないと考えていた。ベストを尽くしてフェルディスに教え込むのだ。フェルディスの声はか細くて、弱々しかった——対して、ペインの声はウイスキーとニコチンが染みこんだような鼻にかかる声で、ベルの声は、太くて、中西部訛りの持つ温かさがあった——そんな理由からフェルディスはこれまで、自分のほうが賢いのだと自信たっぷりで、冷血漢の犯罪者と机を挟んで向かい合うことが一度もなかったのだ。犯罪者はもれなく、自分を誰よりも賢い切れ者だと考えている。これも、二人がフェルディスに教え込まなければならないことだった。

すでに台本が完成していたことが救いだった。少なくとも取調室に入ることはできるし、取り調べが脱線していくようなら再尋問だって可能だと考えることで、ペインは自分を勇気づけた。それに、フランク・ルッソ検事もその場にいてくれるだろう。ペインもベルも、痩せた中年男でニューヨーカーのルッソのことは好きだった。マンハッタンでギャングと凶悪犯罪の捜査をしてきた男だ。

ペインとベルは、移送されるキーズに会うため、車を五分ほど走らせてアンカレッジ矯正施設に向かった。ペインにとって、サマンサを誘拐した男と面と向かって会うのはこれが初めてだった。二人の男は同じことを考えていた。拘留されたその男はどんな人物なのだろう？　どんなタイプの犯罪者なのか？　激情型の犯行だったのか？　出来心か？　それとも、捜査陣が未だ確認できていない何かが動機となったのか？　キーズのそもそもの性格は？　どうやって彼にアプローチしたら最も効果的なのか、彼はヒントを出してくれるだろうか？　そしてもちろん、自白を引き出すきっかけは？

現地に到着し、キーズを見た瞬間、防犯カメラの男に似ているとペインは思った。背が高く、肩幅の広いアスリート体型の男だ。道路から三・五フィート（約一メートル）ほどの高さの売店の窓からサマンサのいる店の中に飛び込むには、敏捷であること、上半身の強さが必要だ。キーズにはそれがあるように見えた。キーズはいとも簡単に指示に従った。精神疾患や認知的な障害を抱えている人物にこれはできない。キーズは明らかに正気だった。

この事件に関わる全員が知っていたこと、しかし公には口に出して言えなかったことがある。アンカレッジ矯正施設はキーズのような犯罪者に対して十分なセキュリティーを確保できていなかった。アンカレッジでは、あらゆる暴力犯罪者を収容する連邦刑務所が存在しないのだ。

ゴーデンとネルソン捜査官は、すでに連邦検事事務所に到着しており、会議室の外でノートパソコンの設定をしていた。どのようにして容疑者を追いつめるか、フェルディスへの集中講義にベルとペインが与えられていた時間は少なかった。それはクアンティコの警察学校において、トップから捜査官と警察官に叩き込まれ、長年かけて訓練を重ねて築き上げる技術だ。経験豊富なベテラン捜査官でさえ、廃れやすいスキルを補完するため、新しい技術を習得するため、何度も何度も復習する。

捜査官や警察官が尋問で必要とする、深く、広大なアーカイブとも言える知識は、実際にはほとんど条件反射のようなものだ。自供を引き出すアルゴリズムは存在しない。優秀な質問者は豊富な経験に裏打ちされた自信を武器に仕事に挑みつつ、次の容疑者や新しい挑戦に対峙すればそれだけ謙虚になる。彼らは聡明だ。

トップレベルで優秀な者は、心理的にも知的にも鋭敏だ。容疑者が表情に出す、わずかな嘲笑や、落ちつきなく動く足、必要以上にじっと写真を見つめる目線など、些細なサインを拾い上げなければならない。容疑者にどう思われようと微塵も気にしないほど、自信に満ちた状態でいなければならない。最高の尋問者は我を忘れ、目の前の尋問対象に完全に集中し、悲しい現実ではあるが信頼できる根拠を土台として、即興で、言葉を駆使し、悪質極まりない人間性が生み出す所業を暴き出す。これは芸術だ。

「本当にやりたいんですか?」と捜査官たちはフェルディスに聞いた。「そうでなかったとしても、誰も文句は言いませんよ」

フェルディスは譲らなかった。この事件は彼のものになった。

ペインとベルは、信じられないような気持ちで、フェルディスにできる限りのアドバイスを与えた。

声を低く、一定に。彼らが伝えたのは、それだった。沈黙を怖れずに。沈黙は沈黙のままでいい。しゃべらせようと焦ることはない。静寂は人を不安にさせるし、あなたは相手にできる限り話をしてもらいたいのですから。敵の求めることを見極め、我々はサマンサを見つけ出しましょう。

第10章

三月三十日金曜日午後五時四十八分、捜査チームはキーズとともに連邦検事事務所にいた。実際に現場にいる人間の中で、キーズに直接尋問を試みた経験があるのはベルだけだった。キーズの態度が変わらないことを見て、刑事たちが驚くことはなかった。キーズは無表情で座っており、面倒くさそうに抑揚のない声で話していた。ベルは、キーズが身柄を拘束されたことで苛立ちや諦めを感じていることを察知していた。自分にとって、そして家族にとって楽な状況になるために供述しているだけだとも言っていた。キーズは、いずれ何か要求をするかもしれない、そしてその要求が叶えられることを期待しているとも言った。

ベルは小型のテープレコーダーを会議机の上に置くと、うまくいくことを念じながら赤い録音ボタンを押した。

とうとう、供述がはじまった。

二〇一二年二月一日の午後七時少し過ぎ、イスラエル・キーズは白いシボレーのピックアップトラックを私道に出すと、十五分ほど行った先のチューダー通りに建つホーム・デポ（建築資材などを扱う小売りチェーン）に向かった。その週、彼は同じような時間帯に、同じ道に何度か車を走らせ、コモン・グラウンズの客の出入りを観察していた。

何度か観察を重ねたキーズは、強盗に入ることを決意した。交通量の多い主要道路脇に立つコーヒースタンドではあったが、大雪のため、小屋は五フィート（約百五十センチ）の高さの雪だまりの影に隠れていた。その夜は寒く、とても暗かった。他の客がいない閉店時間間際までキーズは待っていた。

キーズはまず、カーズ食料品店に立ち寄り、好物のスニッカーズと葉巻を手に入れた。その足でホーム・デポに向かい、アイホップ（レストランチェーン）側の駐車場に車を停めた。コーヒーマグ、結束バンド二本、ヘッドランプ、二十二口径のトーラスリボルバーを手にした。そして小型の警察無線傍受装置を耳に押し込んだ。

キーズはトラックから降りると、西に向かって歩き、コーヒースタンドの方向に進みながら道路を渡った。

駐車場で数分待った。そこにはキーズ以外誰もいなかったという。ここで捜査官が話を止めた。サマンサ・コーニグに初めて会ったのはいつなのか？　二人の関係性は？

「一度も会ったことはなかった」とキーズは答えた。「見かけたこともなかった」

ペインと捜査チームは面食らった。キーズの言葉をそのまま受け取ることはできなかった。それではなぜ、キーズはコモン・グラウンズ・コーヒースタンドにその夜の、その時間に向かったのか？

「なぜかというと……」とキーズがつぶやいた。「夜遅くまで開いているからだよ」

取調室の空気が張り詰めた。別の供述をする前に、捜査側がどんな証拠を押さえているのか、キーズは知りたがった。

それはペインが怖れていた事態だった。ペインは息を止めた。

フェルディス：どこから聞きたい？

キーズ：俺の家を手入れしたときの写真は？

フェルディス：ああ……何枚かある。多くはないが。

キーズ：例えばどんな……？

フェルディス：多くは印刷していないんだ。

ペインはすでに不安になっていた。証拠の乏しさを挽回するのに、これは得策ではない。ここでは、目を通さなければならない写真が多すぎるから、ＦＢＩ本部がすべての写真の画質を上げる作業中だし、そもそも、容疑者であるキーズには法執行機関が持つすべての証拠を見ることとすらできないと言うべきだった。

この尋問がはじまって一分も経過しない間に、キーズは捜査チーム側がほとんど何も知らないことを、薄々察知しはじめていた。もしキーズがサマンサを殺害していたとしても——キーズの声に焦った様子はなく、ペインでさえその可能性を受け入れはじめていた——捜査チーム側には物的証拠が一つとしてない。

他には誰が事件に関わっていたのか、チーム側には知る必要があった。自白が欲しかった。

フェルディスはキーズに、過去に遡って供述したいかどうかを尋ねた。

キーズ：ああ……そうだな……それでいい。

ルッソ：それではそうしよう。どこからはじめようか……状況を、彼女と何が起きたのか、私たちに話すことはあるか？

キーズは口をつぐんだ。そして深く息を吐き出した。

キーズ：ああ、すべて話すかどうかはわからない……いちいち全部を……。

フェルディス：わかった。

キーズ：ええと……あの……とりあえず……じゃあ、最後からはじめて、過去に遡って……場所で言えば……パルマーのあたりになる。

会議テーブルにはノートパソコンが置かれていて、Google Earthマップのアンカレッジが表示された。キーズはチームに、マタヌスカ氷河州立保養地のあたりにズームし、そして湖全体を見るよう言った。二月の終わり頃、キーズはその湖で三日間ほど穴釣りをしていた。小屋の中で、すでにその証拠は見つけているだろう？　と彼は口にした。キーズはそのあたりに小屋を建てていたのだ。

犯行が行われた場所はどこだ？　フェルディスがキーズをねじ伏せなければならない局面だった。

キーズ：……穴釣り用の小屋の部品だ……もうすでに物置の中のものは押収されているかもしれないが。

フェルディス：それは君の物置にあった穴釣り用の小屋のことか？

キーズ：ああそうだ……すべて押収しているかどうかわからないけれど……物置の裏側にも穴釣り用の小屋の部品が置いてある。

ペインにとってのマーフィーの法則が登場した。捜査チームは何も押収していなかったのだ。捜索した物置からは何も出てこなかったからだ。なんてこった。別の場所があるのか？　フェルディスはどうやってこれを切り抜けるのだ？

フェルディス：そうか、わかった。物置から何が押収されたのか、私は知らないんだ、イスラエル……だから君に聞いている。私自身は小屋から押収されたものをまだ見ていないから……。

この局面で唯一の選択肢を、ペインとベルは熟知していた。何が押収されたのか、イスラエルに教える必要はないと、きっぱりと伝えることだ。FBIの専門家が押収されたものを事細かに検証中であること、すべての検証が済めば、イスラエル・キーズが何を言おうとも、アラスカの陪審員たちは聞く耳を持たないことを。

キーズ：荷物を全部出したのか？

フェルディス：全部出したかどうかはわからない。物置で何を探したらいいか、君が言ってみたらどうだ。

キーズ：そりがある。

フェルディス：なるほど。

キーズ：それから大きな荷物がある。それは……三十とか四十ガロンサイズ（約百十四～百五十リットル）の荷物がそりに載っていて……家の捜査令状があるんだったら、たぶん見つけているだろうと思ったんだ……そりの上に置いてあるものを。

穴釣り初日、キーズはマタヌスカ湖に車を走らせ、高速道路のすぐ脇に車を停めると、そりを引きずって氷の上を運んだという。湖の真ん中あたりに穴釣り用の小屋を建てた。一日中に入ると、キーズは氷に八フィート×八フィート（約二・四メートル×二・四メートル）の穴を空け、ベニヤ板で覆うと、その場を離れた。

キーズ：トラックに乗ってきていた。湖の近くに車を停めることはできないから……百五十パウンド（約六十八キロ）以上の荷物を一度に載せることはできないから……だから、三回に分けて運ばなくちゃならなかったし、袋も五つは必要だった。

フェルディス：なるほど。それで、その三往復で何を運んだのか説明してくれるか？

キーズ：初日は頭、足、それから腕。

フェルディス：それはサマンサ・コーニグの？

キーズ：ああ。

とうとう自白した。ペインは打ちひしがれた。ジェイムス・コーニグはまだこのことを知らず、この数時間に最後の望みをかけていた。春がもうそこまでやってきていて、アラスカでは最も美しい時期となる。雪、明るい光。ジェイムスは、二度とその美しさを以前と同じように味わうことはできない。

フェルディスはGoogle Earthのストリートビューを立ち上げ、キーズが娘とキンバリーと住む家を見た。キーズは驚いた様子だった。「それってかなり最近の写真だよな？」とクスクス笑った。

キーズはフェルディスに家の裏手を示し、そりを引くのに使用した灰色のコンジット（銅管）、穴釣り用の小屋を作るために使用した木材、湖の氷に穴を空けるために使った鉄の棒、黄色いハンドルのついた、刃がギザギザしたタイプの万能ナイフの置いてある場所を示し、そして床に血痕があること、小屋の壁一枚が、今は私道に置かれていることを伝えた。

もう一カ所、物置があったのだ。あんなに狭い庭だというのに、証拠保全の専門家が誰一人として気づかないなんて。

フェルディスはこれについてまったく知らなかったから、そのまま話を先に進め、ＦＢＩが発見し、捜索した物置から押収した証拠品の写真を持ち出した。

フェルディス：今から写真を見せていく……。
キーズ：その写真は違う。
フェルディス：これがプリントされたものだ。
キーズ：いや、いや、違う。
フェルディス：オーケー、でもこの写真は……その物置で撮影されたもので間違いないよな？
キーズ：いや、違うって。
フェルディス：違う？　別の場所だということか？

キーズ：それは裏庭にある物置で撮影されたものだ。
フェルディス：なるほど、じゃあ、違う物置があるんだな。
キーズ：今、全部説明したところだろ？

確かに。確かにキーズはすべて説明していた。ミスを犯したのはFBIのほうで、この取り調べをうまく運ぶことができるのは運だけだとペインは思っていた。もしこの会話が違う順序で展開したとしたら――もしFBIが、キーズの自白した物置以外の物置について最初に話をはじめていたとしたら――キーズには、自供を続ける理由はなかった。キーズはすぐに理解したはずだ。FBIにはサマンサの死体とキーズを結びつける証拠が一つもなかったことを。


この時点で、キーズはこのFBI側のエラーの重大さに気づいていなかった。

「冗談だよ」とキーズは言った。「あんたたちが写真をすでに持っているとか、持っているだろうなんてことはわかってた。要するに、コンピュータだよ。俺がプリントしたのは湖の……俺がプリントしたのは湖の写真だけだ……充分時間をかけたら、あんたたちだってきっと彼女を見つけたと思うさ」

それは不可能だった。ペインにはわかっていた。

攻撃をする蜂のように、会議テーブルの上の電話が鳴り出した。クアンティコからだった。

第11章

　この取り調べの流れを捜査側に引き戻すことができるのは、ペインとベルだけだった。二人にとって最大の課題はイスラエル・キーズではなくフェルディスなのは明らかなことだった。フェルディスは、ＦＢＩがコンピュータの中身を精査したのではないかというキーズの言葉を捉え、こう発言したのだ。

「捜査官は……とにかくすべてを集める必要があるんだ、だから、我々は……すべてを聞かなくてはいけない。なぜかというと……捜査官は……」

「その必要はない」とキーズは答えた。「白い物置の中にすべてある。裏庭の物置からは何も出ない」

　今やキーズには挑戦的態度が芽生えていて、彼が力を蓄えるたびに、部屋の中にいる捜査官たち全員が気弱になっていった。ペインにとって、この緊張感は苦痛だった。フェルディスはこの流れに気づいてもいない様子だ。ペインとベルは、キーズにできるだけ悟られないように、フェルディスを黙らせる必要があった。

ペインとベルはタイムラインを説明するように、キーズを誘導しようとした。捜査官には事実に焦点を当てる必要があったからだ——日付、時間、場所だ——そのため、キーズが話すのを面倒だと思っていることを、話すように導くのだ。コーヒースタンドから湖の近くまで、誰にも一切目撃されることもなく、四十マイルもどうやってサマンサが移動することができたのかキーズに問いただされねばならなかった。誰にこの事件の責任があるのか確認するためには、詳細が必要だった。翌朝五時にキーズと十歳の娘が空港を後にしたことはわかっている。他に事件に関係した人物が誰なのかを知りたかったのだ。

キーズはまるでトランス状態に入ったかのようにしゃべり続けた。

キーズはコモン・グラウンズの周りをうろついた。中で誰が働いているのかは見ることができなかったが、姿形から若い女性だろうと考えた。働いている人物は車を持っていないだろうと思った。売店の近くに停められていなかったからだ。若い女性がこういった売店で働くことはめったにない。ボーイフレンドが今すぐにでも迎えにくるかもしれなかった。

キーズは閉店間近の八時五分前に売店に歩いて近づき、大きな窓のそばに立った。アクリルガラスがはめられていないことは知っていたし、網戸さえなかった。キーズは空のサーモスを窓際に置き、バリスタにアメリカーノを注文した。キーズはしっかりと女性を見た。若く、小柄で、美人で、一人だった。

サマンサ・コーニグ。

三フィート（約一メートル）の幅しかない、とても狭い場所で、彼女が窓からエスプレッソマシーンまで行ったり来たりしている間に、キーズは静かに計画を復習していた。しかし厄介なことが起きていた。近くに停車した車に誰かが乗っていて、エンジンをアイドリングさせ、キーズを見ていたのだ。今からやろうとしていることが、ますます難しくなっていた。

サマンサがアメリカーノを手渡し、キーズは拳銃を取り出した。「金を出せ」と彼は言った。

サマンサは両手を上げた。彼女が怯えていることが、キーズにはわかった。

「電気を消せ」とキーズは命令した。

サマンサは売店の奥に行き、電気を消し、窓のところまで戻ってきた。彼女は叫ばなかった。非常ボタンがあったとしたらどうにかして押しただろうし、そうなれば警察無線傍受装置で通報されたことがわかるはずだ。彼は様子を窺った。

「レジの現金をすべて渡せ」とキーズは言った。

サマンサはぎこちなく窓の右側に移動すると、客から見えないように置かれているレジの前に立った。そして引き出しを空にして、現金をキーズに手渡した。

「跪け」とキーズは命令した。サマンサはそれに従った。

キーズはこのときもまだ売店の外にいた。

ここまで一気に話すと、キーズは空想から抜け出し、そしてフェルディスに言葉をかけた。

「自分が無敵になったような気がした」と彼は言った。

「理由は？」フェルディスは問いかけた。

「なぜって、あの子が怖がっていたからだ」とキーズは答えた。「俺の言いなりだったよ。興奮状態だったんだろうな。やると決めて、その結果を見たわけだ。その後のことは……映像を見ただろ。何が起きたのかは……」

ここでフェルディスはしくじらなかった。「ああ」と答えた。「だが、私は君の見解が聞きたい」

キーズがトランス状態に戻るまで少し時間がかかった。

キーズはサマンサに電気を消すよう命じ、OPENサインも消すように言った。彼女は従った。キーズはサマンサが駐車場に視線を送る様子を観察していた。遠くで、フィットネスジムのアラスカ・クラブから人々が行き来するのが見えていた。

車内でアイドリングしていた誰かは、とうとう車を走らせ去っていった。周囲は静まりかえっていた。聞こえるのは、チューダー通りを走る車の、シューという音だけだ。

キーズはサマンサに跪くよう命令し、窓に背を向けろと言った。彼女は命令に従った。腕を伸ばしたキーズは、サマンサの手首を結束バンドで留めた。

キーズはサマンサに少し移動しろと命じ、そしてジャンプして窓から売店の中に入った。ヘッドランプをカウンタートップから動かしたキーズは、鍵の束を目にした。

「車は？」キーズは聞いた。

「車はないの」サマンサは答えた。「でも三十分でパパが迎えに来る。ええと……すぐに来ると思う」

キーズはそこで考えた。何が本当なのかわからなかった。「警報器を押したのか？」キーズは聞いた。「俺には嘘をつくな。警察無線傍受装置で聞いているから、すべてわかる」

「嘘じゃない」と彼女は答えた。

「警察がここに送られたとわかったら」キーズは言った。「お前を殺す」

「警報器は押してない」とサマンサは答えた。「誓うわ」

捜査官たちは静かに頷きながら、キーズに続けるよう促した。キーズは声を低く抑えながら、話し続けた。ゆっくりと、声が震えはじめる。これ以上ないほど不気味だった。キーズは、恥じているようにも、恍惚としているようにも見えた。

キーズは彼女に名前を聞き、窓を閉めてかんぬきをかけ、ナプキンを摑んで彼女の口に突っ込んだ。

そして、少し歩くぞと彼女にささやきかけた。

キーズの話は、今のところ、監視カメラに記録された通りだった。ナプキンの件以外は。誰もその様子を見ていなかった。サマンサがあの晩、声を上げなかった理由をペインは理解したのだった。叫びたくとも、そうすることができなかったのだ。

フェルディス：そのとき、何を考えていた？

キーズ：どういう意味だ？　彼女を連れて行くことについてか？

フェルディス：ああ、そうだ。

キーズ：かわいい子だなって思った。

ルッソ：翌日には船旅に出る予定だったんだろ？

キーズ：ああ、数時間後にね。それも計画の一部のようなものだった。

駐車場で、サマンサを歩かせているときのことだ。地面に新品のキャノンのカメラが落ちているのをキーズが見つけた。価値は三百ドルといったところだろう。これは新情報だった。

「いいサインだとでも思ったんだろうな」とキーズは言った。かがんでそれを手に取った。すると、サマンサはキーズの注意が逸れたことを感じ取り、走って逃げた。

「それでどうした？」フェルディスは聞いた。

「タックルして倒したよ」とキーズは言い、一旦話を止めると、少し水を飲んだ。「周りに人がたくさんいてね」

これは本当だろうか？　アンカレッジにおいて、ここ数年で最も注目を集めた事件に、本当に目撃者がいたのだろうか？　それともキーズがいい加減なことを話しているのか？　もし目撃者が存在していたというのなら、そろそろ名乗り出てもいい頃なのではないか?

だが、二十二口径の拳銃をサマンサの脇腹に押しつけることで、あっという間に支配力を取り戻したとキーズは言った。拳銃は小さく、軽くて、難なく隠すことができた。何より、音が静かだった。人や車が行き交う道路沿いで撃ったとしても、誰もその音を耳にしない。キーズはそんなときに何をすればいいのか、完璧に理解していたのだ。

次は殺すと、キーズはサマンサに言った。

サマンサは頷いた。酔っ払いのふりをして足元をふらつかせ、俺に寄りかかれとキーズは命じた。キーズはサマンサを連れてチューダー通りを渡ると、ホーム・デポの駐車場を抜け、アイホップ前の自分のトラックまで引っ張っていった。

キーズのトラックの前に停まっていたシボレー・サバーバンのあたりに、数人のグループがいたとキーズは証言した。キーズは恐怖心を利用して、サマンサを操らなければならなかった。

ある意味、最初の逃亡の失敗はキーズにとって有利に働いたのだ。

キーズはドアを紳士的に開けながら、助手席までサマンサを誘導した。そしてかがみ込んで、彼女の耳にささやきかけた。

「痛めつけたくはない」と彼は言った。「でも、こいつは一切音を出さない銃だ。君を殺したくはないんだ」

キーズがドアを開けて、助手席のゴミを払いはじめると――彼は自分のトラックを使おうとは計画していなかった――サマンサは静かに数人のグループを見つめていた。ほんの数フィート前にいた彼らは、シボレーに乗り込むと、走り去った。

フェルディス：映像で見たところによると、君は彼女をトラックに乗せて、運転席側に回って、そしてトラックに乗って車をスタートさせる前に、その場で数秒停まっていた。

もしフェルディスが、検事の立場では権限がないというのに実際にこの映像を見ていたとするなら、事件が裁判に持ち込まれた際には、別の問題となるだろう。この映像は証拠なのだ。混乱した状況をさらに悪くしたのは、連邦捜査局もアンカレッジ警察も、売店付近のすべての店舗から防犯ビデオの映像を集めようとしなかったことだ。まさかアイホップ付近に目撃者がいようとは、考えてもいなかったのが、明らかになったのだ。

トラック内部では、キーズがサマンサと会話していた。

キーズ：これから先どうするか、あの子に説明していた。

フェルディス：どの話を……彼女に何を話したんだ？

キーズ：たくさん質問をしたよ……トラックに座らせたときは、まだ両手が体の後ろにある状態だった。あの子がトラックに乗るのを手伝って、シートベルトをつけてやった。それで、これからドライブに行くと伝えたんだ。

ペインとベルには次の展開がわかっていた。キーズはそのときすでに、自分がやってしまったことを矮小化する話し方をしていた。サマンサの両手は、拘束されていたのではなく、「体の後ろにあった」し、彼女をトラックに無理矢理押し込んだのではなく、「乗るのを手伝って」あげたし、シートベルトで体の自由を奪ったのではなく、「シートベルトをつけてやった」し、誘拐するのではなく、「ドライブに行く」と言ったのだ。このことは、ペインとベルに、彼らが対峙しているのは非常に狡猾な容疑者であると気づかせた、だが、こういった言葉のヒントを、フェルディスは拾い上げていなかった。

キーズは話し続けた。サマンサの口の中に詰めたナプキンを引っ張り出してから、内容の説明をした。これから彼女を人質としてしばらく拘束するが、身の安全は保障すると伝えたのだ。

キーズ：あの子は「パパはお金なんて持ってない」と言い続けた。だから、「方法は考えた。大丈夫、金は用意できるから、あんたは心配しなくていい。大丈夫、お金の心配はいらない。ただ、俺の言うことは絶対に聞いてくれ」と伝えた。それから後は、話せば話すほど、あの子は……俺は別に彼女に冷たくしたわけでもなかったからな。怖がらせていたわけでもない。わかるだろ……まあ、あくまで普通の人間のように振る舞ったということさ。

「普通の人間」。キーズは再び捜査官たちにヒントを与えた。これ以前から、彼に何か普通でないことが起きていたのだ。

これが初めてではないはずだ。

しかし、フェルディスがこれに気づくわけがなかった。ジェフ・ベル刑事は、これ以上譲ることはできなかった。

キーズは駐車場から車を出した。

そのときサマンサのシートベルトのバックルがしっかりと装着されていないことにキーズが気づいた。キーズのトラックは古い型のもので、ドアに電子ロックがなかったので、サマンサが体をねじって助手席のドアから飛び出して逃げれば、彼ができることはあまりないだろう。すべての計画を諦めなければならなくなるところだ。

数分後、車を停車した赤信号で、パトカーがサマンサの横に停まった。車内には警察官が二人乗っていた。

こんな偶然があるだろうか？　キーズはアンカレッジのこの地区の、この夜を狙っていたのだ。なぜなら、街中で大きなフェスティバルが開催されていて、警察の無線を聞いていた彼は、警察官のほとんどがフェスティバルに行っているのを知っていたからだ。

キーズは静かに、どうするか考えているサマンサを見ていた。

彼女は何をすべきなのだろう？　叫んだり、窓に頭を打ち付けたり、必死に逃げ出そうとしたらどうなる？　彼女を目撃する前に、警察が走り去ってしまったとしたら、この男は彼女を殺害するだろう。彼女はキーズを信じていた。彼が欲しかったのは身代金で、その後解放するはずだと。横にいた警察官たちは車の窓を完全に閉めていたし、無線からはひっきりなしに急行要請が聞こえてきていた——そして誘拐犯は、リアルタイムでその要請を聞いているのだ！　彼女は彼の要求に従うべきなのかもしれない。

キーズも自分のリスクを冷静に評価していた。聞こえてくる警察無線で、警察官たちが行方不明になっている少女を捜索していないことはわかっていた。もしサマンサが何かしたら——何かするのであればこの瞬間しかないとキーズは考えていた——警察が彼の車を停めたとしたら……キーズは拳銃を所持している。しかし、ここで落ち着き払って信号を待ち、ひと言も発することなくサマンサをコントロールできたとしたら、今夜は間違いなく、すべてが計画通りに進むだろう。

信号が緑に変わった。

パトカーは走り去り、サマンサは暗闇の中、徐々に小さくなっていくテイルライトの赤い光を見つめていた。

キーズ：あの子は何もしなかった。俺は左折して、そのまま走った……携帯の電源はオフにしていた。バッテリーを外したままの状態だ。それで……公園の名前はわからないが、そこまで車を走らせた。実は、俺の家からそう遠くない場所にある公園だった。

ベル：リン・アリー公園か？

キーズ：そうそう、リン・アリーだ。誰かに教えてもらったのか？

ベルは答えに重みを持たせるために、しばらく沈黙した。キーズにとって、そのことに意味はあるのだろうか？　質問を繰り返して、時間を稼いだ。

ベル：誰かに教えてもらったかって？

キーズ：ああ。

重要なのは、自分の嘘をキーズが見破るかどうかだということにベルは気づいていた。見破られたら、すべての影響力を失うことになる。

ベル：いや……。

キーズ：公園にはしばらくいたから、誰かに見られたのかなと思った。リン・アリー公園の南のあたりだ。

ベル：野球場の近く？

キーズ：そうだ。

道具を背負ったスキーヤーが数人、公園内にいたことをキーズは知っていた。キーズのトラックの方向に歩いてきていたのだ。サマンサにとっては、再び脱走のチャンスが訪れたわけだが、警察の件があった後なので、キーズは余裕たっぷりだった。

サマンサは静かに座っていた。

クロスカントリーのスキーヤーたちは道具を車に積みこみ、走り去った。数分待ち、彼らが戻ってことないことをしっかりと確認すると、キーズはピックアップトラックから出た。後部ドアを上げると、後部座席に置いてあった道具をすべて片付け、トラックの荷台へと移した。そして後部座席をドロップ・クロス（汚れないようにカバーするための布）できっちりと覆った。

作業を続けながら、キーズはサマンサを監視し続けていた。彼女は震えていた。

「寒いか？」とキーズは聞いた。

彼女は寒いと答えた。

キーズは彼女のところまで歩いていった。子どもが作る紙の鎖のように、結束バンドを長く繋ぎ、サマンサの両手首を拘束している結束バンドとシートベルトを結びつけた。そして後部座席に横たわるよう言うと、ドロップ・クロスでサマンサを覆い隠した。

運転席に戻ったキーズは、次は何をしようかと考えた。娘は寝ているだろうが、キンバリーは夜更かしが好きだった。午後十一時近くになっていた。

「やることは多いのに時間があまりないと気づいたのはそのときだ」とキーズは言った。

身代金を要求するために電話をかけなければならない。

キーズはウォルマートまで車を走らせ、バーナーを購入しようと決めた。足がつかないだろうと考えたのだ。

しかし駐車場に車を停めたところで、考え直した。こんな夜遅くなのに、驚くほど多くの車が駐車場に停められていたのだ。防犯カメラは至る所に設置されていた。そういえばウォルマートは国内でも有数の設置数を誇っていたことを思い出した。

ベルにとってはもう一つのヒントが与えられた。キーズは手慣れていただけではなく、その道のエキスパートだったのだ。

不思議なことに、キーズはコーヒーショップに戻ってサマンサの携帯電話を持ってくるほうがいいと考えついた。それに、コーヒーショップの鍵を閉めることを忘れていたではないか。

キーズは十分かけてチューダー通りに戻ると、アラスカ・クラブの裏手に車を停めた。そこには、一台の車も人もいなかった。

「この瞬間、彼女は逃げ出すと思った。しっかり縛りあげていたけどね」とキーズは言った。

「そうだな……離れるのは数分だけという感じだったんだ……戻って来たときに逃げようとした跡が残っていたら、わかるだろ……それは……あまりよろしくないぞと言ってやったんだ」

ペインとベルは、キーズのマインドコントロールとしての脅しの手口が、手慣れた犯罪者のものだと気づいた。ペインはこの手法についてクアンティコで何度も聞いたことがあり、かなり多くの自白内容からそのバリエーションを学んでいたのだ。

「後悔するぞ」「傷つけてやる」

どちらも、「殺すぞ」ではない。被害者に希望を与える言葉を選ぶのだ。卓越した犯罪者は常に窓を開け放っておく。なぜなら、そうすることで誰かをより簡単に操り、管理することができるからだ。被害者はほとんどの場合、彼らがきっと自分を自由にしてくれると、不運にも信じ込んでしまう。

キーズはピックアップトラックを降りた。コーヒーショップは、サマンサを連れ去ったときと同じで、真っ暗だった。ドアを開け、彼女の携帯電話を見つけ、そして床に結束バンドを何本か落としていたことに気づいた。手袋をはめたままの手でキーズはそれを拾い上げ、店内のものの位置を整え、あたかもサマンサが片付けをしたかのように見せかけると、店を後にした。

そして数フィート歩いたところで、ふと思い出した。サマンサの車のキーを店内に置いたままだったのだ。後で必要になるかもしれない。些細なミスだが、積み上がってきていた。それをクリアにしていかなければ捕まるリスクが高まるので、しっかりと処理しなければならなかった。

キーズは鍵を取りに戻ると、コーヒーショップを後にした。三度目であり、これが最後だった。

これもまた、強烈な一撃だった。アンカレッジ警察、あるいはFBIの誰かが防犯ビデオを最初から最後まで確認していれば、サマンサ・コーニグがその夜に誘拐されたことが明らかになったのは疑いようもなかった。キーズは一回のみならず、二回もサマンサを同伴せずに店に戻っており、それはサマンサが誘拐を装って失踪したという理屈が曖昧なものとなる行為だ。実際に、アンカレッジ警察が公開した詳細な防犯ビデオを見れば、最後の瞬間にキーズとサマンサが立ち去る場面と、両目が涙で光り、恐怖のあまり両手で口を塞ぐサマンサの顔がはっきりと映っているのを確認できる。

キーズは拘束され、身動きの取れないサマンサを振り返って見た。キーズはサマンサの折りたたみ式携帯を確認した。彼女が一文無しだと言ったのは嘘ではなかった。

彼は車を走らせた。少しの静寂の後に、サマンサが口を開いた。トイレに行きたいと言うのだ。キーズはそれをサマンサの策略だと思ったが、トラック内部でアクシデントは避けたかった。彼女のＤＮＡがまき散らされることになる。

彼は車をアースクウェイク・パークの広大で人気のない駐車場に停めた。公園は街の外れにあって、海が近く、コーヒーショップからはわずか十五分ほどの距離だった。キーズはトラックの荷台からロープを取り出すと、サマンサの首に巻き付け、シートベルトに結びつけた結束バンドを切った。そしてサマンサを雑草の生えた広場に連れて行った。茂みも木もない場所で、サマンサは何も隠すことができなかった。ロープはサマンサがかろうじてかがんで、用を足せる程度に短かった。

キーズ：彼女をトラックから出して、一緒に葉巻を吸った。
フェルディス：誰が葉巻を？
キーズ：俺たち二人で。一本をシェアした。

シェアした。ペインとベルは再び怒りを募らせた。体を拘束されたサマンサが葉巻を吸うためには、キーズが口にくわえさせなければならない。闇夜に拘束され、誰も自分に目を向けてもくれず、背の高い見知らぬ男が口に葉巻を押しつけてくるなんて、どれだけ怖ろしかったのだろう？　この男に誘拐され、身代金のために自由を奪われ、体を縛られ、動物のように外で用を足せと強要されて、一体どうすればこの男から逃げられるというのだ？

話を聞いているうちに、なんて勇敢な少女なのだ……と、ベルは思った。サマンサは男と意思の疎通をしようと必死だったからだ。

フェルディス：それはいつのことだ？

キーズ：そうだな、あれはたしか、リン・アリー公園からだったと思う。ずっと話しかけてくるもんだから、何度か黙れと言ったよ、でも……そんなに酷い態度はとらなかった……アースクウェイク・パークでは……外で少し休憩させた。公園には他にも何人かいたんだ。

他に何人かいた？　目撃者かもしれない人物についてキーズが言及したのはこれで六度目だ。コーヒーショップの近くに車を停めていたという怪しげな人物、キーズがサマンサを連れてチューダー通りを渡り、駐車場まで向かっていたときにすれ違った人たち、アイホップの前に停めたピックアップトラックの前にいたシボレー・サバーバンに乗っていた人々、赤信号で横に並んだ警察官、リン・アリー公園で出会ったスキーヤー、そして今回だ。

なんて厚かましい男だとペインは考えた。

キーズにはもう一つ、警察を驚かせることがあった。アースクウェイク・パークを出た彼は、長い夜を過ごす計画を立てていなかったことに気づく。ガソリンが切れかけていたのだ。

キーズ：トラックが……ガス欠のランプがずっとついていて……どれぐらいついていたかなあ……「最高だな。こんなことをしているってのに、こんな場所でガス欠かよ」なんて思ってさ。だから……そこから直接ガソリンスタンドに行った。上着は着替えていた……上着は何度も着替えていた……念のためにね。

次にキーズはサマンサに電話をかけ続けていた人たちにテキストメッセージを送った。一通はボーイフレンドに、もう一通は彼女のボスに宛てた。キーズは、あたかもサマンサが激怒しているかのように装った。

キーズ：一通り書いて、それから携帯のバッテリーを抜いた。

ベル：理由は？　なぜそんなことを？

キーズ：そうしたら追跡できないはずだからだ。

ベル：電源を切るだけではなくて？

キーズ：俺は心配性だから。

そのうえ、抜群に頭が切れる。ベルはそう思った。プリペイド式携帯は追跡できないという考えは間違っていたが、キーズは正真正銘の知能犯だった。

とうとう、キーズは車で自宅に戻り、私道に車を停めた。深夜で、凍えるような寒さだったにもかかわらず、外にはまだ人がいた。近所の住人が犬の散歩をしていた。キーズはもう少し時間を潰さねばならなかった。

「『体を起こすな、何も言うな。静かにそこで寝てろ。ちょっとやることがあるから、また後で話はする』とあの子に言ったと思う」

キーズはトラックを降りて、ドアを閉めた。トラックの中は真っ暗になった。

サマンサは自分がどこにいるのかなんて、まったくわからなかっただろう。犬が吠える声を聞いたとしても、誰かが犬と一緒に近くにいたことなんてわかるわけがない。キーズが早い時間に荷下ろししていた大きな棚とツールボックスを、再びトラックの荷台に積みこむ間も、縦に、横に揺れるトラックの中で、サマンサは息を殺して静かにしていた。

近所の住人は、誰一人としてキーズに言葉をかけなかった。以前、キーズが夜遅くに電動工具を使ったとき、声をかけたことが数回あったらしいが、住人は彼にかまわなかった。なにせ、ここはアラスカだ。キーズが夜中に肉体労働をしたとしても——肉体労働と言っても緊急性のない労働だが——ああそうですか、それはご苦労様ですといった感じでおしまいなのだ。所詮、他人事だ。

キーズ：棚が重くて。百二十パウンドから百五十パウンド（約五十五〜六十八キロ）ぐらいあったんじゃないかな。それにツーバイフォーの木材をネジ留めして、真ん中あたりで持ち上げられるようにしていた。最後にボルトで固定した——何時頃だったかは、忘れてしまったよ。夜中になっていたはずだ。キンバリーはまだ起きている時間だ。

ベル：彼女は本当に——本当にツールボックスを積みこむ大きな音を、まったく聞いてなかったというのか？

キーズ：聞いていなかった。あいつはすごく——無関心なんだ、俺がすることに。

フェルディス：それで、棚を設置し直した後、何をした？　深夜だ。

キーズ：ええと……

キーズは口ごもった。キーズは、これから言うことは、今まで一度も口にしたことはないと前置きし、話しはじめた。

第12章

キーズが捜査チームに提供した詳細はわずかだったが、それでも、彼が口にしたことは、ペインにも彼のチームにとっても想定外のことだった。実際のところ、チームが欲しい情報のすべてだった。しかし、それも別の失態がキーズの話を止めてしまうまでのことだった。

キーズ：何を考えていたかって？　小屋は組み立ててあったし、中にはヒーターが二台と大きなタープもあった。九フィート×十二フィートの大きなタープが床に敷いてあって、ラジオも置いてあった。だから、そうだな、あれは夜中の一時か二時頃だったけど、そろそろトラックから彼女を降ろして、彼女を連れて――そのとき、あの子には目隠しをしていた。「この計画を成功させなくちゃいけないから、何も見るなよ」って言い聞かせていた。

サマンサはとうとう小屋の中に閉じ込められた。

キーズ：俺は彼女に……「くつろげるようにしてやるよ。そこに座ってくれ……でも、俺は警察無線傍受装置を持っているから、叫び声の通報が近所であれば、警察が到着する前に俺が来る」と言い聞かせた。

サマンサはキーズを信じるしかなかった。キーズがラジオのボリュームを最大にすると、彼女の声をかき消すほどの音量でヘビーメタルが流れてきた。

キーズ：あの子はとても協力的だったよ。抵抗するようには見えなかった……トイレ用の五ガロン（約十九リットル）サイズのバケツを置いて中に用を足させて、それをトレイラーの近くに捨てて、それから小屋に戻して、その上に座れるようにした。それからロープを持ってきて、首に巻き付けて、両側の壁にネジ留めした。そして彼女を変えた（changed）と思う。

ここで、法廷記者が間違えて、「拘束した（chained）」を「変えた（changed）」と誤記したのか、それともキーズが彼女の着ていた服を着替えさせたのかはわからない。とても注意深いキーズは、トラックに降り積もった雪が、至る所にあるサマンサのＤＮＡを洗い流すと考えていたのだろう。

キーズ：俺は……彼女の手を体の前に動かして、たばこを吸ったり、他のことができるようにしてやった。それから、彼女にはリラックスするように言ったよ。

次にキーズはサマンサの家の住所と場所、デュアンと乗っているトラックの詳細を話すようサマンサに言った。二人が共同で使っていたキャッシュカードは、トラックの中に置いてあるとサマンサは話した。グローブボックスか、日よけに挟んであるはずだと。

キーズは家の中に戻り、サマンサの住所をマップクエスト（ウェブ上のマッピングサービス）で確認した。ここでキーズは眠りに落ちているキンバリーの様子をようやく確認しに行った。午前二時半頃のことで、そのわずか二時間半後には、キーズと娘は家を出る必要があった。

キーズ：それからキンバリーの車を走らせた……サマンサのトラックが停めてあった場所から三ブロックか、四ブロックぐらい離れた場所に停めて、（サマンサの）トラックまで歩いて、キーを使ってドアを開けた。サマンサが教えてくれた通りの場所にトラックはあって、鍵をかけていたら男が近づいてきた。すぐに、何が起きているか気づいた様子だった。

デュアンだ。彼がドール刑事に語った、サマンサのトラックの近くで男を見たという証言に、完璧に一致する。キーズによると、サマンサはアンカレッジ中を三時間ほど連れ回されながら、少なくとも二十人程度の人間に目撃されていて、二人の警官も彼女を目撃した可能性があった。

彼女には現実的なチャンスがあったのだ。

キーズはとうとう、サマンサのボーイフレンドと対峙することになった。二人は立ち尽くした。デュアンは突っ立ったままで、キーズはデュアンが何をするか様子を窺っていた。キーズはナイフを持っていた。必要であればそれを使うまでだ。しかし突然、デュアンが背を向け、家の中に走って戻っていった。あれは恐怖からだったのか？　それともデュアンが危険を察知したというのか？

手にキャッシュカードを握ったキーズは、通りを走り抜け、雪だまりに身を隠した。家からは誰も出てこなかった。キーズはキンバリーの車に飛び乗ると、すぐさま発進させた。

そしてキンバリーは何も知らなかった。キーズはそのときもそう言い張っていた。何一つ知らなかったのだと。

キーズはATMに向かっていた。カードを試してみるためだったが、再び間違いを犯したことに気づいた。サマンサに教えてもらった暗証番号を書き写していなかったのだ。そのため、再び小屋に戻り、暗証番号をもう一度聞き出してサマンサを落ちつかせ、その日の晩、目撃される十三回目のリスクを冒さなければならなかった。

コーヒーショップ。チューダー通りで起きたサマンサの逃亡未遂。レストランのアイホップ。パトカーに乗っていた警察官。リン・アリー公園。スキー選手。ガソリンスタンド。コーヒーショップに二度も戻っていること。自宅玄関前でトラックからサマンサを降ろし、そして小屋まで連れて行ったこと。デュアン。そして、今度はこれだ。

時間が足りなくなる心配もあったとキーズは語った。

「家に戻って、あの子と話をしなくちゃならなかったし……」と、まるでスーパーに買い物袋を置き忘れたかのような言い方だった。

そして、口座には九十四セントしか残っていなかったのだ。

キーズ：たいした問題じゃなかった。俺は……あのときは、カードなんてどうでもよかった。

フェルディス：それじゃあ、何を欲しかったんだ？

キーズ：金はボーナスみたいなもんさ。

フェルディス：何に対してのボーナスなんだ？

キーズ：俺がやったことすべてに対するボーナスだ。最終的にカードから現金を引き出せたらそれでいいというのが計画だった。

フェルディス：まだまだストーリーは続きそうだな。

キーズ：もちろんんだ。ストーリーはたっぷりある。

フェルディス：なるほど。

キーズ：今日、すべてを話すかどうかはわからないけど。

フェルディス：そうか。船旅に出発するときに、タクシーを呼んだはずだ。君がタクシーを呼んだことはわかってる。

キーズは午前五時ちょうどにタクシーを呼んでいる。ＡＴＭで現金を引き出そうと試み、そして小屋に戻ったのは午前三時頃だった。

まったく証拠を残すことなく、シャワーを浴び、着替えをし、娘を起こし、朝食を与え、二週間の長旅に備えて荷物をまとめ、ガールフレンドを家に残したまま空港に向かう一時間前に、サマンサに何ができたというのだろう？

キーズ：ああ、時間がなくてね（笑）。

フェルディス：タクシーで家を出たとき、サマンサはどこにいた？

キーズ：小屋の中だ。

フェルディス：生きていた？

キーズ：その話はまた後で。

ペインとベルはこのような事態に陥ったときの作戦を立てていた。フェルディスが完全に失敗していたわけではなかった――サマンサの写真に添えられていた身代金を要求する手紙と、写真に映っていた生存の証拠となる二〇一二年二月十三日付のアンカレッジ・デイリーニュースについて聞き出していたのだ。

フェルディス：この写真のサマンサは生きているのか？

キーズ：ノー。
フェルディス：二月十八日に戻って来たときに、彼女は生きていた？
キーズ：ノー。
フェルディス：家を出たときに彼女は生きていた？
キーズ：わざとらしい質問だな。
フェルディス：ということは……彼女は生きていた？

ああ、なんてことだ。この瞬間、スティーブ・ペインは確信した。取り調べはベルがやるべきだった。身代金を要求する手紙が見つかってすぐ、ベルははっきりと言ったのだ。サマンサは命を落としていると。ペインのチームにいた誰もがその言葉を信じようとはしなかった。ベルであれば落ち着き払ってキーズを制しただろうし、確実ではないことに対する答えを推測することなど、決してしなかっただろう。しかし、フェルディスはエスカレートした。

フェルディス：ということは……彼女は生きていた？
キーズ：はぁ？
フェルディス：彼女は生きていたのか？
キーズ：家を出たとき？　いや。
フェルディス：わかった。でも、一体彼女に何をしたんだ？

この、何気なく感じられる会話が、壊滅的だった。キーズは挑戦的になっていた。この取調室を牛耳ることができるし、また、牛耳ってしまうだろう。ペインとベルもそれをわかっていた。書類上では勝利とされるこのような自供は、追求する側を決定的に不利にしてしまう可能性もある。結果はどうなる？　フランク・ルッソでさえ危機を感じ、なんとかしようと努力していた。

キーズ：すべて話はするけれど、今、するかどうかはわからない。
ルッソ：今、話をしたくない理由があるのか？
キーズ：ああ。
ルッソ：その理由を教えてくれないか？
キーズ：誰に話すか決めてあるからだよ。
フェルディス：それは誰だ？
キーズ：あの子の名前、なんだっけ……？　ミキ？　あの主任刑事だ。
ベル：なぜ……なぜ彼女なんだ？
キーズ：俺は、そういう男だから。

フェルディスはこの状況になっても、逆転した力関係を認めようとはしないだろう。彼はきっと、それに気づいてもいない。ペインとベルは、フェルディスがキーズに対して気さくな態度を取るたびに、尋問中にキーズに対して自分を主語にして話すたびに、うんざりした。「教えてくれないか」とか「知りたいんだ」なんて話し方だ。それは、フェルディィス自身が取り調べそのものよりも重要な存在で、彼の要求と願望がキーズのそれに優先し、彼が部屋の中で最も重要な人物だとほのめかすようなものなのだ。

実際のところ、それはまったく逆だ。イスラエル・キーズがこの部屋の中で最も重要な人物だ。そしてフェルディィスは、自分が場違いな存在であると知らしめているようなものだった。

フェルディィス：いいだろう。君がすべて話してくれることはわかってるんだ。でも、この部屋から私が出る前に、一つだけ、どうしても知りたいことがある。彼女の殺害方法だ。

キーズ：なぜ？

フェルディィス：それは、それは……それは私たちの間の約束だから……だろ？

理由として弱いことが、ペインには明らかだった。

キーズ：いや……どういうふうにそうなったかなんて、別に重要じゃない。俺は、確かに俺がやったことだし、彼女の居場所はもう話した。

フェルディィス：なるほど。それでは、俺がやったとは？　私に教えてくれ。

キーズ：今この瞬間に、彼女は死んでいることについてだ。

フェルディス：ということは、君が彼女を殺したと？
キーズ：そういうこと。
ベル：……それで、ミキに話をしたいというわけだな。ドール刑事に。
キーズ：残りのことはすべて彼女に話す……すべて知りたいっていうんだったらね。
ベル：すべてということは、殺害以外に、彼女に何をしたんだ？
キーズ：あんたらが知りたいことはすべて話す。事細かに話してやるよ。
フェルディス：ミキに話したいことを、私にも少し教えてくれないか？
キーズ：なぜ？　やなこった。
ルッソ：それじゃあ詳細はいいから、殺害方法だけでも教えるというのは？
キーズ：お断りだ。

キーズは別の要求も突きつけた。これ以上、ガールフレンドの家を引っかき回されたくないと言った。捜査をしたいなら、キーズに許可を取らねばならない。気が向いたら許可してやるから。そしてキーズは、二度とキンバリーを尋問するなと言った。俺が言うことを信じようが信じまいが関係ない。彼女は犯行に加担していない。そうキーズは主張したのだ。

キーズ：彼女に尋問したなんて話は二度と聞きたくない。だから……さっきも言ったけど、あんたらに俺を信用する理由はないが、ここではっきりさせておく。俺のことを理解する人間、俺のことをこれまで理解できた人間、俺の本性を知っている人間は、存在しない……基本的に、俺の中には二人の人間がいる。俺が今から話すことを唯一理解しているのは、俺だけだ。俺がやったことを理解している人間は、この俺なんだよ。

ルッソ：お前の中に、いつから二人の人間がいるんだ？

キーズ：ずっと昔からだ。十四年になる。

第13章

ミキ・ドール刑事は四月一日の日曜日にアンカレッジに戻ってきた。イスラエル・キーズと顔を合わせるのは、この三週間で二度目となる。

これはスティーブ・ペイン捜査官にとって、予期せぬ援助だった。自分とドールがいくら衝突したとしても、彼女の存在は、そしてその見事な支配権の掌握は、この取り調べを法執行機関側にとって有利に導くだろう。もしかしたらドールがフェルディスを押しやり、彼を謙虚にさえできるかもしれない。それに、彼女が事件の詳細を聞き出すかもしれないのだ。ミキ・ドール刑事はやり方を熟知していた。

フェルディスはキーズの権利を読み上げたが、主導権をドール刑事に渡すどころか、いきなり尋問をしはじめた。

フェルディス：話しはじめたいところがあるのか、それとも……。
キーズ：そうだな、短縮バージョンを話すことにしよう。
フェルディス：短縮バージョンとは？
キーズ：言わないこともあるってことだ。
フェルディス：その理由は？
キーズ：人が……この部屋には人が多すぎる。
フェルディス：それが問題なのか？
キーズ：人が多すぎることか？
フェルディス：ああ。
キーズ：それは……話す内容の一部が、俺にとってはとても個人的なことだからだ。
フェルディス：なるほど、わかった。
キーズ：それに……説明するのは難しいが、大勢の人に話をするのは好きじゃなくてね……あんた次第だ。

簡単なことだとペインは考えた。ドール、カートナー、それから問題がなければ、ベルを部屋に残せばいい。美しく若い刑事との尋問に夢中になろうが、うわべだけのプライバシーを要求していようが、ペインにとってはどうでもよかった。とにかく、事件の詳細が必要なのだ。

フェルディス：よし、それではそうしよう。話がどんな形になるのかわからないので……イスラエル、君だけがそれを知ってるんだな？　どういう結果が出るか、やってみようじゃないか。いいな？

フェルディスは大人しく部屋を去ろうとしなかった。ドールはこの瞬間を無駄にすることなく、取調室に入っていった。テレビで目にするような、筋金入りで正統派の取り調べとはならない。彼女は、間違いなく謙虚な姿を演じるはずだ。尋問の途中で部屋に入ることを謝罪し、敬意を示すだろう。「なるほど」と返すことしかできなくなるくらい、邪悪な所業を耳にするかもしれない。尋問対象者が笑えば、どれほど自分が嫌悪感を抱こうとも、彼女も一緒になって笑うだろう。

ドール刑事は電話で昨日の尋問の内容は聞いたけれど、音声が途切れていたと伝えることからキーズとの会話をスタートさせた。「まるでチャーリー・ブラウンの担任の声みたいだったの」（チャーリー・ブラウンが登場する『ピーナッツ』では、大人はセリフを言わない）と彼女は言った。自分が急いでいるわけではなく、彼の助けが必要だと伝えたというわけだ。

ドール：私が質問してもよかったのかしら。それとも……。

キーズ：君が質問があるっていうんだったら、どうぞ。

映画『羊たちの沈黙』の、クラリス・スターリングとハンニバル・レクター博士の関係性を思い起こさせるような瞬間だった。ドールは新しい流れのための土台作りをしたのだ。これは偶然ではなかった。二週間前に行われたキンバリーとキーズの家の捜索では、連続殺人鬼に関するフィクション、ノンフィクション本が多数押収されていた。テキサスでキーズが姿を消していた数日間は、今となってはより深刻な懸念事項で、今現在、捜査陣が知るサマンサ誘拐の詳細からすれば、キーズが以前にも誘拐を企てていたのは間違いなかった。何回やったのか？　もしサマンサが初めての犠牲者でないとするなら、実際のところ、彼女は彼の最後の犠牲者となるのか？十四年もの間、自分は「二人だった」とキーズは証言したし、まだまだ告白することはあると言った。捜査チームは、キーズは連続殺人鬼なのではという疑念を抱きはじめていた。もしそうであるのなら、この男は威風堂々とした殺人者で、映画俳優のような尋問者にふさわしい。

ドールには確実にその資質があった。

彼女の最初の質問は、サマンサに直接言及するものではなく、彼の母親と一緒にいるキーズの娘のことだった。

ドール：私たちがテキサスで話をしたときのことですが……私が完全に間違っているかもしれませんし、勘違いかもしれませんが、教えてくれますか……私にははっきりと感じられたのは、あなたのお母さんのことです。彼女に娘を任せたくなかったのでは？

キーズ：鋭いな。

ドール：あなたが心配しているのは、もしかしてそのこと？

キーズ：いや、それは心配していない。

ドール：なるほど。それじゃあもう聞かないことにします。さっき言ったけれど……。

「さっき言ったけれど」、いいぞ。完璧だ。ドールはキーズの自供内容をつぶさに聞いていた。そして、キーズの口癖を真似していたのだ。それは、「さっき言ったけれど」だった。彼女はキーズとの心的距離を縮めていたのだ。

ドール：……あなたたちがどこまで話を進めていたのかはわからないし、なぜ私にだけ話したいことがあるのかはわからない。だから、あなたに何を質問したらいいのかも、よくわからない状況よ。

キーズ：質問なんてしなくていいさ……さっき言ったけれど、何が起きたのか、すべて詳しく話をしようと思うよ。あんたにね。何から何まで逐一知りたいってことであれば、それは無理な相談だ……例えば、そのとき俺が何を考えていたのかとか、俺と彼女の間の会話とか……もっと人が少なくなったら話すけどなあ。

ルッソ：何人だったらいいんだ……。

ドール：少なくともあなたの弁護士はここにいなくちゃいけないでしょ。

フェルディス：それじゃあ、それじゃあ……それじゃあ、要約した内容から話をしてくれたらいい。

フェルディスの指先は白くなるほど強く、会議机の端を握っていた。今となっては明らかだった。どんな手を使ってでも、尋問の最初から、この人物を取調室から追い出しておくべきだった。キーズのフェルディスへの話し方は、明らかにドールに対する話し方とは違っていた。彼女には、協力する姿勢があった。キーズはテキサスで初めてドールに会ったときのことをこう表現した。「君はモンスターを捕まえたのさ」まるで彼女を誇りに思っているかのように。

フェルディスに関しては、支配しようとしていた。辱めようとしていた。

キーズ：いいか、話をはじめる前に……詳細は、どのバージョンであんたに話そうとも、かなりあからさまな内容になる。そして、その内容に関してはメディアにばらまかれたくはない……あんただって、メディアに流れることを望まないと思う。少なくとも、なぜそうしなければならないのか、俺には理由が想像できない。だから、この映像に関しては、あんたとか、あんた以外の人の再考察のために使ってくれ。

フェルディス：本件については私が法律家として参加しているのだから、かまわず話をしてくれ。さあ、話してくれ。

キーズがフェルディスと、この時点で会話すべきでない理由はまさしくこれだったが、キーズはそのことを理解していなかった。

捜査官たちはキーズに対して、サマンサの監禁、そしてサマンサの遺体がある場所に関しても、自供内容のすべてを報道陣に公開しないと確約した。キーズにとって最も重要だったのは、娘の名前と居場所の情報を、なんとしてでも守り抜くことだった。

今までのところ、報道陣が知っていたのは、アンカレッジ在住のイスラエル・キーズという男がサマンサの失踪事件に関連して逮捕されたという情報だけだった。これはペイン、ベル、そしてドールにとっても、皮肉な事態に変わりなかった。彼らでさえ、あまり多くを知らなかったのだ。FBI行動分析課の分析官たちは、取調室の中にいる全員が努力して、誰よりも多くを知るのは自分だとキーズに思わせねばならないと、強く指示を出していた。実際のところ、努力の必要はなかった。すべてを知っていたのは、本当にキーズだけだったから。

キーズは小屋に戻った。

キーズ：床にタープとマットレスを敷いて……寝袋……ちゃんとした寝袋ってわけじゃなくて、フリース製の寝袋のようなものを敷いていた。

ドール：血液を流さないようにタープを敷いたというわけ？

キーズ：いや、そうじゃない。小屋の中のものに、あの子が触れないようにするため。

ドール：なるほど。

キーズは数日前に小屋の準備を整えていたと証言した。明確な計画だとか、誘拐のターゲットは決めていなかったが、「ハフマンのあたりを狙っていた」と証言した。夜遅くまで営業しているコーヒースタンドが多く、孤立したエリアで、十代の女性が多く働いていて、その大部分が一人で働いていたからだという。

当日の夜にサマンサを選んだというわけだ。キーズは彼女のルックスを気に入り、そして行動に移した。「自分の判断に逆らう考えだと言えるかもしれないけれど」キーズは、彼女を迎えにやってくる誰かを待とうと考えたという――ボーイフレンドだ。そしてその予想は当たっていたのだが――そのうえ、二人を同時に誘拐しようかと考えたが、そのリスクは冒さないと決めたそうだ。

サマンサのトラックに侵入し、キャッシュカードを盗み、町外れにあるATMでパスワードを試した後、キーズは家に戻った。キッチンに行き、自分用にグラスにワインを注ぎ、サマンサ用に水を用意した。

キーズは小屋に戻った。

サマンサは驚くほど落ちついていた。彼女は、すべてうまくいったかどうか尋ねた。キーズはサマンサの結束バンドを切った。キーズはすべてを掌握していたのだ。体を自由にすることで、身代金を手に入れることができるようになったと彼女に思わせ、最後の望みを抱かせ、これで終わりだと確実に思わせる。終わりとは、キーズがその夜、サマンサに約束し続けた、身柄の解放を意味した。

解放などしないというのに。

キーズは再びサマンサを拘束した。このときは、より複雑な方法を使った。結束バンドではなく、ロープによる拘束だ。

「ここでサマンサはわかったはずだ」とキーズは言った。

キーズはキンバリーの様子を見るために小屋を離れた。

「キンバリーは起きていたよ」とキーズは言った。

それは昨日、キーズが証言した内容とは違っていた。前日の話では、キンバリーが眠りに就くまで待っていたとキーズは話していたのだ。一体何が起きているのか？　これは本当にキーズの単独行動なのか？　彼が主張している時系列を、ペインも彼のチームもまだ信用していなかった。

再び、キーズは小屋に戻ってきた。ヒーターが小屋の温度を三十二度まで上げていた。耳をつんざくようなヘビーメタルが壁を震わせるようだった。鼻をつく煙と尿と汗のにおいが充満していた。

キーズはサマンサを二度レイプしたと証言した。それはラジオで「……二曲か、三曲流れる間だった」とキーズは言った。すべてを済ませると、裸のまま、キーズはサマンサをまたいで立ち上がった。サマンサは殺すつもりなのかとキーズに尋ねたそうだ。彼女はなんとかして、キーズと会話をしようと必死だったのだ。サマンサの気丈さは見事なものだったよ、とキーズは言った。

しかし、それもキーズの心を動かすことはなかったのだ。

キーズ：それで……革の手袋をはめた。

ドール：なぜ革だったの？　ゴムではなく？

キーズ：絞殺するのは大仕事だからだ……それはわかっていた——あの娘がコーヒースタンドを出た瞬間に、あの子が——命はないことはわかっていたから……彼女は物音一つ立てなかった。

ドール：彼女が亡くなるまで、どれぐらいかかったの？

キーズ：そうだな……いつも……判断するのは難しいが……しばらくかかった。「これからシャワーを浴びなくちゃいけないのに」と考えたのを覚えている。とにかく、そのことについてすべてを話すつもりはないけど……。

ドール：それはなぜ？

キーズ：背中の右肩の真下あたりを一度刺した……あまり深くは刺していない。それについては話をしたくないが、とにかく彼女は……別に早く死なせるために刺したとか、そういうことではない。ただ、それには別の理由があって……。

ドール：刺したのは、そのときもまだ彼女に惹かれていたから？

キーズ：いや、それについては話すつもりはない……ワインを飲み干して、パンツを穿いて、家に戻り、シャワーを浴びた。

そしてキーズは娘を起こしたのだという。娘が準備している間、キーズは再び小屋に戻った。死後硬直が進まないように、ヒーターはつけたままだった。サマンサの遺体をタープで巻き、キャビネットの中に隠すと、キーズはヒーターを切った。そして小屋の鍵を二重に閉めて、タクシーを呼んだ。

フェルディス：君の計画は？　飛行機に搭乗することになっていて、彼女の遺体は小屋の中にある。何を考えていた？

キーズ：外はマイナス六度だし、心配することはないと考えた。

フェルディス：逮捕されることについては心配しなかった？

キーズ：しなかった。

フェルディス：なぜ？

キーズ：アンカレッジだということもあったと思う……警察無線を聞いていたし、実際に何が起きたのか、誰かが気づいた頃には、形跡は凍ってしまっているだろうし、俺のトラックの写真が撮られたとしても、誰のトラックかはわからないだろうと考えた。タイヤ痕は見つけられないはずだ。科学捜査に使う証拠も得られないと思った。靴跡も。指紋も、ＤＮＡも、何もかも絶対に見つけられないと思ったから、心配しなくていいと考えた。

これには驚かされたし、捜査官たちにとっては、正直なところ、かなり恥ずかしいことだった。

キーズは正しかったのだ。キーズは警察の動きを予言していたというよりは、警察の失態を予言していた。この重大な罪を犯し、行方不明になっている十代の女性を、何人もの目撃者に目にされながら三時間も連れ回し、逮捕の心配をすることがなかったなんて――それも「アンカレッジだから」という理由で。これは警察署にとっては致命的なことだ。そして紛れもない真実だった。ジェイムス・コーニグも、それを知っていた。サマンサのための、ろうそくの祈りに訪れた何百人もの住民も知っていた。もしメディアがこの自白について嗅ぎつけたら、アラスカの住人全員に知れ渡ることになる。この自白については、裁判所でも、どこの場においても記録されることはない。何年にもわたって隠匿される。あの日の朝、ＦＢＩが容疑者を拘束したと知り、ジェイムスはもう一つのお願いをフェイスブックに投稿した。

温かくなり、雪が溶けはじめました。どうか、周囲を注意深く見続けてください。サマンサを家に戻すことができる証拠は、どこにあるかわからないのです!!

第14章

スティーブ・ペインは身代金を要求する手紙に最も興味を持っていた。キーズはすでに、写真を撮影したときにはサマンサの命がなかったと告白している。そして今となっては、キーズと娘が旅行をしていた二週間の間、彼女の遺体は小屋に残されていたことがわかっているのだ。

どうやってキーズはこんなことをやり遂げたのだろう？

キーズはアンカレッジの自宅に二月十八日の早朝に戻って来た。遠方から天気をチェックし続けていたために、アンカレッジの気温が上がりつつあることを知っていた。

遺体の確認をするために小屋に入った。キンバリーは二十二日まで、他州を旅行し続けていた。キーズには時間に余裕があったのだ。

キーズは娘が学校に行きはじめる二十一日の月曜まで待ち、内部から小屋を解体しはじめた。キャビネット、棚、ライトを買い足した。サマンサの遺体をキャビネットに入れたまま、小屋から運び出した家具などを切って薪にしてしまった。

キーズはキャビネットから出したサマンサの遺体を包み——クッション材、寝袋、そしてタープで三重に巻いた——ポリエチレン製のシートの上に置いた。彼女が包まれていた寝袋は、「血でずぶ濡れの状態だった」。

このキーズの証言は矛盾している。この証言の前に、サマンサの刺し傷は最小限だったと証言していたからだ。捜査チームはキーズの発言のすべてに警戒しなければならなかった。

キーズはサマンサを包んでいたものをすべて外し、切り刻み、それを一枚ずつ、二層になったごみ袋に入れていった。当日の夜に自分が着ていた服と靴は、焼却するか埋め立て地に持っていく。キーズはサマンサのバッグを取り出し、中身を確認し、携帯と小銭以外のすべてを捨てた。バッグの中のコインを集め、自分のコイン用の瓶に混ぜ入れた。

なんでそんなものを？

キーズ：たぶん、酷く怯えていたのだと思う、彼女のＤＮＡが付着してるなんて思っていたから。
ドール：あなたが彼女の髪を編んだの？
キーズ：すぐに編んだわけじゃない。

娘が学校から戻り、宿題を終わらせ、夕食を食べ、眠った後、キーズはリビングルームにある暖炉に火を熾した。二月二十二日の午前一時か二時頃だった。そこでサマンサが触れたタープなど、すべてを燃やした。
小屋に戻ると、キーズは大きなプラスチックのシートを床と壁に貼り付けた。早い時間に漂白剤を吸わせたスポンジで洗っておいたものだ。床の表面を遺体が占めてしまわないように、サマンサの両腕を頭上に上げ、手首をロープで縛り、サマンサの体を持ち上げるようにして、そのロープを壁にネジ留めした。

ドール：それで？
キーズ：ここは短めに説明するよ。ええと、彼女を解凍して、それから小屋にあった机を使った。
ドール：解凍した後だけれど……硬直していなかった？
キーズ：していなかった。全然。体は柔らかかった。
フェルディス：それで、彼女に何をしたんだ。
キーズ：（ため息）まあ、そこについては、今はちょっと……いずれわかるだろうから。
フェルディス：なぜ話をしてくれないんだ？　いずれわかるって……。
キーズ：だからそれは……。
フェルディス：……いずれわかるというならいいじゃないか。
キーズ：プライベートなことだから。ここには人が多すぎる。だから……彼女とセックスしたんだ。彼女の死体と。まだ温かかったから……それで、時間を忘れてた。

朝になっていた。キーズの娘が探しにやってきて、小屋のドアをノックしたという。

キーズ：だから、「すぐに行くよ。家の中に戻って朝ご飯を食べなさい」って答えた。あの子が……そのとき、ドアを開けたらすぐ前にいるような状態だったから。

キーズは回想しながら柔らかく微笑んでいた。

キーズは自分の体をきれいにすると家の中に戻り、登校させるために娘の身支度を調え、その後サマンサの遺体を小屋に一日中放置していた。娘が家を出ると、キーズはチェックリストの確認をした。キンバリーは翌日に戻ってくる。やらなければならないことは、山ほどある。

次は身代金を要求する手紙だった。

その日の午後、学校まで娘を迎えに行くと、地元のターゲット（ディスカウントストア）に行き、ポラロイドカメラを購入した。腹立たしいことに、店にはポラロイドカメラ用のフィルムが売られていなかった。娘の宿題と夕食が済むまで待たねばならない。娘が眠ってしまえば、家に一人で残して、ワシラ町にあるターゲットまで一時間のドライブに出ることができる。

この日のある時点でキーズは、大きなそりと、トートバッグ、カーボン・リボン、リサイクルショップのグッドウィルで見つけたタイプライター用の紙、裁縫キット、十パウンド用釣り糸をホーム・デポで購入していた。二〇一二年二月十三日付のアンカレッジ・デイリーニュース紙は、カーズ食料品店の裏にあったゴミ箱から拾ってきた。

ドール：なぜ十三日付のものを？

キーズ：俺は十三日にアンカレッジにいなかったからだ（咳払い）。それから、すべて必要なものを揃えて……その後はよく覚えていない。でも一晩かかったのは覚えている。

ドール：一晩で何を？

キーズ：一晩だよ。化粧が完成するまで。

携帯電話とキャッシュカード以外では、キーズはサマンサの化粧品をハンドバッグに入れたままにしていた。ウォルマートでもいくつか買い足し、キンバリーがガレージの中にしまい込んでいた化粧品も使ったそうだ。一日はあっという間に過ぎていた。「この時点でキンバリーは確実に家に戻っていた」とキーズは捜査チームに語り、「なぜなら、夜中になるまで作業を待ったから」と話した。

キーズは数時間費やして、身代金を要求する手紙に添付する写真を撮影するためのポーズをサマンサに取らせたが、問題は彼女の表情だった。サマンサの筋肉はすでに弛緩していて、どれだけメイクをしても表情が出せなかった。この時点で、彼女が死亡してから二十一日が経過していた。

キーズ：この時点で、諦めた。唇とか、そのあたりは。だから、テープを使うことにした。テープでとめて、質感みたいなものを出そうとした。でも、それでも目が……それから額も。表情がないんだよ。瞬間接着剤を使ってみたけど、うまくいかなかった。だから、針を使った。大きなかぎ針があったから。名前はなんて言うのか忘れたけど、とにかくその針があったたし、釣り糸があったから、だから、縫い付けたんだ……針を持って、眉毛のあたり…眉間から針を入れて、下のほうに……鼻の軟骨に沿って……肌の下を縫っていった。そこから針を出して、同じ場所を縫って戻って、糸をきつく引っ張って、両目をきつく閉じているような表情を作った。それで一枚撮ってみた。どんな感じに見えるか知りたかったから。それからもう少しだけメイクして、この時点で髪の毛は編み込んであったから……。

ペイン：彼女のどこにメイクしたんだ？

キーズ：全体だよ。ファンデーションも使ったし……写真に映っている場所には全部ファンデーションを塗ってある。二、三種類使ったかな。

ペイン：なぜそんなことを？

キーズ：きれいじゃなかったから。あの子の肌が……肌の下の血液が見えはじめていた……状態は悪くなかったけど、わかるだろ、生きているようには見えなかったってこと。

キーズはメイクが終わるまで三時間から五時間ほどかかったと供述した。メイクを終わらせると、写真のテスト撮影をしたが、予想よりもずっと難しかったという。サマンサの頭を上向きにして、支えておかなければならなかったからだ。

キーズ：自分が求めていたような写真が撮影できるまで、五、六枚は撮影したと思う。

ドール：写真の角の部分は切った？

キーズ：そうだ。写真の端の部分はすべて切り落とした。最初はポラロイドの写真と、身代金を要求する手紙を、別々に送ろうと思っていた。でも、プリンタでスキャンしてから送ったほうが、分析が難しくなると考えた。パソコンを使うんじゃなくて、スキャンして紙に直接印刷すれば、ポラロイドで撮影されたかどうかはわからないんじゃないかと考えた。俺がやったのは、そんなことだ。

ドール：写真の周辺を切り取ったのは、あなたの腕の痣が写っていたから？

キーズ：いや、目立つものがあったからというわけじゃないのだけれど、腕にほくろがあって……注意深くチェックしたんだけど……それで、何か写るんじゃないかと考えた。自分の腕が写るのは最小限にしようと思ったし、それでメッセージを伝えようと思ったのさ。

ペイン：なぜそこまでして？　かなり大がかりなことをやっている。

キーズ：そうだな……こう考えてくれ。理由は明らかだ。俺は……結局のところ、金目当てだ。でも同時に、それをするのが嫌だったわけでもない。

前の段階で、キーズは別の話を捜査チームにしていた。金のためにやったわけではないと言っていた。金はただのボーナスだと。一方でキーズは、国選弁護人を依頼しなくてはならないほど困窮していた。キーズの最後の移動となった飛行機とクルーズ船での娘との旅には、大金がかかっていた。財政状況を調べるには時間が必要だろうが、彼が困窮していたことは明らかだった。綿密な計画の目的の一部に、金銭が関与しているのは明らかなのでは？

ドールはキーズに身代金を三万ドルに決めた経緯を尋ねた。サマンサの失踪報道を追いかけはじめていたキーズは、短時間に多額の寄付が集まったことに驚愕したと話していた。

だから、サマンサの携帯電話とキャッシュカードだけを残し、金銭を要求して、回収したのだとキーズは説明した。そのカードを使用することで、行動を辿られてしまうとは思ってもおらず、信じられなかったそうだ。慎重に行動してきたのが理由だ。キーズは本当に、キャッシュカードが追跡可能だと知らなかったのだろうか。

キーズは本当に知らなかったのだと言い張った。

キンバリーが旅行から戻ってきたと同時に、彼女の友人のケヴィンが家を尋ねてきていたので、サマンサの遺体を処理しなければならなかった。気温は上がりはじめていた。日増しに強くなる異臭を食い止めることはできるはずもなかったし、野生動物が小屋を壊して入りこむリスクは避けなければならなかった。急がなくては。

キーズ：いろいろなことが起きていたけど、家に誰もいない日が一日だけあって、その日を選んでタイプライターを持ち込んだ。時間はかからなかった。印刷用紙のパックを開けて、タイプライターに紙を挟み込んだら、うまく動いた。身代金を要求する手紙の下書きをタイプしてみて、それをプリンタのトレイに入れて、写真と一緒にコピーした……タイプするときにはゴム手袋をずっとつけていたし、紙とか、その他のものには絶対に触れないようにした。

ルッソ：ということは、身代金を要求する手紙の中の、綴りの間違いなどはすべてわざとやっていたということか？

キーズ：いや、わざとじゃない。特に考えて言葉を選んだわけじゃない。伝えたいメッセージのようなものがあったから。

フェルディス：砂漠についてはどうなんだ？　サマンサはチューダー通りで逃げようとして……そのときは、もう少しで逃げられるところだったと君は書いていた。それは真実なんだろ？　それから、「砂漠でも一度逃げられそうになった」と書いていたが。

キーズ：それは俺の計算だ。頭の中の。写真が撮影されたときと、身代金要求の手紙が書かれたときまで、十日ほど時間が経過していたから。

これはキーズの直前の供述と照らし合わせると、完全に矛盾している。キーズは、手紙が置かれた二日前に、撮影に使用したカメラとフィルムを購入したと言っていた。捜査官たちは、キーズに思うままに語らせた。

キーズ：性奴隷としてメキシコのどこかに売り飛ばされたということにしようと思ったんだ。十三日から車でメキシコまで走って、アンカレッジに戻ってくるとすれば、ちょうどそれぐらいの時間がかかるから。

ゴム手袋を着用したままで、キーズは身代金を要求する手紙と写真をジップロックに入れ、それをもう一枚のジップロックに入れた。彼はその袋をコナーズ・ボグ公園の掲示板に、午前六時頃に貼り付けた。誰かが見つけることはわかっていた。

キーズはその朝、キンバリーの車を運転していた。ちらつく小雪は、タイヤ痕を残してしまう。キーズは何が起きるか確認したかったが、待たなければならないことはわかっていた。

その日の午後にキンバリーとケヴィンを友人の家に送り届けた後、キーズはその機会を得た。アンカレッジの住人の大部分が、ファーランデブー・ウィンター・フェスティバルに出かけていたのだ。キーズは街を自由に走りまわることができた。

カーズ食料品店の駐車場まで車を走らせたキーズは、店の裏手まで行き、サマンサの携帯の電源を入れた。デュアンにメッセージを送るとすぐに、携帯の電池を抜き取り、家に向かった。午後七時五十六分のことだった。

その後、どれぐらいの時間が経過していたのか確信が持てなかったが、キンバリーの車に再び戻り公園まで向かうと、数台のパトカーと事件現場に駆けつけるバンの存在を確認して、満足した。警察官は意気消沈していたとキーズは言った。その様子はキーズを喜ばせた。

「すぐにわかったんだ」とキーズは言った。「俺のメッセージが伝わったことが」

キーズは車を走らせ家に戻った。ケヴィンが泊まりにきており、キンバリーは友達と出かけていた。キーズはサマンサの遺体を小屋から移動させる方法を熟考した。キーズは自分に降りかかるリスクを計算しなければならなかった。ケヴィンが家を出るまで待つほうが安全だろうか？　キンバリーは小屋の近くに行かないだろう。キーズが小屋の中で大麻を栽培しはじめてからというもの、彼女の怒りと反発は明らかだった。だからといって、彼女を責めることはできない。自立した女性ではあったものの、彼女は孤独だった。キーズはめったに家にいない。キンバリーは仕事へ行き、二人で飼っている犬二匹の面倒を見て、家の中を片付けた。そのうえキーズは徐々に彼女に対する興味を失っている状態だった。

キーズは二人の関係が終わりを迎えていることを知っていた。それについて悩んでいた。でも、キンバリーは一度も子どもを望まなかったし、彼の娘を一生懸命育てようともしなかった。ここを去るときが来たのだ。キーズは娘を連れて、アラスカ以外の州に場所を移し、そこで、「大がかりな計画」の第二幕をはじめようとしていた。

しかしそれも将来の話だ。今は、とにかくサマンサを小屋から運び出さなくては。

キーズ：ちょっと臭い出したものだから……でも……彼女を手放したくなかった。すぐには片付けたくなくて……裏庭に運んで、雪だまりの中に埋めることも考えていて……残りの作業は後でもいいんじゃないかと。でも、やっぱり作業はやってしまったほうがいいと決心した……とにかく終わらせて、それから三日間のアリバイを考えればいい。だからサマンサを転がしてテーブルから落として、テーブルを解体して、元々のベニヤ板の状態に戻して、燃やして、それから大きなトートバッグに……あまり深いバッグではなかった。たぶん、五インチか六インチ（約十三〜十五センチ）ぐらいだったと思う。そのバッグに、彼女を切断して入れていった。

キーズは三日かけて、三回、マタヌスカ湖に通った。そのたびに、必ず自分の携帯のバッテリーとSIMカードを抜いた。キーズが昼間を選んだのは、往復二時間の道のりを運転しても、疑わしく思われないためだった。

一日目、キーズは湖の中心へと、約二百ヤード（約百八十二メートル）ほど歩いて進んだ。ノコギリ、鉛製の重り、雪かき用シャベル、十六インチ×三十インチ（約四十センチ×七十六センチ）の大きさのベニヤ板、翌日設置する予定の穴釣り用の小屋の部品をそりに乗せて引きずっていた。冬のアラスカの午後に目撃されたとしても、何一つ不思議ではない。それでもキーズは危険を冒さなかった。

「あの日は釣り道具も持っていたと思う」とキーズは言った。「釣りをすると見せかけるために」

キーズは氷に穴を開けるのは簡単だと思っていた。しかしそれは間違っていた。

「とにかく時間がかかったよ」と彼は言った。「ノコギリじゃあ無理だ……まったく役に立たなかった」　氷は二十インチ（約五十センチ）の厚さがあり、キーズは十三インチ（約三十三センチ）×二十インチ（約五十センチ）の穴を開けようとしていたのだ。

この日は目撃者もいたとキーズは言い、もう一人、男性が穴釣りをしていて、キーズをばかにするような目で見ていたのだという。

「なぜそう思ったの？」とドールが聞いた。

「なぜって」とキーズは答えた。「そいつはアイスドリルを持っていたからだよ」

貸してくれとキーズが頼まないのが、不自然な状況だったという。

穴を開けると、キーズは鉛製の重り二つを撚《よ》り糸で結びつけ、水の深さを探るために氷の中に落としてみた。アラスカ州漁業狩猟省（ADFG）に勤めるケヴィンに、穴釣りに最適な湖はどこかとすでに聞いていた。ケヴィンは、最も深いところで八十フィート（約二十五メートル）の水深があるマタヌスカだと教えてくれた。

「結局、四十フィート（約十二メートル）ぐらいしかなかった」とキーズは言った。「それでも十分だと思った」

その後、キーズは荷物をすべてまとめ、ベニヤ板で穴を覆うと、そのベニヤ板の上に雪をかぶせて立ち去った。

二日目、サマンサの遺体の一部を血液が漏れないように袋を三枚重ねにして、トートバッグに入れたとキーズは証言した。その日の朝に、仕事の現場に向かう途中に湖を訪れた。車を警察に止められるとか、事故に巻き込まれるかもしれない可能性など、一切考慮せずに。

湖に到着すると、氷釣り用の小屋の中に入り、トートバッグからサマンサの遺体を取り出して重りをつけた。そして、氷に空けておいた穴に沈ませた。

「初日は、さっきも言ったように、一旦小屋を建ててしまえば遺体を沈めるのに五分か十分しかかからなかった」とキーズは言った。作業を終えると保護者面談のために、娘の学校に向かったそうだ。

「よく落ちついていられたな？」フェルディスは聞いた。

「あまり考えないようにしていた」とキーズは答えた。面談は短かったし、キーズと担任の教師で娘が参加している優秀な生徒向けプログラムについて話しただけで終わったということだった。

運搬の関係で、処理にはもう二日かかったとキーズは言った。サマンサの遺体を一度にすべて運ぶことができていなかったし、湖で怪しいと思われる行為はしたくなかった。二日目か三日目に自分のトラックの近くに車が停められた以外は、誰にも会わなかったとキーズは証言した。何日目かははっきりとは覚えていないが、それは彼が遺体を沈めていた日で、何も気づかれなかったそうだ。

「足跡を見れば、彼らがいなくなったことはわかったよ。クロスカントリーのスキー跡が残っていたから」とキーズは言った。「湖には近づいてもこなかった。俺の姿を見たとも思えない」

手際がいいとペインは思った。秩序ある動きだ。

サマンサの最後の遺体部分が沈むと、キーズは氷に開いた穴の近くに座り、釣りをした。

最終的にペインと捜査チームは、サマンサに起きたことを詳細にわたって知ることになった。

ついにサマンサの居場所が判明したのだ。これで彼女を家に連れ戻すことができる。事件は解決したが、ペインにはその先があることはわかっていた。まずは、キーズの供述内容を全力でまとめ上げ、裏付けを取る。遺体なき自供は——物的証拠が一切ないということ——完璧の状況にはほど遠いものだ。キーズが証言を翻したらどうする？　嘘だったと言いはじめたら？　すべてが嘘だと言ったら？　名前のわからない共犯者がいると言いはじめたら？

自分たちは、別人格を認識していたキーズを十四年間も野放しにしていた。捜査局にこれ以上の間違いは許されなかった。キーズがいると言った場所に、サマンサがいるかどうか、確実にしなければならない——それも、今すぐに。

だが、この作業でさえ、思ったよりも困難を伴うことになる。

第15章

金曜日の初めての自供の後、スティーブ・ペイン捜査官とジェフ・ベル刑事はマタヌスカ湖まで車を走らせた。キーズが三日を費やして、有名な氷釣りのスポットにサマンサの遺体を遺棄したという野蛮な供述が、果たして真実となり得るのか、二人の男は自分たちの目で確かめたいと思ったのだ。

ベルはiPhoneのコンパス機能を使って座標をマッピングした。二人は新雪の小山に向かって五十フィート（約十五メートル）ほど歩いた。ベルがその小山の側面を蹴ると、氷を切り開いた部分が見えた。まるで新鮮な傷跡のようだった。二人はここだと確信した。

アンカレッジ警察の事務所では、特別捜査官リズ・オーバーランダーが、FBIの潜水チームに連絡を取っていた。オーバーランダーは証拠収集班に所属し捜査を行い、コーニグ事件が自供に至るまでの支援を行っていたのだ。潜水チームに連絡を入れ、規則を破ることを依頼しなければばならない。それは、世界中で発生する危険な回収ミッションのための準備期間を数ヶ月も遅らせることになった。

彼女には潜水チームの反応がわかっていた。犠牲者はすでに死んでいるし、気温は低いし、なぜそんなに急ぐんだ？

オーバーランダーは事件の極悪非道さが彼らを動かしてくれることに期待した――サマンサの年齢、彼女に起きたこと、父親の嘆き、街全体を包む恐怖だ。

ボビー・チャコンが電話を受けたのは、金曜の夜早く、ロサンゼルスの交通渋滞に巻き込まれ、アイドリングしているときだった。電話の向こうの声は、チャールズ・バーテンフェルド捜査官で、あだ名はバート。「アンカレッジでバラバラにされた子がいる」とバートがチャコンに告げた。「君の助けがすぐに必要だそうだ」

チャコンは次の出口で道路から抜けると、スピードを上げて潜水チームの倉庫に戻った。他には何も聞く必要はなかった。子どもが犯罪に巻き込まれた場合は、常に特例だ。現場に戻るとすぐに彼は門を開き、中に入り、パソコンの電源を入れ、チームのメンバーにメールを入れた。直ちに集結せよ。

チャコンは混乱していた。彼のチームには六人から七人のダイバーがいたが、このような任務遂行のためには、あと二名は必要だ。二人を潜水させるためには、十人のダイバーがいる。彼はクアンティコに支援要請を入れ、アンカレッジのＦＢＩにこの情報が確かなものかどうかの確認を頼んだ。
「自供しています」と、FBIはチャコンに言った。「彼女は湖の中にいるんです」

チャコンがFBIの潜水チームに所属して、二十年近くが経過していた。彼らの存在や、その任務はほとんど知られていない。捜査局の人間であってもそうだ。しかし、長いキャリアを通じて対峙する殺人犯がたった一人といった、平均的なFBI捜査官よりもずっと多く、死体や遺体の一部を目撃しているのが潜水チームのメンバーだ。

四十八歳のチャコンは、チーム最高齢の指導者だった。身体的負担が大きく、様々な配慮を必要とする任務を指揮できる経験豊富で覚悟ができている人物は彼以外いなかった。チームメンバーが現場に入る前に、チャコンは前準備をはじめた。超極秘のデータベースではなく、まるで北部にいる同僚のようにGoogleを信頼していた。

チャコンはサマンサ・コーニグとイスラエル・キーズと入力し、アンカレッジにいるオーバーランダー捜査官に連絡を入れた。

オーバーランダーは、現場に州警察官を向かわせたとチャコンに伝えた。そしてチャコンに湖の場所と深さ、この時期の標準気温を伝えた。

「フォークリフトはありますかね？」とチャコンは尋ねた。

小屋の回収のために、ホーム・デポが貸し出してくれたものがあった。それを使ってくれとオーバーランダーは答えた。最も重要なのは、サマンサの遺体の状態についてチャコンに知ってもらうことだった。重りをつけられて沈められてはいるが、剝き出しの状態だ。彼女は裸の状態で切断された。この状況が遺体の回収をより一層困難にしていた。摑むことができる部位が少ないのだ。

チャコンは慎重な選択を迫られていた。チーム内で誰がこの任務を最も知的に、感情に惑わされず、順調に遂行できるのか？　チャコンは知り尽くしていたのだ。若い犠牲者の記憶は、ダイバーたちに残り続けるということを。

チャコンのチームは集結すると、大型のバン二台に装備を積みこんだ。氷用オーガー（らせん状になった穴開け機）、重り、遠隔操作探査機、音波探知機、モニタ、氷をきれいに切断するために、植物油をさしたチェーンソーだ。チャコンはオーバーランダーに、白いテントをいくつか用意するよう依頼していた。氷の上で着替えをするために二基、別の二基はモニタを直射日光から守るため、そして残り一基はサマンサの遺体を報道陣から隠すためのものだった。

日曜日の午後早く、チャコンはアンカレッジに降り立った。街にある店舗、電柱、レストラン、コーヒーショップ、レンタカーショップの窓に貼られたサマンサの顔写真の多さに衝撃を受けた。チャコンはサマンサが働いていたコーヒースタンドの横を車で通り、看板が立てられているのを見た。

サマンサ、あなたのために祈りを捧げていますチャコンは、今回のように注目を集めている事件でコミュニティーが持ちきりになっている街に来るのが大嫌いだった。なぜなら、チャコンとチームが到着するやいなや、どの政府機関の誰がやってきたのか、噂が瞬く間に広がるからだ。奇妙な連邦捜査官たちがやってきたぞ。そんな噂はなんの得にもならない。

二〇一二年四月二日は完璧なアラスカ日和だった。寒くて、空気が澄み、雪も、風も、雨も降っていない、日照時間が十五時間もある日だ。マタヌスカ湖は、月のように白かった。

前日の日曜日、チャコンはアンカレッジのFBI事務所を訪れてオーバーランダーに挨拶をしていた。彼女はキーズの小屋を保管している車両分析班まで彼を案内した。

小屋は規模の小さなものだったが、住むには十分だった。ツール、衣類、プラスチックの袋、予備のパーツが至るところにあった。棚に詰み上げられ、壁のフックにぶら下がり、床に山積みになっていた。まるで整理され尽くしたカオスで、悪意に満ちたオーラを放っていた。キーズの小屋は一九九六年に逮捕されるまで、暖房も、給湯器も、トイレも、電気もない状態で爆弾を製造し、アメリカ中に送りつけていたテッド・カジンスキこと別名ユナボマーが、たった一人で何十年も住んでいたモンタナの物置をチャコンに思い起こさせた。

カジンスキはテロリストだったが、同時に天才でもあった。キーズの自供の半分でも真実であったら――事件担当捜査官たちは大部分を信じていた――キーズは計画的犯行ができ、残忍で、捜査陣を惑わす証拠を残しながら法医学的証拠を一切残さない達人で、まさにカジンスキのような犯罪者ということになる。カジンスキは自給自足生活を送り、孤独を好み、政府に強烈な不信感を抱く偏執的な男だった。キーズにも共通点はあるだろうか？　その可能性はあった。

ＦＢＩのキャット・ネルソン捜査官はイスラエル・キーズの公的書類の発見に手間取っていた。不動産の所有はない。両親や親類に関する文書もない。住所歴も、銃の所有歴も、成績証明書もない。フェイスブック、インスタグラム、ツイッターのアカウントも持っていなかった。彼にはインターネットの利用記録や個人記録が一切なかった。珍しい名前の男だというのに。もし拘束されていない状況であったら、ネルソンがイスラエル・キーズを実在の人物だと信じるのは難しかっただろう。

このときまでに、ＦＢＩは被害者家族のフォロー経験のある専門家を呼び寄せていた。父親のジェイムスが、この残酷な状況を受け止められるようにする必要があったのだ。彼の娘は死亡した。ＦＢＩが湖の底をさらうまで、それは確証のないことだ。ジェイムスのまるで蜘蛛の巣のように半透明で壊れやすいわずかな望みは、この告白が作り話である可能性だった。

捜査チームはジェイムスに、証言は真実だと思うと伝えた。そう信じる理由がある。気持ちをしっかり持ってくれと。

ジェイムスはフェイスブックに投稿した。

みなさま、どうぞ祈ってください。ありがとう。

潜水チームは正午に準備をスタートさせた。ペイン捜査官、ベル刑事、そしてネルソン捜査官もその場に待機していた。ゴーデン捜査官は体調を崩しており、ドール刑事は任務に就いていたが、ペインは二人とも現場に来ることができていればと考えていた。どれだけ悲劇的であろうとも、事件解明の現場に捜査官がいることは重要だと彼は考えていた。屈辱的だった。先鋭部隊である潜水チームを目の当たりにし、ペインは圧倒された。実際の活動を見たことを一度もなかったし、これから先に起きることを想像し、悲しみに暮れていた。サマンサの遺体回収は、彼女の死を現実のものとする。

潜水を先導するためにチャコンに選ばれたバートは、任務歴八年の退役軍人だった。クワンティコのFBIに所属する四チームを監督する立場の人物だ。今回のミッションについては、友人であり、クアンティコでのルームメイトであったジョー・アレンとタッグを組んだ。二人とも、武器しか発見したことのない、死体などもってのほかで、ましてや若い女性のバラバラ遺体など一度も回収したことのないチームメイトの守護神だった。バートはバラバラ遺体の回収を、ダイバーたちの初めての経験にはしたくはなかった。

アレンは類い稀な二つの資格を持っていた。チームで唯一のアイスダイバーであり、救急医療隊員でもあったのだ。「俺は地獄を見慣れている」という彼は、明らかに適任だった。

二フィート（約六十センチ）よりも薄いとキーズが言っていた氷は、ほぼ三フィート（約九十センチ）の厚さだと気づいたチャコンは、ツールを持ち込んでいたアラスカの捜査官たちに氷を割る作業をすぐに任せた。白いテントが次々と立てられた。音波探知機のヘッド部分が水の中に沈められ、チャコンのチームに湖底の様子を知らせた。設置するのに二時間ほどかかったが、一旦湖底に届くと、音波探知機はキーズが説明した通り、五つのターゲットの存在を示した。

チャコンは言った。「サマンサだ」と。チャコンの肩越しに、誰かが舞い上がり、落ちつかない様子で回収に向かっていいかと繰り返し聞いた。

チャコンは「まだだ」と答えた。遺体の一部を自分の目で確かめるまで、誰も潜らせてはならない。ターゲットは別の物体かもしれない。それは彼がリズ・オーバーランダー捜査官に伝えようとしていることでもあった――潜水とは時間のかかる作業だ。誰もが辛抱強く待たねばならない。

チャコンはSWATチームに注意を向けた。

「行って穴を開けてくれ」と彼は言った。次に送り込むのは、四つのプロペラつきで、画像を転送可能な遠隔操作探査機（ROV: remotely operated vehicle）だ。ROVも、湖底に到達すると、あっという間に何かを捉えた。

足、だった。人間の足だ。チャコンでさえ震え上がった。遺体は剝き出しの状態だと告げられてはいたが、どういうわけか視覚化できていなかったのだ。しかし確かにそれは、チャコンのモニタの右端にあって、剝き出しの状態で膨張しており、冷たい真水の中で状態を保っていた。

午後四時四十二分、チームが準備をはじめてから五時間が経過しようとしていた。チャコンはオーバーランダー捜査官に向き直った。彼はこの時間が、大嫌いでもあり、最も喜びを感じる瞬間でもあった。チームの成功は、家族の悲劇となるからだ。

「間違いありません。遺体を確認しました」とチャコンは伝えた。そこにいた誰もが携帯電話を手に取った。そんな姿をチャコンは見つめていた。

湖周辺のエネルギーは緊張したものとなり、チャコンはそれが心配になった。警察とＦＢＩが手柄を挙げるために、一刻も早くサマンサの遺体を引き上げる必要があるというプレッシャーを感じていた。

それはチャコンの潜水チームが戦ってきたものすべてに逆行するものだった。彼が初めて行った任務は、一九九六年ロングアイランド沖に墜落したトランスワールド航空の乗客二百三十名の遺体の回収だった。連日、四ヶ月間もの間遺体の回収は続き、チームは犠牲者全員のＤＮＡの発見を成し遂げた。チャコンが最初に回収したのは、十二歳の女の子の遺体だった。初めての試練だったとチャコンは言った。彼は自らの任務を使命だと考えていたのだ。

サマンサの遺体回収をはじめる前に、報道カメラと氷上にいる捜査官たちから見えないように、チャコンはチームのメンバーを一カ所のテントに集結させた。メンバーは黙禱をした。テントを出た彼らの頭上を、巨大な白頭ワシが旋回しているのが見えた。チャコンはそれを、サマンサが見守ってくれているサインだと考えた。ダイバーたちは互いに視線を合わせ、頷き、静かに現場へと向かった。

アレンは仕事の引き継ぎをし、身支度を調えに行った。SWATはもう一つ穴を開けるために派遣されていた。この穴は、ダイバーたちが四十五度の角度で摑まり、氷の中に出入りする際に推進力を高めることができるように、一辺が十フィート（約三メートル）の三角形だった。

アレンとバートには、下準備を進める十名のダイバーチームがいた。彼らは水面下で休む間もなく精力的に作業を続けていた。百パウンド（約四十五キロ）もの重さの装備を身につけるには二時間もかかり、それはダイバーに考える時間をたっぷりと与えることになる。アレンはこの先発見することになるもののイメージを頭の中から追い出し、任務の実行計画に集中した。何が必要なのか、どれぐらい水中にいなければならないのか、遺体の回収順序はどのようにしたらいいのか。水面下にいる若い女性と、その女性に何が行われたのかということ以外は、何から何まで考えた。

バートも同じだった。状況を確認してみろと自分に言い聞かせた。完璧だ。氷は厚く、戦車でさえ走らせることができる。氷の下の水は、まるでガラスのように透き通っている。多くの人が氷上にいて、遠方にはより多くの人々が集まっていた。報道陣も集結した。

最初に潜ったのはバートだった。時間は午後七時になっていた。

アレン湖の水面から、四十一フィートの底まで下降するのに十五分かかった。そこでバートはアレンが降りてくるまで十五分待たねばならなかった。静かに湖底に降り立つと、沈泥が立ちのぼり、二人の視界を完全に消し去った。数分間、二人は微動だにしなかった。厚いカーテンのように下降する細かな黒い粒子を観察している二人の耳に、聞き慣れた酸素ボンベの音が心地よかった。

バートは思い描いた地点に降り立つことができていた。胴体の近くだ。

跪き、遺体袋を胸から外すと、足元に広げた。アレンもバートに近づき作業をしたが、胴体を固定する際にバッグが動いてしまう。手から滑り続けるため、二人は遺体袋で胴体を巻くことにした。作業が幾分楽になる。キーズはサマンサの遺体に針金で重りを結びつけていたが、それは外すことができなかった。

遺体回収作業の前半でのことだったが、バートもアレンも作業の困難さに驚きを隠せなかった。水中では重量が軽くなるなんてただの神話だ。いくつもの重りがつけられたサマンサの胴体を入れた遺体袋は、驚くほど重かった。

アレンはバートのもとに遺体袋を残して、サマンサの両腕の回収に向かった。両腕は針金で縛られた状態で胴体の近くにあった。両腕をバートのところまで歩いて運ぶ際、アレンの手袋に針金が引っかかり、手の一部が凍りつく水に触れた。二人には、サマンサの両脚と頭の回収が残っていた。

チャコンが氷の上からアレンと話した。

「最後までいけるか?」

「いけます」とアレンは答えた。

数分後、サマンサの遺体はすべて、それぞれ近い場所で発見され、二人のもとに集められた。

アレンとバートは、白夜の太陽光が柱のように差し込む氷に開けられた穴の真下に遺体袋を引きずっていった。そこは二人が潜った際に飛び込んだ場所だった。

白いテントが穴の真上まで動かされ、報道陣の視界を遮ることができるまで二人は待った。合図を受け取るやいなや、バートとアレンは三枚のナイロン製の小さな袋を遺体袋に装着し、それが浮上していくのを見送った。水面では、チャコンが跪き、水中を凝視していた。最初に目撃したのは、サマンサの顔。両目は大きく見開かれていた。

バートとアレンはそれから水中に三十分ほど待機し、ＦＢＩに対する受け渡し書類が記入され、すべての必要な手順が終了するのを待った。

スティーブ・ペイン捜査官とジェフ・ベル刑事は現場に残り、最後のテントが畳まれるまで、すべての装備の撤収を手伝った。それが彼らにできるすべてだった。ベルがとうとう家に戻ったのは、夜の九時になった頃だった。サマンサが働いていたコーヒーショップの横を通り過ぎる際、謎に悩まされることはもうない。彼女に何が起きたのか、ベルはすべてを知っていた。あまりにも詳しく知ったから、知りたくなかったと思ったほどだ。サマンサが逃げなければならなかった瞬間さえ、すべてベルにはわかっていた。ベル自身も父親だ。彼の心の中に、悲しみに溢れた出来事が増えた。逮捕、銃撃、そして遺体だ。

妻に電話をし、もうすぐ家に戻ると伝え、帰路に就きながらむせび泣いた。

湖から撤収したチャコンと潜水チームのメンバーは、疲労困憊で空腹だったため、食事する場所を探した。夜の十時過ぎのことだった。シャワーを浴びて身支度を調えたメンバーは、全員が同じような姿だった。丸刈り、カーキ色のズボン、黒いジャケットというでたちだ。胸にFBIとプリントされていてもおかしくないなと、チャコンは冗談を言った。

チームは、静かで目立たない場所を見つけた。先客はせいぜい四人ほどだった。しかし、夜のニュースがテレビに映し出されていて、サマンサの遺体発見のニュースが大きく報道されていた。チャコンとチームのメンバーは、店の奥に静かに二カ所のボックス席を確保した。

店主が現れ、飲み物を運んできた。「身分を明かせないことはわかっています。でも、あなた方がしてくださったことは知っています。ありがとうございました」と言った。

翌日の夜にチームが去るとき、アンカレッジはそれまでとは別の雰囲気に包まれていた。チャコンが現場の空気の違いを見過ごすことはなかった。地域全体の希望が悲しみに変わる、この感覚を。アンカレッジに到着したときに掲げられていた売店のサインは、サマンサの無事を祈っていた。たった三十六時間後、彼がアンカレッジを離れるときに掲げられたサインは、すでに変更されていた。

コーニグ家に哀悼の意を表します

ロサンゼルスの倉庫に戻ったチャコンは、掲げられたサインの写真をダイバーたちが描いてきたイラストの横に並べて貼り付けた。打ちのめされるほど似通ったイラストばかりだ。ヘルメットをかぶった無名のダイバーたちが、助けを求めて小さな手を伸ばす子どもや赤ちゃんの前に跪く姿だった。サマンサの発見に加わった潜水チームの一人は、ダイバーによって水中から引き上げられるサマンサを、鳩を抱く天使として描いていた。

チャコンは二〇一四年に引退したが、命を落とした子どもの発見は、もう二度と経験したくないと送別会で語った。ちょっとした冗談のつもりで言ったチャコンだったが、同僚は衝撃を受けた。その日まで、チャコンは外傷後ストレス反応に耐えていたのだ。彼はきっと、生涯にわたって苦しみを抱え続けるだろう。妻と一緒に何年もかけて次々と専門医をたずね、願い続けたにもかかわらず子どもを授からなかったのは、子を失う親の悲しみを経験しないためだったのではと考えることもあるという。

ジェイムス・コーニグは一日中、スティーブ・ペイン捜査官に電話をかけ続けていたし、ペインはそのことに胸を痛めていた。ジェイムスは娘に起きたことをすべて知りたがったが、ペインはジェイムスにはしっかりと考えて欲しかった。氷の上にテントを張ったのは、ジェイムスがサマンサの遺体を新聞紙上で、夕方のニュースで、あるいはインターネット上で永遠に目撃することがないようにするためだったからだ。

しかし、ジェイムスを思いとどまらせることはできなかった。ペインはこのときのジェイムスとのやりとりを、人生で最も長い時間をかけた会話として、また、初めて言い負かされた、穏やかな議論として記憶し続けるだろう。ジェイムスにとっては、彼女の最後の数時間を目撃することは父として最後にしてやれることだった。サマンサが苦労して勝ち取った希望と未来、愛らしさは、気まぐれに奪われた。彼のかわいい娘は、最後まで戦った。世界は彼女が必要だったというのに。ジェイムスは娘に最後の別れをどうしても伝えたいと言い、最後に彼女の姿を見たいと譲らなかった。最後の姿は見ないほうがいいとジェイムスに伝えるのは、ベルとゴーデンに委ねられた仕事だった。

第III部

第16章

サマンサの遺体が発見されると、家族と友人は——そして彼らほどではなかったが、アンカレッジの人々は心から悲しんでいた——ようやく喪に服すことができるようになった。地域の悲しみと思いやりを、すべてジェイムスとデュアンを慰めるために集中させ、サムことサマンサの短すぎる生涯を記憶に留めるときがきたのだ。この事件は、地域住民や家族にとって終わりを告げようとしていた。

しかし捜査官にとっては、はじまりにすぎなかった。キーズ自身が、「まだまだ話すことはある」と証言していたからだ。

ペインと捜査チームにとって、キーズの証言は三つの大きな謎に包まれていた。やつは何を話そうとしているのだ？　一体、どれだけのストーリーが存在するのだろう？

そして何より、イスラエル・キーズは何者なのだ？

この事件については、FBIがすべてを掌握するようになった。ミキ・ドール刑事は捜査に残りたいと懇願したが、どちらに転ぶかはわからなかった。ペインはこれ以上ドールに関わって欲しくなかったが、キーズは彼女を気に入っていた。

捜査を中心的に行っている四人は、そのまま残っていた。ペイン捜査官、ベル刑事、ゴーデン捜査官、そしてネルソン捜査官だ。これは、捜査開始当初から考え抜かれて組まれたペインのチームであり、ペイン自身がその正しさは立証されていると感じていた。互いを尊重し合える捜査官と組むということは、稀なことであり、事件を解決に導くために、大きな価値のあることだと知っていたのだ。

ペインは新たな指示を出していた。できるだけ早く、イスラエル・キーズを調べ上げろというものだった。

データは膨大にあった。ペインはキンバリーの家から押収した二台のコンピュータのハードドライブの完全なコピーを所有していた。ネルソンはキーズとキンバリーの財政と旅行記録を探していた。携帯電話の通話記録をしらみつぶしにあたり、キーズがサマンサを誘拐した夜に携帯電話の電源を入れていたかどうか、確認をする必要があった。一方でペインは、捜査チームが知らないところで、キーズが南西部の州でレンタカーを借りた可能性を調べるために、レンタカー会社に片っ端から電話を入れていた。

これは科学捜査班をインターネットの手品師に変えてしまう、やっかいな仕事になるとペインは考えた。コードを入力し、一瞬で座標を得て、通話記録を導き出す。それほど簡単であれば、の話だ。この仕事は、精査とまとめに数週間は必要なはずだ。

それでも進展は確かにあった。テキサスでキーズが逮捕された二日後の三月十五日、FBIが情報受付窓口を設置し、情報を募り、具体的な証拠がいくつか浮かび上がってきていた。

家屋の修復のためにキーズを雇った経験があるという十七人の住民からの通話の内容は、驚くほど好意的だった。キーズの仕事は完璧だった。頼りになる男で、友好的だった。電話をかけてきた中の一人は、家の中に現金と金庫を置いていたにもかかわらず、キーズは一切手をつけなかったと証言した。別の人は、キーズが作業中に自宅を離れ、自由に出入りできる状態だったと証言した。地元に数件の家を所有する、とある弁護士カップルは、キーズに頻繁に仕事を依頼し、監督もつけずにいたという。キーズが不適切な行いをしたのを、一度も見たことも聞いたこともない二人は、逮捕が誤解であって欲しいと証言した。

同じく、何度もキーズを雇っていたというヘザー・アンドリュースは、彼女と夫には、キーズとキンバリーとの共通の友人が何人かいたと証言した。夏に仕事を依頼したときは、現場に毎日娘が来ていたそうだ。娘と一緒にいる彼は「魅力的だった」とヘザーは証言した。キーズのこれまでの人生についてはあまり知らなかったというが、小さな生活共同体のような場所で育ち、「宗教は人間を狂わせる」といった発言をしたことを記憶している。娘の母親には深刻な薬物依存の問題があり、彼が養育権のすべてを持っているのだと教えてくれたという。一人で働き、手助けが必要なようには見えなかった。

「本当に屈強な人だったわ」とアンドリュースは証言した。「こともなげに、肩に梁を担いでしまうの。その強さには気品まであった。人間離れしていた」

しかしアンドリュースは、とある出来事がきっかけで不安を抱いたという。ある日のことだ――はっきりとした日時は覚えていないそうだ――キーズが彼女をじっと見つめていることに気づいた。冷や水を浴びせられたような、本物の恐怖を感じたが、いつものイスラエルはそんな人じゃないし、何かの勘違いだと自分に言い聞かせた。それから少し後になって、サマンサが行方不明になる一週間ほど前のこと、キーズが仕事に現れず、電話に応答しなくなった。心配になった彼女はキーズの家に赴き、数分間ドアをノックし続けた。

とうとうキーズがドアを開けたのは、午前九時頃のことだった。酒のにおいがしていた。だらしない格好をして、うつろな目をしていた。アンドリュースはそんなキーズをそれまで見たことがなく、何か助けが必要なのではと聞いた。

いや、大丈夫だよとキーズは答えた。アラスカの冬は長いから。ちょっと落ち込んじゃってね。

アンドリュースは、そんな彼の言葉を信じた。

同じような経験をした人が、もう一人いた。この女性は二〇一一年の二月にキーズを雇っていた。キーズのことを、とても感じのいい人だったと彼女は証言した。娘を連れて見積もりにやってきた彼を、雇うことにしたという。しかし仕事が終わったときには、安堵したそうだ。そして二度と彼を雇うことはなかった。

信憑性のある証言はまだいくつかあった。ある証言者は、インターネット探偵のようなことをしている人物だったが、キーズが偽名でフェイスブックのページを作っていたことを突き止めた。投稿されていたのは、キーズにそっくりな軍人の写真だった。アラスカのテレビ局のCBSニュースのウェブサイトが報じる、サマンサの失踪に関する報告動画に、イスラエルの名前で五ページにも及ぶコメントが残されていた。別の通報者は、ユタ州の地元ニュースサイトに、二十七口径のグロック社製自動小銃を実際の価値よりもずっと安い三百五十ドルで売り出しているイスラエルという人物がいたと証言した。広告は二〇一二年三月十一日に掲載されていたが、逮捕されるわずか二日前のそのとき、キーズはテキサスに滞在していた――あるいは、滞在していたはずである。どちらの情報に関しても、調べてみる価値はあった。特に、自動小銃についてはそうだった。

次に入ってきた注目に値すべき情報は、匿名の人物からの電話で寄せられた。キーズには、アーミッシュのコミュニティーに属する、メイン州スムーナ在住の妹がいるというのだ。この情報を寄せた人物は、キーズは若かりし頃、その妹と両親と一緒にアイダホのクリスチャン・アイデンティティーを信奉し、白人至上主義を説き勧めるグループに属し、暮らしていたという。ヘイディの教会に関する情報も二件寄せられた。最初に電話をしてきたのはテキサス州ウェルズ在住の人物で、最近、ウェルズはとあるカルト宗教団体に席巻されているという。そしてこの情報提供者は、イスラエル・キーズもその団体のメンバーだったと告げた。

次に電話をかけてきたのは、同じくウェルズ在住の人物で、より詳細な情報を寄せてくれた。

「この宗教団体の指導者がテキサスのウェルズにキャンピングカーに乗って現れ、家を買いはじめたのは三ヶ月前のことだった。団体はウェルズに十五件ほどの物件を所有するまでになっていて、多くは小学校の横か、その近くに建っている。（中略）……団体はコレシアン、つまりカルト教団であるブランチ・デビデアンの指導者、デイビッド・コレシュの信奉者たちだ。彼らは他の教会の礼拝を邪魔して、『全員地獄行きだ！』と大騒ぎだ。家の前で銃を磨き、爆薬について話をしているようなやつらだ。団体の男には、十代やそれよりも若い女性の妻が複数いる。団体の男たちは、住民の家の玄関に勝手に入り込んだりする。（中略）私が見たのは六フィート（約百八十二センチ）ほどの背の高い男が、女性と三人の女の子（年齢は五歳から十一歳）を無理矢理、行進させている姿だ。朝の七時から夕方の七時まで。（中略）近所の住民は怖れているよ。子どもや自分たちの安全が脅かされているから、家の前で子どもたちを遊ばせなくなったし、徒歩で学校に通わせることがなくなった」電話を掛けてきた女性は、警察はまったく役立たずだから、銃を買ったほうがいいだろうかと尋ねてきた。答えは？　買ったとしても大差ないだろう。

警察官は「彼らが殺すのはあなただけじゃないですよ」と答えた。「やつらが殺すのは、大勢です」

ウェルズの教会とは一体なんなのだろう？

最後の情報提供者はアンカレッジ在住者で、白いフォード社製のピックアップトラックをアラスカ州ワシラとアンカレッジで見たこと、ドアに『キーズ建設』とペイントされていたと証言した。そのトラックには、すべて同じ、三枚のサインがついていた。ジェイムスが街中に貼ったものと同じサインだった。

サマンサ・コーニグ誘拐事件の解決に報奨金四万千ドル。

アンカレッジ警察署は、キンバリー家の地下で金属製の書類キャビネットを複数発見していたが、中には渡航記録とレシートと、税金関係の書類が詰め込まれて滅茶苦茶な状態だった。キーズ曰く、パソコンは二台とも使っていたそうだ。ノートパソコンはキーズのもので、デスクトップはキンバリーのものだった。三台目のノートパソコンもあったが、キーズはそれをハンマーで割り、サマンサを誘拐したちょうどその時期に、埋め立て地に持ち込んだ。

そのノートパソコンにキーズのデータが詰め込まれているに違いないと捜査員たちは考えた。キンバリーのパソコンには期待できなかった。しかしキーズはとことん用心深い男だ。何も残っていない可能性だってある。

しかしネルソンがパソコンの中に隠されていたデータを探しはじめたときのことだ。彼女は驚愕した。

一つひとつ、開いていった。顔、顔、顔。何百人もの顔だった。子ども、女性、男性。中年、年配。白人、黒人、複数の人種が入りまじった人々。痩身、肥満体。身なりが整っていて裕福な人。一方で、ドラッグに溺れる人、セックスワーカーに見える人もいた。

こういった写真は、行方不明事件を報じる新聞記事に添付する形で保存されている場合が多かった。「行方不明」と書かれた広告に添付されているものもあった。写真は、フェイスブックやその他ウェブサイトからコピーされたものも含まれていた。

その中には、サマンサ・コーニグの写真もあった。あまりにも数が多く、まるでキーズが彼女をストーキングしていたかのようにネルソンには思えた。

嘘でしょ……。まさか、こんなことが。

ペインは捜査局で最も優秀な犯罪プロファイラーの一人、アーミン・ショウォルターに連絡を取った。シリアルキラーはショウォルターの専門だし、ペインには彼の助けが必要だった。これだけ多くの写真が一台のパソコンに保存されていたのだ。その意味は一体？　ＦＢＩはこれに対してどう対処すべきだろう？

ショウォルターはペインに、なんとコメントしていいかわからないと告げた。今まで、このような誘拐と殺人のケースに遭遇したことがないというのだ。この事件を担当する行動分析課所属の専門家の誰一人として、このようなケースを経験したことがなかったのだ。

彼はペインに、写真をＦＢＩ本部に送るよう提案した。デジタル画像の専門家が、すべての写真の顔認識をしてくれるだろう。

ペインはがっかりした。そんなことをして、何がわかるというのだ。行方不明者の全国的データベースなど存在しないじゃないか。そのうえ、キーズが行方不明者について書かれた記事を読むのがただ好きなのか、それとも犠牲者をカタログ化していたのかは、今のところ判断できないのだ。

ショウォルターは、全力でプロファイルを作成してくれるという。しかし今のところ彼ができるのは、キーズに会話を続けさせるという助言のみだった。

潜水チームの遺体回収作戦が、まさに進行中だった四月二日午前十一時、ペイン捜査官とドール刑事はアンカレッジ矯正施設でキーズと話をしていた。二人は彼に対して、サマンサに何が起きたのかについて、メディアによる報道は最小限になると再び確約していた。

「遺体発見について発表します」とドールは言った。「内容としては、我々がサマンサ・コーニグの遺体の一部を発見したということ。この件に関わったとされる人物はすでに身柄を拘束されているということ。それを発表することになります」

キーズは何も言わなかった。

「私たちにはこれが精一杯」とドールは言った。「情報をまとめた報道関係者が、マタヌスカ湖に潜水チームが向かっている理由について理解するのは時間の問題でしょうね」

ドールは警察関係者が情報を流すことは一切ないと、繰り返した。

キーズは理解した。彼は納得もしていた。次の段階へ進むことへの、公平な取引に思えた。

「さっきも言ったけれど、俺は今からもっと話をしようとは思っている」とキーズは答えた。でも、それは今すぐではない、そのときではない。キーズはすでに弁護士のリッチ・カートナーを解任しようとしていた。彼はその理由を言わなかったが、警察に話をしなければならないことは他にもあるが、それはサマンサにはまったく関係のないことだということは打ち明けていた。

「俺に必要なことはとても具体的なものだ」とキーズは言い、「それが可能かどうかわかるまで、何も話はしない」と主張した。

ドールは彼に、それは賢明だと答えた。「仕方ないわ」と彼女は言った。「私があなただったら同じことをするから」彼女は、この事件に関わっている捜査員全員が、キーズについて報道されないように努力を重ねていると強調した。

これがキーズを揺さぶった。

「そうだな……あんたたちに話すことがあるだけじゃなくて、とある人物についても……話すことがあるんだ」とキーズは口にした。しかしキーズは、ものごとが早く動くかどうかの保証を求めた。

「この事件はここで終わりじゃない」と彼は言った。

「わかったわ」とドールは答えた。

「俺の心の中じゃあ、話そうが、話すまいが、どうでもいいことさ」とキーズはつぶやいた。「別にからかっているわけじゃない。話したからって立場が悪くなるようなことも、文句を言われるようなことも、何かを奪われるようなことも、与えられることもない。ただ、俺にも要求はある」

それでもキーズはその欲しいものが何かを言わなかった。キーズは周囲を緊張させる術を熟知していた。

「言っただろ。俺は喜んでお手伝いするさ」とキーズは言った。「でもそれは、俺の条件を飲んだ場合の話だ」

キーズが、未だに事件報道を最も懸念しているとペインは感じ取った。キーズは釘を刺した。「避けられないのは理解してる」と彼は言った。「事件に関わっていることを誇りに思っているわけでもない。テレビに出ようなんて考えもない」

キーズのこの供述テープを聞いたベルには、「誇りに思ってるわけではない」と言ったキーズの言葉が引っかかった。その言葉は新たな告白だった。十八歳の女性をレイプして殺害したことを、誇りと思う人間など存在するのか？

ペインと捜査チームは、彼らが対峙しているのはシリアルキラーだということをすでに認識していた。そしてキーズはたった今、ドールとペインにこう言ったのだ。「あんたたちの読みは正しい。だが、俺の協力なしで次の遺体を見つけることは不可能だ」

捜査チームが必要なのは、新たな自供だった。
四月五日の朝、ペインとドールはキーズと面会するためにアンカレッジ矯正施設に赴いていた。彼から何か別の話を引き出せないかと考えていた。驚いたことに、キーズは捜査チームに協力を仰いだのだ。キーズには二人の協力が必要だった。弁護人を解任するのに手こずっていたからだ。急ぎの情報があるのだとキーズは口にした。俺に協力してくれないか？　ＦＢＩには、弁護士と依頼者の関係に口を出す権限はないのだが、キーズとともに、別の犯罪の可能性については話をすることができた。なぜなら、カートナーがキーズの代理人を務めていたのはサマンサ・コーニグに関する罪に対してだけだったからだ。キーズに必要なのは、サマンサ以外の事件については弁護士なしで、自分で弁護をすると言えばいいだけだった。

ペインは次の取り調べを、二十四時間以内の四月六日金曜日に設定した。

この決定が事件進展の前兆となった。キーズは別の被害者のことを話さざるを得ない。素晴らしい進展と言える。一週間も経過していないのに、二回の自供を引き出すことができるのだ。

翌朝、ペイン捜査官、ドール刑事、ルッソ検事、そしてフェルディティス検事は連邦検事事務所の会議室のテーブルに座っていた。キーズはテーブルの端に座っていた。

手に負えない荒くれ者のようなフェルディティスが口火を切った。彼は、これまでの捜査で発覚したサマンサ誘拐事件についてのすべてを長々と話した。キーズを追いつめようとしていたのだ。フェルディティスは、君のほうが有利だとキーズに言った。なぜなら情報を持っているのは君だからだ。もし次の遺体が発見されたり、万が一、国内にいる捜査官の誰かが別の遺体を発見したとしたら……。そのときは、私たちには管理ができなくなる。地方の警察官やメディアをコントロールするなんて無理な話だ。なにせ君は移動が好きだから、どうだろうな。そのときは、覚悟するんだな。

キーズはその手には乗らなかった。「何も見つかりっこねえよ」と彼は言った。

「どうかな」とフェルディスは答えた。「脅しじゃないぞ」

フェルディスはキーズに、移動した場所を記録した地図を把握していると告げた。そんな言葉も、キーズには何も意味を持たなかった。地図があるって？　だから？　彼が移動した経路は、捜査チームにも解明することはできていなかった。キーズの移動は特殊だったからだ。

しかしフェルディスは引かなかった。「いいかイスラエル。俺は脅しはしない。君が州をまたいで移動した経路はすべて把握し、記録している。ワシントン、テキサス、ユタ、モンタナ、それから……とにかく、すべてだ。今日、ここにすべての情報を持ってくることができなかっただけだ」

「いいか」キーズは小馬鹿にしたような態度で言った。「あんたらが握っている情報はわかってる。俺のコンピュータを押収しているからな。最終的に線で結ぶことができる点だけあんたらに教えてやるよ。それからな、実を言うと、テキサスであんたたちに捕まっていなかったら、今頃あのコンピュータはゴミ処理場で始末されているところだった。だから……俺の要求が通るか確信できるまで、何もしゃべらねえ」

「要求を言ってみろ」とフェルディスは言った。「何が欲しいんだ」

「執行日時」

部屋が静まりかえった。死刑回避という、キーズのそもそもの要求とは正反対のことだからだ。

少し間をおき、フェルディスは言葉の意味を明確にしようと質問をした。

「君に対する執行という意味か？」

「ああ、そうだ。すべて片付けて、さっさと終わらせたい。残りの生涯を、弁護士に好き勝手されて、どこかの高セキュリティーな刑務所で過ごすなんてまっぴらごめんだ。そんなこと望んじゃいない」

すべての謎が解けた。カートナーは、アメリカ国内と言わないまでも、州内で最も強く死刑制度に反対している弁護士の一人だったのだ。彼が死刑を望むクライアントに加担することは考えられなかった。キーズのように明らかに罪を犯していたとしても。そのうえ、キーズはこの件については熟考を重ねていた。この部屋にいる人たちに、この会話を聞いているかもしれない人たちに、自分が正常な精神状態であることを明確にしたいと希望していたのだ。

「一年以内にすべてを終わらせたい」とキーズは言った。

「今日からスタートさせて、終わらせるまでという意味だ。とにかく罪を認めてやる。あんたたちが欲しい情報や詳細のすべてを与える。俺が求めているのは執行の日程だ」

彼の要求にはシンプルな理由があった。「子どもに成長する機会を与えてやりたい」とキーズは言った。「あの子は今、安全な場所にいる。俺のゴタゴタについて知ることはない。あの子には成長する機会を持って欲しいし、この事件がつきまとわない人生を送って欲しい。もし俺が何年も刑務所で過ごすことになったら……この先、十年も二十年も。俺にはすべてわかっている。あんたたちは探し続け、現場に戻り続ける。俺は自分に関する報道を見聞きしたくない。実を言うと、もうすでに弁護士とは話をつけた。内容は……」

「それは言わないでくれ」とフェルディスは遮った。この事件の訴追側の人間が、キーズと彼の弁護士の間で交わされた、憲法上守られている会話について情報を得ることは違法だった。フェルディスはそのとき、部屋を出て行くべきだった。しかし彼は留まった。彼は決して部屋を出ようとはしなかった。キーズは続けた。

「もし俺が裁判を求めて有罪になったとして、死刑を求めない陪審員などアメリカには一人もいないだろう。俺はそんなことはすでにわかってるんだ」

「それはなんとかすることができる」とフェルディスは言った。「突破口を与えてくれ」、フェルディスは別の遺体を意味して言った。

「突破口はすでに開いているじゃないか」

フェルディスはサマンサだけでは十分ではないと答えた。「遺体の場所を教えてくれ。そこがスタートだ」

「手持ちのカードが少ないことは言ったつもりだ」

「イスラエル、全部必要だというわけじゃない。どちらにせよ見せることになるカードを提示してくれ。何年も引き延ばすのはやめろ」

「引き延ばすわけねえだろ」とキーズは言った。まるで反抗期の少年のようだった。

ペインはうんざりしていた。フェルディスは理解していないが、ペインにはわかっていた。突破口はすでに開いていた。キーズは自分の求めるものと引き換えに、捜査チームに与えてもいい何かを持っていたのだ。このような状況での駆け引きは、はったりではない。

ペインは「不満が爆発するぞ、イスラエル」と言った。彼の声は低く、しゃがれていた。「ボスは不安定になる生きものだ。ＦＢＩの戦略を持ち出してくるだろうな。確実なものが一つある。すべての証拠を現場に提示して、捜査員たちが地域住民に聞き込みをする。それからメディアに写真を流す。それは独り歩きをはじめることになる。そうなってしまえば、我々が管理することは難しい。住民やボスたちに提示するカードがあれば、『情報を伏せておきたい。だからもう少し静かにやってくれ。そうすれば、やつが協力するだろうから』とも言えるし、もしかしたらその動きを止めることだってできるかもしれない」

キーズはペインを見て、そしてため息をついた。何も言わなかった。

頼むから、誰もこの沈黙の邪魔をしないでくれとペインは考えた。頼む。

一分以上が経過した。

「わかったよ」とキーズはつぶやいた。「それじゃあんたに……二人教えるよ。二人の遺体と名前だ」

第17章

まったく同じ会議室内で数分後に地図が開かれた。Google Earthのもので、バーモント州バーリントンの地図だった。サマンサのときと同様、キーズはこの件についても結末から話をしたいと希望した。

クアンティコでは、犯罪分析官のトップたちが常にキーズの話を聞いていた。キーズが重要な発言をしたり、尋問者が間違いを犯しそうになっているときや、間違った発言をしたときは、メールが送られ、会議室に低いブザー音が流れてくる。

ピーッ、ピーッ、ピーッ。

別室でその様子を観察し、話を聞いていたゴーデンとネルソンは「バーモント州、行方不明になったカップル」と打ちこみ、Googleで検索した。そしてビルとロレイン・カリアー夫妻の写真を発見した。写真は屋外の、木の下で撮影されたものだった。ピクニックか、家族で出かけた際に撮影されたもののように見えた。ロレインがつけたコサージュとビルのブートニア以外は普段着を身につけているようだった。二人は微笑んでいて、ビルは腕をロレインの体に絡めていた。

ゴーデンとネルソンは写真をフェルディスに送った。

「殺害したというのは、この二人か?」とフェルディスは聞いた。

「ああ」とキーズは答えた。

「それ以前に面識は?」

「全然」

「遭遇したことも?」

「なしだね」

カリアー夫妻は二人とも五十代に見え、そろそろリタイアを考えている中産階級のカップルといった感じだった。二人とも恰幅がよかったが、特にビルは大柄だった。この二人のどちらかの動きを止めるのは容易なことではない。二人の場合はなおさらだ。

二〇一一年七月二日、キーズはアンカレッジからシアトルを経由してシカゴに到着し、そこで車を借りて東へと向かった。メインに住む兄弟をたずねる予定だったと彼は証言したが、途中、インディアナ州に立ち寄り数日過ごし、次にニューヨーク州北部に所有する農場内の家に行き、その先の最終目的地に辿りつく前にバーリントンにも立ち寄った。
別の州に二日も? ジェフ・ベル刑事はメモした。行方不明者、インディアナ州、二〇一一年七月。

ネルソン捜査官もメモを取っていた。農場内の家の住所が必要だ。

その五日後の七月七日、キーズはバーモント州エセックスにあるハンディー・スイーツというホテルに宿泊した。キーズはそれまで一度もエセックスには行ったことがなかったと証言した。その日の午後、家電量販店のロウズに立ち寄り、その後、車で少し走った。その日彼は、三日間有効の入漁許可証をポケットに入れ、釣りに出かけ、そして国立公園に行った。日が暮れると町を散歩した。美しい春の夜だった。

この話をしはじめたキーズは、見るからに興奮して、膝を上下にせわしなく動かして足かせを鳴らし、座っているアームチェアにこすりつけた。木材の表面が削れてしまうほどに。次の話に繋がっていく際の、キーズの特徴的な性的興奮のサインだ。マスターベーションの変わりとなる行為である。捜査官たちが、キーズのこれから続く供述の信憑性について推し量る指針となるだろう。これから続く、複数の供述だ。

その日の夜、エセックスでの滞在最終日、キーズは日が暮れるまで待ち、ホテルを徒歩で去った。キーズはアンカレッジでこのシナリオを思いついていたが、他の計画と同じく、行き当たりばったりの行為も彼には必要だった。より難易度の高い挑戦を自分自身に突きつけることで、新しい経験が強い興奮を帯びた。

キーズはバックパックの中に道具を入れていた。家から持ってきたものもあれば、ロウズで買ったカセットコンロも入っていた。その日の午後早くに、二年前にバーモントのファームハウスに置いておいた他の道具も持ち出してきていたのだ。

ファームハウスだって？　フェルディス検事はその意味を知りたかった。

数年前に、ホーム・デポで五ガロンのバケツを購入して、その中に結束バンド、弾薬、銃とサイレンサー、ダクトテープ、それから人体を溶かすためのパイプ洗浄剤——こんなものばかり——を詰め込んで、ファームハウスに埋めていた。キーズは国内のより多くの場所に同じようなバケツを埋めていた。たぶん後からその詳細については話すという。

エセックスはその頃、夜の八時か九時で雨が降っていて暗かった。多くの人が職場から家に戻っている時間だ。キーズは携帯電話の電源を切り、バッテリーを外し、周囲をうろついた。

事件の詳細を語るときになると、キーズは別のトランス状態となり、二オクターブほど低い震えた声でブツブツと話すのだった。

キーズ：ホテル前の道路を渡って、目をつけていたアパートまで向かった。戻ってくる人間を探していたんだ。たった一人で。実は、このときは男を捜していたんだ。土砂降りの、激しい雷雨だった。そこに男が戻ってきた。新車の黄色いビートルに乗ってたよ。そこで植え込みから姿を現した俺は、やつの車の後ろに近づいた……駐車されている車の列の横を、男の車まで歩いていった。するとやつが車から飛び出すようにして出てきたんだ。手に持った新聞を頭の上に乗せるようにして濡れないようにしながら、アパートの中に駆け込んでいった。その夜は……やつはギリギリのところで逃げ切ったんだ。車から出てアパートまで戻るのが、あと五秒遅かったら、その夜の犠牲者はやつだったろうな。

キーズは残念に感じたが、思いとどまった。

キーズ：ということで、うまくいかなかったとはいえ、別に心配はしなかった。そのまま歩き回って、ホテルに戻ったと思う。深夜まで待つためにね。雨が降ったりやんだりしていたものだから、その日の夜は外に誰もいなくてね。だから家を探そうと思ったんだ。カップルが住んでいる家を。

深夜少し過ぎ、誘拐を思いとどまってから三時間ほど経過した頃、キーズは再び宿泊先のハンディー・スイーツを徒歩で後にした。五分後、コルバート通り八番地のある家を凝視するキーズがいた。

その家はシンプルなランチハウスで、ガレージがついていた。窓から内部を覗き込んだキーズは、裏庭に行き、歩き回った。そして、その家に住んでいるのが年配のカップルだと嗅ぎつけた。彼にとっては好都合だ。なぜならキーズには別のアイデアがあり、そのアイデアには女が必要だったからだ。裏庭には屋外プールとバーベキューコンロが設置されていて、プールにはおもちゃや浮き輪がなく、子どもやペットがいないことを示していた。

キーズはそこで供述を一旦止めた。掟の一つだったからだとキーズは捜査陣に説明したのだ。彼の掟それは、子どもは殺すな。犬も殺すな。犬はただ面倒だからという理由だったが、子どもは別だった。

「子どもは決して手にかけない」とキーズは言った。

ペイン、ベル、ゴーデン、そしてネルソンは、その言葉に感情を掻き立てられたものの、動揺することはなかった。

キーズは家の周りをうろつくと、電話線を見つけ、切断した。警備システムは取り付けられていなかった。建設業という仕事柄、家の間取りは簡単にわかるそうだ。窓に取り付けるタイプのエアコンユニットは、一台しかなく、キーズはその部屋が主寝室だろうと予想した。

その部屋は道路に面していた。

闇に包まれた裏庭の、茂みの中でキーズは待っていた。隣人と犬が家から出たり入ったりを繰り返し、そのたびにたばこを吸った。その家にはセンサーライトが取り付けてあった。近寄ってはいけない。

隣人が寝るのを待つのは、永遠のように長く感じられたとキーズは証言した。実際のところ、キーズは発見されるリスクを冒しながら、そこで一時間も葉巻を吸って待っていた。クリスマスツリーのちかちかと光るライトのように、煙を吸い込んでは吐き出し、葉巻の先の色を、赤く、そして黒く光らせていた。

キーズは自分が目撃されていないことを確信していた。革のバッティンググローブをはめてバックパックを背負っていた。頭の上からつま先まで、真っ黒な姿だ。頭にはスイッチをオフにしたままのヘッドランプを装着していた。

早朝二時。たばこを何本も吸い続けていた隣人が、ようやく家の中に戻っていった。念には念をいれるため、キーズはもう少しだけ待った。夜明けまでは三時間ほどだった。

キーズは顔の下側の三分の二を覆うマスクをつけ、裏庭のデッキからプラスチック製の椅子を手にすると、それを家の横に運んでいった。それに登り、ガレージの窓に取り付けられた換気扇を取り外し、そこから内部に侵入し、換気扇を置いた。ガレージの中には緑色のサターンが駐車してあった。キーズは裏庭に続くガレージ正面のドアの鍵を開けた。そこからであれば、音を立てずに出入りできるのだ。キーズはガレージの壁にかかっていたバールを手に取った。ここには男が住んでいる。

キーズは何をやっていたのだろう？　家に盗みに入ろうとしていたのだろうか？

そうではないとキーズは言った。「俺が侵入した主な目的は、例の二人だ」

キーズはサターンのドアを開けて、中に入り込んだ。グローブボックスを開け、車がロレイン・カリアーの所有だと突き止めた。男と女がこの家に住んでいるという彼の直感は正しかった。

キーズはナイフを使ってキッチンへと繋がる雨戸の鍵を外した。「雨戸に取り付けるにしては、粗末な鍵だった」と彼は言った。

しかしキーズは、内戸にまで鍵が掛けられていることに驚くことになる。ドアが二枚ある場合、鍵を掛けるのは一枚だけの場合が多いからだと彼は説明した。内戸には本締めボルトがかけられていて、キーズはそれをバールで破壊することができたのだが、その場合は大きな音が鳴ってしまうし、時間がかかりすぎる。手っ取り早く中に入るには、二枚のドアのうち、どちらかのウィンドウパネルを破って、そこから手を入れて内部の鍵を開けることだ。

だから、キーズはそうした。

キーズはヘッドランプをつけて、キッチン内部にいることを確認した。そこからまっすぐ廊下を進むと、ベッドルームだ。

ヘッドライトの光はキーズの視界を狭いものにしていた。毛布がかけられた鳥かごの横を通り過ぎた。

ベッドルームに押し入り、カリアー夫妻を起こし、結束バンドを使って拘束するまで、すべてがあっという間の出来事だった。突撃だ、とキーズは言った。

ビルもロレインも、最初は何が起きたのか理解できていなかったとキーズは言った。完全に目を覚まして、これが悪夢ではないと気づくまで数秒かかったという。大きなマスクをして銃を持った、見ず知らずの男が、まさに彼らのベッドルームに立っていたのだ。

キーズは次の反応を熟知していた。有利な立場に立てる術を知っていたのだ。

彼はロレインに向き合うと、家の中に銃があるかどうか問いただした。ロレインは、弾を込めた三十八口径のスミス&ウェッソンがナイトテーブルの中に入っていると答えた。

キーズは自分の銃をしっかりとロレインに向けた。ロレインはナイトテーブルの引き出しを開けて、自分の三十八口径の銃を取り出した。

ロレインはTシャツとショーツ姿で寝ていたので、キーズが彼女の衣装棚からランジェリーを出してきた。

キーズは彼女に着替えさせたのだろうか？

「そこはまだ言う気になれない」とキーズは言った。

キーズは、カリアー夫妻を襲った動機は純粋に性的なものだったとすでに答えている。これは、FBI行動分析課の分析官たちにとっては自明の理であるものごとを、完全に否定する証言だった。カリアー夫妻のようなカップルをランダムに選ぶなんて聞いたこともない。性的な目的でカップルを襲う？　極めて稀なことだ。

キーズはベルとロレインに対して、ベッドにうつ伏せになるよう命じて手首を結束バンドで縛りあげながら、矢継ぎ早に質問を浴びせかけた。金庫はあるか？　他に銃は？　処方薬は？　貴金属はどこだ？　キャッシュカードは？　キーズは暗証番号を聞き出し、カードの表面にそれを刻みつけ、スーツケースを二個引っ張り出して衣類と宝石類を詰め込んだ。鎮痛薬のバイコジンとパーコセットの瓶を見つけたキーズは、それも奪って詰め込んだ。

ロレインが抵抗を試みたとき、キーズはベッドの上にあったすべてのものを剥ぎ取った。彼女は激しく動きまわり、床に転げ落ちようとした。あっという間にキーズは彼女の首に手を回すと、彼女の顔を渾身の力で枕に押しつけた。サマンサにしたのと同じ方法で、キーズは彼女を脅したのだ。今度やったら許さない。

自分の本気を信じない人間がいることに、本当に腹が立ったとキーズは言った。

ロレインはじっと動かなくなり、キーズは二人の引き出しを再び荒らし回り、そして予備室の中をかき回し、そこで軍の勲章である、通称エレクトリック・ストロベリーを見つけ出した。なんて偶然だろう。ビル・カリアーはキーズと同じ、第二十五歩兵師団に所属していたのだ。キーズはそれをビルに伝えた。キーズはその事実がその夜の結果にどんな影響を及ぼすのか、ビルに考える時間を与えたのだ。

十五分後、キーズは全員で家を出ると二人に伝えた。キッチンの床に散らばっているガラスの破片のことを考えて、ビルとロレインにスリッパを履かせた。血痕は残さない。DNAは残らない。

キーズは自慢するために供述を少し止めた。彼は決して一度も、物的証拠を残したことがない。それは彼の誇りだった。「あんたらがDNAだとか指紋をどこかで見つけるんじゃないかと、本気で心配していたんだ」とキーズは言った。サマンサの事件のときは、革製のバッティンググローブをはめていたそうだ。

キーズはカリアー夫妻とガレージから出て、両手を結束バンドで縛られたままのロレインを助手席に乗せ、シートベルトを締めた。キーズはビルを同じように後部座席に座らせ、拘束すると、ガレージの換気扇を窓に設置し直し、バールを元の位置に戻した。

キーズは運転席に座った。車内のドーム型ライトのスイッチを入れると、二人が自分を観察しているのがわかった。もちろんキーズはマスクを着用していたが、目元や長くて茶色い髪をポニーテイルに結んでいる様子が二人に見えていることを、キーズは知っていた。

キーズはサターンを運転し、ゆっくりとガレージから出た。二人は懇願した。ビルは薬が必要なのだと。金だって持っていない。キーズの顔さえ見ていない。もし解放してくれたら、車を持っていっていいし、わずかでいいのだったら現金だって持っていっていい、なんでも持っていっていい。神に誓って、誰にもこのことは言わないから。

心配するなよとキーズは二人に言った。これは身代金目的の誘拐なのだから。あんたら二人をコンテナハウスに連れて行くだけさ。別のやつらがそれは持ってくる。あんたたちは無事だ。

キーズのバックパックには、フライパン、ウォーターボトル数本、五十フィートの長さのナイロンロープ、ダクトテープ、ゴム手袋、そしてカセットコンロが入っていた。

キーズがサターンを国道十五号線近くのファームハウスに停めたのは、道路と空の間に地平線が見えないほど、静寂と闇に包まれた午前四時頃だった。この日の早くに彼が車を走らせていた理由は、このときのためのファームハウスの下見だったのだ。

キーズが目星をつけていたファームハウスは空き家で、茶色くなった窓ガラスには「売家」と看板が貼り付けられていた。

「空き家があれば必ず立ち寄ってみる」とキーズは言った。「特に売家のサインがあるときは」

このファームハウスはよくあるタイプのものだった。ところどころ崩れた二階建ての古い建物で、主要道路から少し離れた丘の上に建ち、大木の影に一部姿を隠していた。明るい時間でも異様な雰囲気が漂う、網戸が張り巡らされたぼろぼろのポーチを抜けて、内部を値踏みするためにキーズはためらうことなく中に入った。この場所には、長い間誰も住んではいないことは明らかだった。

キーズの直感は当たっていた。リビングルームには背もたれの角度が調整できるカウチが一台と、五十年もののコンソール型テレビがあるだけだった。リビング以外の部屋の中には、ほとんど家具が置かれていなかった。ドアの多くはヒンジから外され、壁に立てかけられていた。給湯器は複数の部屋に置き去りにされたままだった。地下室にはシャベルとゴミ以外何もなかった。二階の寝室には、ベッドフレームに剝き出しのマットレスが二つ置いてあった。屋根に開いた大きな穴は、二階の床から一階のリビングルームにまで繫がっていた。それはまるで上から砲丸が落ちてきたかのように見えた。

この家は完璧だ。

ほとばしるようなアドレナリンが、血管を流れた。色を失った表情、恐怖で開いた瞳孔……二人を連れて家に入ったときのキーズも、彼らの動物的な反応に同調するようだった。キーズは二人のその反応を、可能な限り長引かせたいと思っていた。

拘束した被害者を乗せた車を人里離れた僻地の暗闇まで運転し、二人が決して逃げ出すことができない場所に辿りついたそのとき、唯一の明かりであったヘッドライトを静かに消す……それがキーズの、今夜の状況設定だった。まっすぐ百ヤードほど進んだ道路には警察車両が停められている。二人がその車を見て、希望を抱くさまをキーズは想像した。

キーズはライトを消して、エンジンを切り、助手席に拘束したロレインを残した。ビルを地下室入り口のドアまで階段を降りて連れて行き、あっという間に椅子に縛り付けた。キーズは無表情で階段を上がり、外に出た。

ロレインは車から出て、立っていた。

ロレインはキーズを見た。彼女はまっすぐ、十五号線に向かって必死に走ったが、キーズのほうが速かった。彼は彼女を押し倒すと、家の中に引きずり込み、屋根と床に大きな穴の開いた二階のベッドルームに連れ込んだ。信じられなかった。もう少しで逃げられるところだったのだ。この事実がキーズをより一層苛立たせた。

彼はロレインの手足をダクトテープでベッドに縛り付け、首とマットレスをロープでぐるぐる巻きにすると、ほどけないようにしっかりと結んだ。彼女はその間、ずっと抵抗していた。家の中にひびき渡るほど大きな声が地下室から聞こえていた。

妻はどこだ？　妻はどこなんだ？

キーズは結び目を確認した。大丈夫だ。キーズはナイフ――テキサスで所持していると申告したナイフだ――四十口径の拳銃、そして水筒を手にした。そして地下室へと急いだ。

なぜ水筒を持っていたかって？

それについてはちょっと言いたくねえなあとキーズは答えた。

ビルは椅子を壊して、拘束された体を自由にしようとしていた。ビルが激しく体を動かしている様子が、唯一の明かりであるキーズのヘッドライトに照らされて、まるでストロボライトの点滅が映し出すコマ送りの映像のように見えた。

なぜこんなことを？　ビルがキーズに聞いた。こんなことしなくたっていいんだ。ここからいなくなってくれればそれでいい。絶対に口外なんてしない。まだ手遅れじゃない。頼むよ、ここから消えてくれないか？

キーズはふつふつと沸き上がる怒りを感じていた。ビルが邪魔しているのはキーズの計画だけではない。ビルは激しく抵抗したのだ。実際に、キーズとビルはもみ合いになっていた。

絶望的なまでの恐怖はどこに消えたのか？　コントロールを失いそうになったキーズは、そのことにどう反応したのだろうか？

「もみ合いになっちまったときは……腹が立ったよな」とキーズは答えた。「やりたいことをきちんと決めていたんだから。しっかりと考えていたんだし、計画も練っていたし、道具も完璧に揃えていた」

ビルのことはどうしようと？

「それは言わないでおく」

捜査陣はすべてを知る必要はなかった。わかっていたからだ。キーズはビルをもレイプする計画だった。

「計画をぶち壊すやつが出たってことで……俺にとってもそれは驚きだった」とキーズは言った。

「制圧できなくなっちまったんだから」

キーズは地下室で見つけたシャベルでビルを殴りつけたが、ビルは倒れなかった。彼を床に倒すには、少なくとももう一回殴打する必要があった。

キーズは上階まで走った。寝室の床の穴から、設置しておいたカセットコンロが落下してきたのだ。キーズはパニックになった。家は木造だった。火が燃え上がるのはあっという間だ。キーズはリビングまで走るとカセットコンロを拾い上げ、そして上階に戻り、何をすべきか考えた。

四十口径のリボルバーでビルを撃つことはできなかったと彼は言った。音が大きすぎるからだ。しかし十口径と二十二口径を上階に置いてあり、それには十連発の弾倉が装着され、サイレンサーがついていた。キーズはそれを手にすると、大急ぎで地下室に戻った。驚くべきことに、ビルは立ち上がって叫んでいた。

キーズはほとんど反射的に撃ち続けたそうだ。ビルの両腕、頭、首、胸に弾を命中させた。それでもビル・カリアーは立っていた。キーズはそんな光景を初めて見たそうだ。

そしてビルは最後の呼吸をすると、床に倒れこんだ。両目を閉じていた。

呆然としながら、キーズはその場にへたり込んだ。銃からサイレンサーを取り外した。外に出て、葉巻を吸い、自分を落ちつかせた。計画は横道に逸れはじめていた。

DNAを残さないことにこだわるキーズは、葉巻の吸い殻についてはどのようにしていたのだろう。この場所、そしてカリアー家の裏庭では？

問題なかったさとキーズは言った。足でしっかりと踏みつければ、地面に落ちている枯れ葉と見分けがつかなくなる。キーズはその夜、ロレインにも葉巻を吸わせてやったのだと言った。キーズが彼女にした行為の合間に。

その行為とは？

キーズは葉巻を吸い終わると、家の中に戻って二階へ急いだ。雨が再び降りはじめ、キーズは天井に開いた穴から雨が滴り落ちていたことを思い出した。キーズは衝立をいくつか運んで、道路側にある寝室の窓を塞いだ。

そしてカセットコンロを使って水を沸かした。

湯を何に使ったのだ？

キーズはクスクスと笑った。「それはまた今度のお楽しみだ」

キーズがナイフで衣服を切り裂いている間も、ロレインは抵抗していた。キーズはロレインの口にペーパータオルを詰め込み、ダクトテープで塞ぐと、彼女を二度レイプしたと証言した。二度ともコンドームを使用したという。二度目のレイプ中に、ロレインの首を彼女が気絶するまで締め上げたとキーズは証言した。

殺す気持ちが固まっていたのだとキーズは言った。しかし捜査官たちは、キーズがこの場を制圧しようと試みていることを見抜いていた。

彼の描いたこのシナリオでは、キーズは神なのだ。

どれぐらいの時間が経過していたのかキーズは語らなかったが、ロレインが意識を取り戻すと、キーズは彼女の体を自由にし、地下室へと連れて行き、ベンチに座らせ最後のシーンを見せつけた。銃殺された夫が、血の海に倒れている現場だ。

大量の血液だったとキーズは語った。彼らしくないミスだった。

キーズはバッティング用の革手袋をはめた。そしてロレイン・カリアーの後ろに立ち、ロープで首を絞めた。彼女の体から命が解き放たれたと感じた後も、念を押さなければ気が済まなかった。自分よりも年配で体の弱いはずのカリアー夫妻は、キーズの想像よりもタフな相手だったからだ。

キーズはロレインの首に結束バンドを巻き付け、締め上げた。反応はなかった。

時間がなかった。キーズはロレインの死体を引きずってビルの死体に重ね、拘束に使ったロープなどを切断した。パイプ洗浄剤を二人の両手と顔に注ぎ、五十五ガロン（約二〇八リットル）の容量のあるごみ袋に一人ずつ入れ、二人の所持品をまとめて地下室の南東の角に置き、その上にゴミと木材を積み上げた。あまりにも急いでいたために、薬莢《やっきょう》を地下室の床に残したまま、キーズはその場を離れた。

夜が明けると、住人たちが十五号線に車を走らせ通勤をはじめた。キーズは遺体を隠したまま家全体を燃やしてしまうつもりでいたが、時すでに遅し。たいした問題ではない——この家の持ち主が、解体するか、燃やしてしまうかするだろう。地下室から発せられる悪臭は相当なものになるだろうから、人を寄せ付けることはないだろう。それに……悪臭については、野性動物が家の中に入り込んで、そこで死んだとでも考えるはずだ。大丈夫だ……キーズは二人の遺体が見つかることはないと気にもしなかった。

キーズは自分の荷物のほとんどを手にすると、カリアー夫妻の車を運転して近隣の駐車場に移動した。前日、そこにレンタカーを駐車しておいたのだ。防犯カメラから最も離れた場所に緑色のサターンを駐車し、フードをかぶって下を向きながら自分の乗ってきた車まで歩いて戻った。キーズは車に乗り込むと、メイン州まで北上した。

最初から最後まで、六時間の犯行だった。

捜査官たちは呆然としていた。なぜこんなことを？　キーズは、そんな捜査官たちの反応を理解できなかった。

「自分がそこまで異常だとは思ってないよ」と彼は言った。キーズのパソコンの中に保存されていたポルノは、ボンデージ、SM、ゲイ、そしてトランスジェンダーものが多かった。そんなジャンルに興味を持つのが、俺だけのわけないだろ？

「ネクストレベルに持っていくだけさ」とキーズは答えた。「性的妄想、金、興奮……やりはじめちまったら、他では満足できない」

ペインは以前視聴したことがある、待ち伏せする捕食動物についてのドキュメンタリーを思い出していた。光の速さで殺戮し、目にもとまらぬ早さで逃げる生きもののことだ。

それがこの男の正体だとペインは気づいた。正真正銘の待ち伏せする捕食者だ。

キーズから語られた身の毛もよだつような事件の詳細は、捜査官たちに別の洞察をも与えていた。キーズのロレインとサマンサに対する行為に類似する点があるのだ。二人とも首にロープを巻かれていた。二人とも、清掃用の紙製品を口に詰められ、体を縛られ、口を塞がれるところまで、ほとんど同じだった。キーズはロレインにもサマンサにも、一緒に葉巻を吸う機会を与えた。二人に対してナイフを使い、二人とも、二度にわたってレイプした。まったく同じ方法で。

この共通点は、キーズの行動からも明るみに出ていた。比較的些細なことではあるものの、カリアー夫妻のキャッシュカードについても類似点があった。二人はキーズに百ドルほどしか預金額はないと言い、キーズは二人を信じた。リスクを冒す価値はないとキーズは考え、自分がキャッシュカードの追跡を理解していたことを認めた。

サマンサのケースと同じように、キーズは殺害と遺棄の数時間以内に犯行現場から数百マイルも離れた場所に移動し、短い時間内に複数の州を飛び回った。実際のキーズの移動の軌跡は、捜査陣が考えたより、ずっと複雑だった。キーズは常に計画をしていたのだ。

サマンサ殺害後、キーズはアンカレッジからシアトルに向かい、そこからシカゴに行き、そして車でインディアナに向かって家族に会い、そこからニューヨークとバーモント州に行ったのだと証言した。しかし、カリアー夫妻殺害後、彼はニューハンプシャー州まで行き、キャンプ地に立ち寄って、森の奥深くで二人の所持品のほとんどを燃やし尽くした。そしてメイン州まで車を走らせ兄弟に会い、そこからの帰り道にバーモントを通り抜けた。カリアー夫妻の自宅のすぐ近くを走って。困惑し、途方に暮れた捜査官たちの姿を見て、キーズは満足したそうだ。それから、キーズにはカリアー夫妻の車を運転していた茶髪の白人男性を見たという目撃者が現れることもわかっていた。警察の似顔絵を見たが、恐れることはなかった。自分にまったく似ていなかったからだ。

ペインがこの重大な罪をすべて理解することができていない状態で、キーズはもう少しだけ情報を与えようとした。もし聞きたいのであれば、もう一つ、話があるのだと。

彼の母親が話した、あの奇妙な出来事のことだ。キーズがテキサスで姿をくらました、あの日のこと。

第18章

町だなと、キーズは考えた。アルトと呼ばれていた。A、L、T、O。再び、地図を広げた。

カリアー夫妻に関する自白から五日後、キーズは連邦検事事務所に戻っていた。テキサスについて話すのには理由があった。自分がそこにいた時期について、FBIがすでに何かしらの情報を握っていることを知っていたし、自分自身でも行動が杜撰になりつつあったことは理解していた。テキサスでは、携帯電話の電源を常に切ってはいなかった。そしてクレジットカードとキャッシュカードを使っていた。銀行強盗が行われたときに破裂するインクパックが破裂したので、キーズのレンタカーの中の札束には色がついており、それが逮捕の決め手となっていた。キーズが滞在中に、テキサス州アズレにあるナショナル銀行が強盗に襲われたことをFBIが把握していると、キーズ自身が理解していた。防犯カメラで撮影された銀行強盗の画像を集めて掲載しているバンディットィット・トラッカーというウェブサイトを閲覧したベルは、キーズに似た覆面姿の男が銀行を襲っている画像を見つけ出していた。そしてなんと、キーズのノートパソコンから、バンディット・トラッカーへのリンクが見つかったのだ。

前週の会話の中で、自白を決めた動機についてキーズは繰り返し語った。「これは肝心なことなんだが……」と、彼は話す。「ここにいる全員が求めているものは、一つだ。俺が持っているすべての情報ってことだ。そして俺は、あんたらが求めている情報をある程度は渡したいと思っている。あんたらは俺を罰したいと思っているだろうし、俺も罰せられたいと思っている。だってそれが全員にとっては楽なことだし、そうなればいいなと思ってるよ。でも俺は辛抱ができない人間でね。同じ場所には五年か六年ぐらいしか住むことができない。すぐに飽きちまう。だから、俺にとって、こんな状況が解決するまで、何年も何年も刑務所にいるなんてことが魅力的じゃないってのは、明らかなことだと思う」

今のところ、ペイン捜査官とベル刑事の提案は功を奏していた。FBIが他の証拠を見つける前に、自分の物語をコントロールし、捜査チームとの間に友好関係を築くことは賢い選択だとキーズも確信していたのだ。キーズは、死刑執行日を知りたがった。

「テキサスでの銀行強盗については、詳しく知っているはずだ」とキーズは言った。「もっと知りたいっていうんだったら、テキサスでの放火の話をしてやってもいい。家を燃やした。話す代わりに葉巻をくれよ」

キーズは笑った。ベルはすでに、箱入りのワイルド・マイルドを、準備万端、手に入れていた。

キーズがアラスカで趣味にしていたのは、自分のコンピュータを使って、アラスカ以外の州で、州内に入るルートと出るルートがそれぞれ三カ所から四カ所ある、人里離れた場所を探すことだった。めったに犯罪が起きない田舎町で、警察が経験不足な土地だ。

次に、キーズはその場所に銀行が何店舗あるのか、防犯カメラが何台設置されている可能性があるのか調査する。キーズが好んだのはインフラも整っておらず、武装犯による銀行強盗への対応が難しい、小さな銀行だった。キーズは車を停める最良の場所、地元の警察署から銀行への距離、警報が鳴ってから警察がどの道順で急行してくるのかなどを評価しつつ、一方で逃走に必要な時間を計った。

アラスカでの犯行後、キーズはとことんハイになっていた。頭の中は強盗のことでいっぱいだった。サマンサを自宅の裏庭で殺害したことは、それまでキーズが冒したリスクの中で最も大きなもので、そしてなんとかやり遂げたのだ。アンカレッジ・デイリーニュースのウェブサイトで、自分のファーストネームを使って、警察が絶対にサマンサ・コーニグを発見できないという持論を書き込んだときには、誇らしげな気分だったと認めた。

誰も彼を怪しいと思っていなかったし、注目してもいなかった。自分でも信じられないほど、この逆説的な匿名性を楽しんだ。ニュース番組に映る捜査の様子を見るのが大好きだったし、警察が疑っている事柄と、実際に起きた事柄の違いを知るのは自分だけだった。俺は全能の神だ。今すぐに、次にとりかからねばという気持ちが抑えられなくなった。

家族旅行がその気持ちを和らげてくれればいいと願っていたが、そうはならなかった。

「誰か手に掛けたのか?」ベルは尋ねた。

「いいや」とキーズは答えた。

ベルは懐疑的だった。銀行強盗のためだけに、二日も行方をくらますだろうか? そうは思えない。しかしその疑念をベルは、自分の中に留めた。

そうか、わかったと彼は言った。それで、何をしたんだ?

車を乗り回していたとキーズは答えた。

「他は何を?」とベルはもう一度聞いた。「燃やす家を探したのか?」

「そうだ」とキーズは答えた。「誰かを捕まえようとも思った」

ベルの直感は再び当たっていた。

「空き家を探していたんだ」とキーズは言い、「それから僻地にあるATMだ。ATMにいる人間をさらって家に連れて行こうと思っていた。でも、テキサスには警察が多いから、それについてはちょっと怖じ気づいてしまった。そんな感じさ」

ベルはキーズが嘘をついているのではと疑った。ATMから連れ去ったわけではないが、誰かを連れ去ったことは事実だろう。キーズはそれを頑なに否定した。

「あのときは、いつも使っている銃を持っていなかった。ニューヨークに二丁置いてあるんだ」

殺人のための道具がまだあるらしい。

「サイレンサーつきのものか?」とベルが尋ねた。

「サイレンサーはつけてなかったが、ルガー二十二口径セミオートマチックライフルだ」とキーズが答えた。

「真っ昼間から、そこまでクレイジーなことをするときは……ちなみにクレイジーなことは、俺にとってはノーマルなことだけど……このライフルを使う。基本的には先端を切り詰めた二十二口径のライフルで、俺はコートの下に隠して持ち歩く。万が一捕まったとしても、そこが田舎で、こいつを持っていたとしたら安全ってわけだ。命中精度が高い銃だから。それに、手に入れやすいものだし、普段はスコープとか照準器をつけているし……生きて捕まるなんて想定はしてなかったからな。まあ、そういうことだ」と彼は笑った。

しかしベルはなかなか疑念を晴らすことができなかった。

「しかし、テキサスへ向かったときにお前の頭にあったのは、家を探して誰かを連れ去り、ATMを使うことだったのに、最終的には銀行強盗をすることになったわけだよな。それは、別の計画がうまくいかなかったからなのか？　それとも、そもそも銀行強盗をするつもりだったのか？」

「テキサスで何かしようとは考えていなかったよ」とキーズは答えた。「アラスカを出たときの計画通りに事を進めていたとしたら、銃をどこかに埋めていたはずだ」

ベルは続けた。「連れ去る人物を探していたが、誰も見つけられずに、チャンスがなく……」

「なんというか……仕方ないってことさ」

ベルはキーズを疲れさせていた。

「テキサスに着いて、それから……休暇から戻ったばかりでね。例のクルーズ船の旅だ。クルーズに行けば、少しは落ちつけると思った。銀行のことは、多少は考えていたと思う。でも本気だったとは自分でも思わなかった……辺鄙な町で、ATMがあって、リスクがなくて、ちょうどいい場所が見つかれば、やろうかなってぐらいなもんだった」

しかしテキサス滞在時のキーズの頭の中は、サマンサのことで一杯だった。

「アラスカのニュースを調べ続けたよ。それでテンションが上がっちまったんだろうな。何か、やろうと思った。誰かを連れ去るとかね。でも……なんて言ったらいいのか……」

「連れ去ったのか？」

「いや」

「なぜ連れ去らなかった？」とフェルディス検事が割り込んだ。結局のところ、キーズはバーモントに一年以内に戻って、カリアー夫妻を隠したファームハウスを燃やしてしまおうと計画したのだという。キーズが放火をして二重殺人の隠蔽をしようとしていたというなら、テキサスでも同じようにするのでは？

キーズは話を小さくしはじめた。

「まあ……強盗を隠蔽するにもいい方法さ」と言った。「バーモントにいたときは、放火する教会を探していたんだ。俺が本当にやりたかったのはそれだ。テキサスにいたときだって、教会をたくさん見て回っていたんだ」

ベルはここでキーズの話を止めた。なぜ教会なのだ？

「まあそれは……個人的な話だ。すごくこだわっているというわけでもないけれど……教会でやろうと思いはじめていた、ということさ」

ベルにとっては驚きではなかった。キーズのコンピュータの中身を時間をかけて精査していたベルは、キーズが二種類の不動産をネット上で熱心に探していた形跡を確認していた。空き家、そして僻地にある教会だった。

教会で何をしようと計画していたんだ？　とベルは尋ねた。

「辺鄙な場所にある教会だったら、平日には誰もいないはずだ。バーモントではそんな場所を探していて、それが教会だったというわけ」

「カリアー夫妻をそこに運び込むため？」ベルの声は穏やかで、控え目だった。

「誰かを連れて行くため」とキーズは答えた。「ああ、そうさ」

キーズは、誰になるかはわからないが、犠牲者を小さな町の教会へと連れて行き、レイプし、存在しない神に助けを求めている彼らを拷問する様子を思い浮かべていた。遺体を祭壇に飾ってやろうか。司祭や修道女によって発見される運命にある、衝撃的な情景、屈辱の所業だ。翌日の礼拝で発見されるのであれば、なおさらいい。犠牲者を置き去りにしたまま、教会ごと燃やし尽くすのもありだ。

しかしキーズは、どちらの計画も実現しなかったと証言した。

「ちょっといいか、個人的な話だと君は言ったが」とフェルディスは切り出した。「それは君の母親に関係していることか？　例の宗教的なグループのことなのか」

「違う」とキーズは答えた。「それはどちらかというと俺自身の……もちろん、俺の生い立ちと関係してはいる。でも、大部分は、俺自身の命とかヒューマニティに対する考えに関係してるんだろう」

キーズは幼少期に関してはこれ以上何も話さず、捜査チームは、特にゴーデンとネルソンは、ここが重要なポイントだと確信した。イスラエル・キーズがどのようにして生み出されたのかという謎は、他の犠牲者を見つけることと同じぐらい、二人の捜査官の心を摑んで離さなかった。

二月十三日の朝に戻る。ベル刑事、ゴーデン捜査官、ルッソ検事とフェルディス検事は、約束通り、テキサスでキーズが姿を消した時間についての一部始終を話すことをキーズに求めた。キーズの母のヘイディは、イスラエルがダラスの彼女の家から夜中に抜け出し、ベッドの上にメモを残したと話していた。メモには「銃を隠す場所を見つけに行く」と書かれていた。

それは本当だとキーズは言った。本当に自分の銃を埋めてしまいたいと考えていたのだ。

「テキサスに隠匿物」とベルは記した。

この行動は彼の母親に疑惑を抱かせたのだろうか？　姉妹は？

キーズは否定した。彼女たちも銃を所持していたからだ。

いずれにせよ、キーズは持っていたピストルをすべてアラスカから運んできていた——何丁持っていたとか、どのようにして保安検査をすり抜けたのかは語らなかった——銃を隠匿する場所を探していたのだ。テキサスかもしれない。それともグランド・キャニオンの近くがいいだろうか。

「それには二つ理由があった」とキーズは言った。「一つ目の理由は、アラスカから引っ越そうと思っていたこと、それから、銃を車に積んだまま、カナダに入国できないことは知っていたから……」

捜査官の携帯が鳴りはじめた。キーズはカナダまで行っていたのか？　銃を持っていける場所と、いけない場所を知っていたのか？

「……だから、銃はアメリカに残しておこうと計画していた」

でも、すぐに隠すことはしなかったとキーズは言った。二月十三日の夜と、その翌日の夜、キーズは次なる被害者を捜して、州の北東部の小さな町を探し、次々と車を走らせた。その中に、クレバーンという町があった。グレンローズという町もあった。キーズは墓地を探していた。ベルはそれについても知っていた。キーズの携帯電話にグレンローズ墓地の場所を検索した形跡が残っていたのだ。

「墓地に行った目的は？」とベルが尋ねた。

「遺棄場所か？　それとも拉致する場所なのか？」

「拉致じゃないさ」とキーズは言った。「誰かを連れて行く場所ってだけの話だ」

ここでの連れて行くという言葉は、運び込むという意味にも取れることにベルは気づいた。

キーズは低い声で話しながら、両手をズボンに激しくこすりつけていた。

「ああいう墓地には管理小屋のようなものが建っていて、簡単に中に入ることができるんだ」と彼は言った。公共の施設の多くは――キャンプ場、登山口、山地、川岸、湖、墓地――どの場所も例外なく、そこにいる理由を説明しやすいのだと彼は言った。人里離れた場所にある場合は特に。

教会と墓地。生と死。祝祭と嘆き。希望と絶望。

次にキーズは、川辺のトレイルに目をつけておいたと証言した。彼女を見たのはそこだった。

ネルソン捜査官は、「グレンローズ、テキサス　川　小道」でGoogle検索をした。ヒットしたのは二カ所だ。ブラクシー・リバーとダイナソー・バレー州立公園だった。キーズが州立公園と国立公園に強くこだわることを考えると、後者を訪れた可能性が高い。

「遅い時間になっていた。川辺のトレイルを散歩している女性が現れた」とキーズは言った。「もう少しでやっちまうところだった。大きな犬を連れていたね。マスチフのような感じだった。犬は撃つつもりだった」

キーズは本気で女性と大型犬を連れて行こうと考えたようだ。しかし、厄介なことが多すぎると思いなおし、女性と犬をそのまま行かせた。

キーズが考えているより、テキサスは手強かった。住民はよそ者に対して明らかに厳しい警戒心を抱いていた。押し入ろうと計画していた銀行の向かい側で葉巻を吸っていたとき、キーズが誰なのか、そこで何をしているのか、実際に話しかけてきた人物がいたのだ。

どのように答えたのか、キーズは明らかにしなかった。それは彼を思いとどまらせるには十分な出来事ではなかったが、テキサス人は彼のイメージ通り、率直なカウボーイだった。それに、誰もが銃を携帯しているのだ！　キーズは大真面目にそう言った。住民のほとんど全員が、町の安全を当然のこととして受け止めていなかったのだ。「実際にセキュリティーがすごく厳重だったことには驚かされたよ」とキーズは言った。「玄関を施錠している人がほとんどだったから、あの場所を見つけるのに手間取ったのさ」

あれは二月十六日のことだったと彼は言った。あの家を見つけた日のことだ。

「火事、アルト、テキサスでGoogle検索すれば、てっとり早いはずだ」とキーズは言った。

キャット・ネルソンはアルトで起きた火事について見つけることはできなかったが、テキサス州アレドでは、二〇一二年二月十六日に火災が発生していた。キーズが町の名前を勘違いしていたことはすぐにわかった。きっとアレドが正解だ。彼女はベルにメールを打った。

ゴーデンが穏やかな声で話しはじめた。「どうやって家を選んだの?」

「町からすごく離れた場所にあった」とキーズは答えた。「地元の警察がいるかどうかもわからなかったけれど、火をつけたら町から警察官が大挙してやってくるだろうし、その直後に銀行を襲えばいいと思ったんだ」

放火と銀行強盗とを同じ日にやるなんてと、ベルは思った。誰かを連れ去ろうとする直前のことだ。まったく手に負えない事件だ。バーモントで計画したように、この放火で遺体の隠匿が行われた可能性はどれぐらいあったのだろうか?

自らの犯罪と手口をキーズが誇りに思っている一方で、彼が最初から一貫して主張していることがあった。それは、いずれ必ず発見されることになる情報のみ、捜査陣に与えるということだ。もし捜査陣がキーズの助けなしに遺体を見つけられたとしたら、捜査陣の勝ちであり、キーズは自供する。そうでなければ、犠牲者たちについては彼のみが知ることになる。キーズにとって、自分がこのような発言をすることは、意外なことだった。考えてもみなかった。

キーズは綿密に犯行計画を練り上げていたそうだ。とにもかくにも、レーダーには引っかからないことだった。幽霊のように移動し、デジタルフットプリントを一切残さず、携帯電話の通話記録も残さなかった。そして北端のアラスカに住んでいた。着火剤を使って放火された、テキサスの人里離れた場所に建つ家があったのか？　警察は保険金詐欺が行われた家の持ち主を探していた。誰か行方不明になっているだろうか？　警察は被害者となった人物の友人や家族を調べていた。キーズが殺害したかもしれない人物は、もしかしたら、テキサス在住でさえなかったのではないか。他の州や国から旅行で来ていた人物ではなかったのか？　キーズは、まったくの他人による誘拐はレアなケースだということを知っていた。彼は、自分のやり口がそれよりもレアだということも知っていた。

そのうえキーズは、自分がより複雑な犯罪を編み出していたことにまで気づいたのだ。ニュースになるような事件だ――地元だけではなく、全国的に。教会を狙う連続殺人鬼のニュースは国中を震え上がらせるだろう。

こうした恥ずべき行いに駆り立てられるまでになったのには、時間がかかったとキーズは証言した。犯罪を犯しはじめた最初の数年間は、空港、図書館、あるいは公共の場にあるコンピュータを使って、自分の犯行について報道された記事をチェックするだけで我慢ができていたそうだ。しかし、犯行が大胆不敵になればなるほど、報道は数日や数週間のみならず、何ヶ月も、ときに何年もされるようになり、キーズは苛立ちを募らせた。キーズはもっと世界に自らを知らしめたかったのだ。俺は歴史上最も偉大なモンスターなのだと。「夢中になったよ」とキーズは言った。「カリアー夫妻については大きく報道された」とゴーデンは言った。「あの地域にとっては大きな事件だったよな」

「ああ、そうだな」とキーズは答えた。「あのときがはじまりだったかもしれない。記事の内容を何度もチェックして、スリルを味わったというか……だってもちろん、俺はすべて知っているわけだから。やつらの視点と俺の視点の違いがわかるし、そのうえ、記事を読んだ人間が独自のストーリーを作り上げてコメントをしたがるってわけだ。だからそれにも夢中になっちまった」

もう一時も待てなかった。「夜遅く家にいて、他の記事はないのかなんて、そりゃあもう必死だよ。ウィスキーをグラスに数杯飲めば、記事を探してみようなんて気持ちになっちまう。検索して、読んで、それからコメントを残したりしてな。もちろん……もちろんそれは下らないことだとわかってはいた。ただ、次の計画を立てることも諦めきれなかった」

キーズはその時点でも、捕まることは決してないと信じ込んでいたのだ。

アレドの家を見つけ出したのは車を走らせていたときで、そのまま侵入したそうだ。「汚れてたよ」とキーズは言った。「どの部屋も荷物でいっぱい。まさに燃えやすい状態だったんだ――家の中に冷蔵庫が二、三台あって、延長コードがいろいろなものに繋がっていた。放棄されたばかりのように見えた」

興味深いことだった。キーズはその家を、カリアー夫妻を運び込んだ家と同じように描写したのだ。建築は彼の天職だというのに、実際は燃やしたいと考えていたなんて。

キーズはガレージ内でガスを見つけた。すべての窓と屋根裏部屋のドアを開け放ち、ガソリンに浸した布と寝具で玄関から裏口まで道筋を作り、火をつけた。

「火はあっという間に燃え上がったよ」とキーズは言った。しばらくその火を見つめていた。計画よりも長く、丘の上の教会の近くに身を隠しながら、じっと見つめていたそうだ。キーズが望んだよりも、この火災に対する反応は大きかった。警察車両、消防車、野次馬の車が押し寄せ、至る所で渋滞が起きる中を、地元メディアが猛スピードで現場に向かっていた。

陽動作戦として彼が計画したのだろうか——ファースト・リスポンダーを火事の現場に集め、別の場所で銀行強盗をするという行為だ。

キーズは腹を立てたようだった。「俺に陽動作戦なんて必要ない」と吐き捨てた。再び、矛盾が生じた。数分前に、陽動作戦について考えていたとキーズは認めたばかりだ。

火事を巧みに利用し、キーズは三十分ほど北部にあるアズールという小さな町に向かい、変装し、銃を使い、強盗をして、一万ドルを手にして銀行を去ったのだ。「大金をせしめたな」とベルが言った。

「そうでもねえよ」とキーズは答えた。

「もっと奪ったとでも？」

キーズは笑った。

これらの会話の中で、キーズが二月十三日、十四日、そして十六日に何をしていたかについては語ったものの、二月十五日については何も語っていないことに捜査官は気づいた。

その日は、キーズが二日間行方をくらました末、汚れた、落ちつきのない姿となってレンタカー横で発見された日だった。

「泥に車輪を取られたのは本当か？」とベルは聞いた。

「ああ」とキーズは答えた。「ダラスから離れれば離れるほど、南へ行けば行くほど、俺は……何か別のことをやりたいと考えた」

二月十五日の早朝、テキサスで何が起きたのだろう？ 彼自身の説明によれば、キーズはほとんど寝ずに何千マイルも運転し、アドレナリンの放出で興奮し、覚醒した状態で、警察を見張っていたそうだ。彼曰く、「熱いフライパンの上で走りまわるアリみたいに」、大急ぎでアンカレッジで起こした犯罪の後始末をしようとしていた。

キーズは、姿を消していた時間はすべて、銃を隠匿するためだけに使ったと言った。ベルはそれを疑った。殺人のための道具がテキサスで少なくとも一つ隠匿されたことは確かだし、もしかしたらそれ以上あったかもしれない——キーズの家族は、頻繁にテキサスに通うための完璧な理由づけとなった。もう一つある。キンバリーの家の捜索で、警察はランダムに数字が記されている紙を発見していた。書かれていた数字は、5、79、105、633、1・5、5、5だった。

ベルはその数字をGoogle検索してみた。出てきたのは、「警察無線の周波数、テキサス州スティーブンビル」だった。ベルはスティーブンビルの地図を開いた――5はスティーブンビルに入るときに利用する高速道路五号のことで、105は、スティーブンビルから出るときに利用する高速道路百五号のことだった。

次にベルは「1・5-5-5、スティーブンビル、テキサス」で検索してみた。出てきたのは、警察無線傍受装置の周波数だった。

キーズが話していたことは真実だった。四千マイル離れたアンカレッジに戻るための逃走ルートを、キーズは事前に計画していたのだ。家族によってキーズが発見されたスティーブンビルは、アレドとクレバーンから車でわずか一時間の距離だった。キーズはこの旅程で警察無線傍受装置を使っていた。

「テキサスでも殺っているはずだ」とベルは言った。「そうしなければいられなかったはずだ。自分を止められるわけがない。俺にはわかる。わかるんだ」

第19章

二〇一二年二月十五日、テキサス州での行方不明者。ジミー・ティッドウェル。

ティッドウェルが最後に目撃されたのは、二〇一二年二月十五日、ダラスから車で二時間ほどの距離にあるロングビューという場所だった。彼は夜間勤務の電気技術者で、仕事を早朝五時半に終え、家に向かっていた。

彼をその後見た者はいない。

数日後になって、ティッドウェルの自宅から五マイル（約八キロ）離れた場所に駐車された白いフォードのピックアップトラックを警察が発見した。ファーム・トゥー・マーケット九十五通りと州間高速道路二百十五の交差点近くの場所だった。押し入られた形跡や犯罪の形跡はなかった。座席に置かれたティッドウェルの眼鏡以外、車内には何も残されていなかった。携帯電話、財布、そして鍵はすべて消えていた。事件の形跡も、見知らぬ人間のDNAも、残されてはいなかった。

ティッドウェルは、キーズにとってハイリスクな犠牲者ではなかった。彼は五十八歳の既婚者で、二人の成人した娘がいた。同じ企業に十年以上勤めていた。仲良し家族だった。時間に正確で、頼りになる従業員だった。時間があるときは、木工をしていたという。敵もいなければ、危険な道楽もせず、犯罪歴もなかった。

どこから見ても、ジミー・ティッドウェルは普通のアメリカ人だった。突如として、州間高速道路に並行するようにピックアップトラックを駐車して、森の中に消えたり、ヒッチハイクをして新しい人生をはじめるなんてことは、あり得ないことだった。

ティッドウェルの姉妹は、「彼が自ら、望んで、大切にしていたトラックを残してその場を去るなんて、絶対に信じられない」と証言した。

警察も同じように考えていた。警察は一日がかりで彼の捜索をした。州警察、地元警察、パトロール隊、警察犬のチームが森の中を半径五マイルにわたって捜索した。友人知人、家族がそれに加わった。三千ドルの懸賞金が掛けられ、その中の千ドルは彼の雇用主が負担した。

手がかりは一切見つからなかった。

これはキーズの手口に当てはまる。ほとんど他の車が走っていないような早朝に、ティッドウェルは車を走らせていた。キーズは、誘拐地点から被害者の車を他の場所に移動させ、遺体を第三の場所に遺棄して警察を攪乱し、そして、姿を消すのがお気に入りのやり方だと言っていた。

ティッドウェルは、仕事中に白いヘルメットをかぶっていた。ティッドウェルが行方不明になった翌日、テキサス州アズレの防犯カメラに映った強盗犯は、白いヘルメットをかぶっており、その下から長い栗色のカーリーヘアが見えていた。

当時、キーズの髪はその栗色のカーリーヘアよりも短かったが、ティッドウェルの髪の長さは、ちょうど、カメラに映ったその強盗犯と同じだった。そしてキーズは興味を掻き立てるようなヒントを口から滑らせていた。アズレでの強盗事件の際、ウィッグをつけていなかったと言ったのだ。ベルとルッソは、何気ない様子でキーズの偽装工作を崩しにかかった。

「本物の髪の毛はどこで買ったんだ?」とルッソ検事は聞いた。

キーズにはこの質問が何気ないものではないことはわかっていた。彼は長い間沈黙した。

「本物の髪を手に入れるために、必ずしも買う必要はねえだろ」とキーズは言い、笑った。

「奪えばいいってことだろ?」とベル刑事は続けた。

キーズは再び笑った。

「髪の毛なんてタダさ。奪ってしまえば、すべてはタダだ」とキーズは言った。「有名なセリフがあるだろ。『いつかすべてを支払うことになる』ってな」

第20章

今となっては作戦司令室と呼ばれるようになったFBIの事務所では、ジェフ・ベルがアメリカ全土の地図を壁に貼り付けていた。地図上には、ベルが五つの大きな円を描いていた。各円の円周は、FBIが把握しているキーズの移動範囲に基づいていた。彼が降り立った街、レンタカーを借りた場所、その車で何マイル走り、何日走ったかが記録されていた。円の一つはアラスカを囲むものだった。ワシントン州を囲む円もあった。そしてテキサスだ。イリノイとインディアナを囲む円も。最後はニューヨーク、ニュージャージー、コネチカット、ロードアイランド、ペンシルベニア、バーモント、ニューハンプシャー、マサチューセッツ、そしてメインという北西部全体を囲っていた。

ベルはキーズがサマンサを殺害直後に向かったテキサスから調べはじめた。キーズはヒューストン市内にあるスリフティーレンタカーで車を借りると、十日かけて二千八百マイル走った。

のか？」

「最悪のシナリオを想定すると」とベルは話しはじめた。「車を拾って、できる限り速く移動をしたとして、二千八百マイル走って返却したということは……俺たちが今見ているエリアというのは、キーズが誰かを殺したか、あるいは強盗をした可能性のある範囲ということにはならないのか？」

ベルはまず、走行距離を半分にしてみた。科学的な分析ではなかったが、まずは出発点だ。キーズが先へと進んだ距離、そして、そこから戻った距離を知るためだった。コンパス、鉛筆、糸を使い、ベルはキーズが移動したとわかっている場所から千四百マイル離れた場所に、円を描きはじめた。その作業が終わると、ベルは数歩下がって、地図の全体像を確認した。

「信じられない」とベルは口にした。十三州を含む円を描いていたからだ。

複数の説が繋がりはじめていた。もしキーズが複数の州にわたって犠牲者たちを移動させていたとしたら？　とある州で殺害し、別の州に遺棄した場合は？　そうだとすると、事件が起きた土地の捜査官や州警察が犠牲者を発見することが、ほとんど不可能になってしまう。カリアー夫妻を殺害した際の自供内容で、キーズはバーモントと決めてはいなかったと語っていた。結果的に、そのようになっただけだった。「ニューヨークだったかもしれない」と彼は言った。「メインだったかもしれないし、ニューハンプシャーだったかもしれない」

カリアー夫妻の所持品をニューハンプシャーで燃やし、殺害に使用した銃をニューヨーク州北部にあるブレーク・フォールズ貯水池近くに埋めたと供述した。これについても、キーズは真実を話していた。捜査官たちはGoogleマップをさらに開き、キーズは貯水池付近の大きな岩を二カ所指し示した。片方の岩が、もう片方に寄りかかるようにして三角形を築いていた。その三角形の影の部分に、小ぶりな岩が積み上げられていた。

「あの岩の下にオレンジ色のホーム・デポで買ったバケツが埋めてある。入念に隠してある」とキーズは言った。彼はこれについて話しながらも興奮しており、咳払いをしながら、鎖を揺らして音を出した。「枝とか、岩とか、コケとか、そんなもので周囲を埋めてあるんだ……」中に入っているのは、もう一丁の銃とサイレンサーだという。湿気から守るために乾燥剤を入れ、バケツはきっちりと封をしたという。そして、ロレイン・カリアー殺害に使用した銃は貯水池に投げ入れた。

武器を遺棄するためにそれだけの苦労を重ねたというのに、なぜ被害者に対しては同じようにしなかったのだろうか？　それはキーズの自信過剰な性格と、脅威を示していると言える。犠牲者のことになると、簡単に諦めるのは「アメリカがそういう場所だから」とキーズは説明した。

この一方で、ＦＢＩは顔認証ソフトウェアを使用して、NamUS（全米行方不明者・身元不明者検索システム）ウェブサイトに掲載されている行方不明者の顔写真と、キンバリーのコンピュータから押収した何百枚もの写真の中から、四十四名が一致することを突き止めていた。

その中の十一名が十代の若者だった。十名が子どもだった。最も若い二名は、双方とも一歳だった。

「子どもは決して手にかけない」とはキーズの言葉だ。

捜査官たちには、このキーズの信条を疑う理由がまだあった。まずは、この信条はこれ以上ないほど勝手なものだった。俺は分別のあるシリアルキラーだ！と言わんばかりだ。捜査官たちはキーズの言葉の一つひとつを分析していった。キーズが真実を話していると仮定し、娘の誕生がキーズに重要な変化をもたらしたとしても、彼女の誕生前には子どもを標的にしていた可能性は否定できない。コンピュータに保存されていた行方不明の子どもの写真すべてにキーズが関わっているとは、必ずしも考えてはいなかったものの、子どもが含まれていたことは不穏なサインだった。スリルを得るために、子どもや赤ちゃんの行方不明事件について調べるなんて、どんな人間だというのだ？

捜査官たちにとっては困難な作業であったが、キーズの移動範囲で発生したすべての行方不明者について、相互参照していく必要があった。キーズの犯行期間に行方不明になった人物については、全員が犠牲者である可能性があったのだ。

友好な関係性を保つため、強いフラストレーションを感じながらも、捜査官たちはキーズの求めに従って、別の些細な願いを聞き入れることにした。取り調べ中の葉巻を伴う休憩は、捜査官にとって骨の折れる手順が必要だった。手錠を外し、腹部に巻いた鎖に繋がれた足かせを外し、安全が保たれた無人のエレベーターを使って地下の駐車場に連れて行き、たわいない会話をしながら彼に葉巻を吸わせ、再び誰にも彼を目撃されないようにしながら連れ戻すのだ。キーズは別の要求もかなえていた。自分のいる独房に、ニューヨークタイムズ紙、インターネットへのアクセス、アメリカーノコーヒー、そしてキャンディーバーを毎日届けろというのだ。

それがかなうと、今度はより大きな要求を突きつけてきた。国内にいる九人の兄弟姉妹に接触するなと求めたのだ。捜査官たちはそれに従った。ヘイディは、また別の話だった。もし彼女に話したいことがあるのであれば、聞けばいいとキーズは言ったのだ。もし話したくないのであれば、深追いはしてくれるな。

キーズがすべてを掌握していた。キーズが唯一本当に気に掛けていたのは娘のことだったが、彼女を交渉のきっかけに使うことは、たとえ嘘であったとしても、論外だった。

リズ・オーバーランダー捜査官と彼女の捜査チームは、サマンサが最期のときを過ごした小屋を二日かけて解体し、血液、毛髪、指紋、繊維などの証拠を探し求めた。彼女の遺体は小屋内部にほぼ一ヶ月間にわたり隠され、後に化粧を施され、髪を編まれ、脇の下を剃られ、身代金要求のために撮影され、バラバラに切断される前に屍姦されたというのに、証拠は一切見つからなかった。

キーズのピックアップトラックに関しても同じだった。大規模な捜索だった。最初は、キーズの供述を不遜なものだと捜査関係者は感じていた。捜査官の多くは、イスラエル・キーズの証言はある程度誇張されているはずだと考えていた。

だが、それも過去の話だ。

今や捜査局でも生え抜きの犯罪プロファイラーたちも途方に暮れていた。捜査チームに言えることは、それまで対峙した中でも、最も凶悪な容疑者であるということだった。このような手口で殺害を繰り返すシリアルキラーは今までいなかった。被害者に共通するタイプはない。狩り、殺害、遺棄に決まった場所はない。被害者と自分の間に数千マイルもの距離を置く。武器を国内の至る所に隠す。移動中に発見されることはなかった。驚くべき移動方法だ！　飛行機のチケットを予約し、9・11後のセキュリティー・チェックをくぐり抜け、飛行機の遅延やキャンセルにも遭遇せずに移動する。レンタカーを借りるための書類を書き、紙の地図だけを頼りに、ハンディGPSやGoogleも一切使わずに動いたのだ。ホテルへのチェックインや、キャンプの設営。狩猟と釣りの許可証の取得。数ヶ月、あるいは数年前に埋めて隠しておいた武器を回収する一方で、被害者を見つけていたことは言うまでもなく、その場所は自分の頭の中だけに留めた。そのうえ、被害者の遺体をまるでエキスパートのように処理し、一切の証拠も残さないとは。

キーズの究極なまでに効率的な動きと時間管理は、圧倒的だった。

携帯電話を分解し、バッテリーを抜くという行為は、捜査関係者もそれまで遭遇したことはなかった。キーズの携帯電話が信号を発していなかったその暗黒の瞬間が、何かを物語っているとキャット・ネルソンには思えた。キーズが何かをしていた時間だ。

ドラッグを一切使用することなく、アメリカーノコーヒーとアドレナリンの分泌だけで、眠ることなく車を飛ばし続ける能力もそうだ。五つの州を股に掛け、数日かけて移動し続けていた。サマンサの殺害まで、キーズは一切のデジタルの痕跡を残さず、携帯電話やクレジットカードの使用履歴も残さなかった。サマンサの事件を起こすまで、誰一人として裏庭で殺害はしていなかった。数十年に及ぶ蛮行や地理的境界線は、すべて闇に包まれたままだ。

イスラエル・キーズの存在は、次のより悪魔的な殺人者を生み出すだろう。イスラエル・キーズという存在を作り上げた力を理解しなければならない。二十一世紀最初の無類のシリアルキラー、イスラエル・キーズを。


スティーブ・ペインのような捜査官の一部には、ヘイディに対してガナウェイが指揮していた尋問、財務実績、コンピュータ、データブック、日誌の精査、キーズ本人への取り調べといった、伝統的な捜査手法が根付いていた。他の捜査員たちにとって――ジェフ・ベル、ジョリーン・ゴーデン、そしてFBIの特別捜査官でワシントン州でのキーズの行動を捜査しはじめたテッド・ハーラとコリーン・サンダーズ――キーズが言及した数少ないシリアルキラーの名前は興味をそそられるものだったし、願わくはそんなシリアルキラーの存在が洞察力を与えてくれればと願っていた。キーズ自身が購入したシリアルキラーに関する書籍を捜査官たちも読みあさり、映画を鑑賞し、テレビ番組を見た。各自が自分の事務所に小さな図書館のように本を積み上げ、覚え書きを比べ合った。

キーズは捜査官たちに、熱心に読んだ書籍が二冊あり、その両方ともFBI行動分析官のパイオニアによって記されたものだと証言した。『ダークドリームス：性的暴行、殺人、犯罪心理』ロイ・ヘーゼルウッド著、そして『マインドハンター：FBI連続殺人プロファイリング班』ジョン・ダグラス著で、ダグラスは『羊たちの沈黙』の登場人物であるジャック・クロフォード主任捜査官のモデルとなった人物だ。

ベル刑事は『ダークドリームス』は未読だったし、キーズが読んでいたのは思いがけない新事実だった。ヘーゼルウッドは性的にサディスティックな犯罪者の道徳的逸脱の特徴を描き、キーズはその特徴をほとんどすべて兼ね備えていた。逮捕前に犯罪歴がないこと。一見、幸せそうな家庭生活を送っていること。取り憑かれたように車を運転すること――これは特に顕著だとベルには思えた。キーズに特徴的な行動のように感じられたものの、ヘーゼルウッドは、これはサイコパスには共通の傾向であり、彼らが度々感じる退屈を満たすため、制御、自由、継続的な視覚刺激の必要性を満たしているのだと説明している。

キーズの特徴を完全に描写する一節もある。

「性犯罪者が完全にその活動を停止することはない」とヘーゼルウッドは書いているのだ。「特定の被害者に対して行動を起こすことはなくても、計画を立てたり、新しい標的を選んだり、他の被害者に対してなんらかの行動を起こしたり、材料を集めたりするものだ。性犯罪者は決して休眠状態にはならない」

キーズはクラスター爆弾だった。捜査官たちは、彼の戦略の一部が別々の先駆者からの借り物であり、それを現代的に再構築したものであることに気づいた。

キーズが偉大なるヒーローと呼んだテッド・バンディは、アメリカ全土で殺害を繰り返した。『羊たちの沈黙』でバッファロー・ビルのモデルとなった殺人鬼のジェイムス・ミッチェル・〝マイク〟・デバーデレーベンは、少なくとも一つの殺人キットを所有していた。ジョン・ロバート・ウィリアムスは長距離トラックの運転手で、殺害する州と、その遺体を遺棄する州を別にしていた。BTK（bind, torture, kill）絞殺魔として知られるデニス・レーダーは、自分の教会の地下室で少なくとも犠牲者の一人を性的に辱める姿で拘束し、その写真を撮影した。

二〇一六年に死去する前に、ヘーゼルウッドはキーズについて語っている。何十年にも及ぶFBIでの勤務経験の中で彼は、FBIの真実性全般に対して否定的な意見を抱いたようだ。そして、見知らぬ人物に対する誘拐は、FBIが主張するよりもずっと一般的だと信じていた。オンラインであまりにも簡単に、そして匿名の状態でアクセスできる露骨なポルノの蔓延が、残虐な犯罪と殺人の増加に寄与していると語った。テクノロジーの進歩、暴力的なポルノグラフィーの主流化、高速な移動手段の進歩、政治からエンターテインメントに至るまで広がる女性憎悪の文化が、より一層、異常で危険な犯罪者を生み出し続けると確信していた。彼はこれを二〇〇一年の時点で予想している。

ヘーゼルウッドはキーズに関して、それまで出会った中で最も犯罪を秩序立てて思考できる人物であると発言している。しかし、キーズが感情を持たない犯罪者と誤解されるべきではないとも言った。むしろ正反対だとヘーゼルウッドは言うのだ。キーズのようにサイコパス的サディストは感情を心の奥底まで押し込めるため、極端な行動でしかその押し込まれた感情を呼び覚ますことができない。キーズのような人物の犯罪が、初期の段階から身の毛のよだつものであるのに、計画から実現において徐々に念入りとなり、エスカレートしなければならない理由がそれだ。一般的に、小動物の虐待から強姦へ、それから殺人へと進んでいく。複数の犠牲者の筆舌に尽くしがたい苦悶によってのみ、満足感を得るのだ。

サイコパス全員がシリアルキラーというわけではないが、シリアルキラーは一人残らずサイコパスである。後者は強い欲情に駆られた連続殺人鬼で、共通した特徴を持つ。それは彼らの思考回路だ。例えばキーズは以前、警察官になろうと考えたことがあると打ち明けた。その理由を尋ねられた彼は、獲物を探すのに、それ以上ぴったりな方法があるだろうか？　と答えたのだ。夜中に見知らぬ誰かが乗った車を、堂々と道路脇に停車させることができる職業なのだから……。

マイク・デバーデレーベンは警察官になりすますという方法で、数え切れない若い女性を狙い、そして殺害した。

それでもヘーゼルウッドは、安心できる材料も提供してくれた。性的な動機に突き動かされ連続殺人鬼となるパターンは、めったにないそうだ。キーズは、そのめったにない一パーセントの中の、さらに一パーセントに入る人物なのだと。

読み進めれば読み進めるほど、キーズに対してだけではなく、自分たちがその分野において素人同然であるということを、捜査官たちははっきり認識するに至った。ジョン・ダグラスの『マインドハンター』を初めて読んだとき、自分のことを読んでいるようだったとキーズは語った。「ハンターの立場に立って考えてみる」とダグラスは記していた。「だから俺も、そうしてみたんだよ」

キーズは待ち伏せタイプの捕食者であるというペインの考えに沿うように、ダグラスもキーズをそう分析している。「殺人鬼たちが被害者をじっと狙う様を読んだときの、肌の反応を確認すればいい。もしあなたが殺人鬼であれば、野性のライオンのそれと同じ反応を得るはずだ」

このような精神的、生理的な反応が自分だけのものではないことを、キーズはそれまで知らなかった。『ダークドリームス』を読んだときも、フィクションではあるがディーン・クーンツの『インテンシティ』を読んだときにも、同じ感覚が呼び覚まされたとキーズは捜査官たちに語った。

シリアルキラーと連れ去られた被害者たちの視点から交互に語られるクーンツの小説は、キーズの衝動と思考を明確に説明している。愛の痛み、自傷行為と自らに科す苦痛、人間の存在の究極の無意味さ、神またはそれ以上の存在への不信感、誘拐、拷問、そして殺人でしか得られない力と超越感。これが彼を、皮肉にも彼自身が信じていなかった神と同じ存在であると彼に思わせていたのだ。

結果として、クーンツはシリアルキラーについてこう記述している。「シリアルキラーは生まれ変わりや、世界の主な宗教が存在を認める死後の世界についても信じていない……彼が神格化されるとしたら、それは彼自身の大胆な行いによるものであって、神の恵みからではない。もし実際に彼が神になるとしたら、その変化は、神として生きようと選んだからだ。恐れも、後悔も、制限もなく、ありとあらゆる感覚が研ぎ澄まされる」

犯罪心理捜査官であれば、サイコパスは生まれつきなのか、それとも作られるものなのか、誰もが疑問に思っている。人間は意図的に悪魔にはなれないと信じていたソクラテスの時代にまで議論は遡る。間違った行いは、無知や妄想が生み出すものである。ソクラテスは「唯一の善は知識であり、唯一の悪は無知である」と言った。

悪魔は常に存在していた。しかし、なぜ？　彼らを作り上げたものとは？

ソクラテスの時代から二千年以上たっても、我々が知るのはこれぐらいのものである。偉大なる作家ロン・ローゼンバウムはこう書いている。「悪魔の演説」は果てしなく続き、もはや心理学、精神医学、あるいは哲学の領域に収まるものではない、と。我々は未だ知識が構築されていないのにもかかわらず、医学や技術に説明を求める。脳をスキャンすることでは、精神病理学的な傾向を明確に見つけ出すことはできない。社会精神医学も同じく役に立たない。双子を対象とした研究は、精神病質は環境よりも遺伝的な特性である可能性を示しているが、行いの悪い両親のもとにも行いのよい子どもは誕生し、逆もまだ同様なのである。

我々の認識は数千年前のものと大差ない。一部の人間は、ただそのように生まれつくとの仮説を立てている。ヘイディ・キーズが育てた子どもは十人。逸脱したのは、一人だけだ。

ヘーゼルウッドが対峙した経験のあるサイコパス的特徴を持つ最も若い人物は、自己発情窒息（窒息することで性的興奮を得る）をした三歳児だった。この三歳児はサイコパスとして成長した。安定した家庭で、標準的なきょうだいを持つ九歳の子どもでも、このような極端なサイコパス的行為が散見され、両親はわが子に殺されることを恐れていると記録された例もある。問題児神話には、複雑に絡み合った根がある。「どうやって？」とか「なぜ？」という疑問を抱いているのは、シリアルキラー本人なのかもしれない。

ＦＢＩの行動心理捜査官はそう考えている。二〇〇八年、行動科学捜査チームが、シリアルキラーとその成長過程を調査するための研究室を設立した。分析官はイラスト、日記、そしてその他多くの個人的な持ち物を使い、殺人鬼ひとりひとりの心理をマッピングすることで、原版となるプロファイルを作成しようとしたのだ。怪物は時折、正常な人間としての仮面を手放すことがあるというのが、その中核にあった考えだった。

しかしながらキーズは、この仮説を覆す殺人鬼だ。彼は最初から捜査官に「俺を理解する人間は誰もいないし、俺をこれまで理解していた人間もいないし、本当の意味で俺のことを理解する人間はいない。俺は二人の、別々の人間なのだから」と語っていた。

この事件に関わった幸運な捜査官たちは——ペインの捜査チームの中では、キーズは「一生に一度巡り会うかどうかの殺人鬼」と捉えられていた——キーズがどのようにして生まれたのかを理解したいと考えていた。それは抑えきれない衝動だった。彼に関するすべてを、彼の生い立ちを知ることができたら、動機を解明できるかもしれないからだ。そして、その理由も。

キーズは何も語ろうとはしなかった。理由を尋ねられると、「なぜだめなんだ?」と聞き返した。捜査官たちは、多くの犯罪者がかつて被害に遭ったとされる児童虐待を、キーズも幼少期に経験したのではと疑ったが、彼はそれを否定した。むしろ、幼少期のトラウマが何かの原因になるとは考えていないと言うのだ。彼にとって、そんなものはフロイト派の戯言らしい。何度も何度も、自分の行いは家族のせいではないと彼は強調した。家族は自分を愛してくれた、とてもいい人たちだと繰り返した。

キーズの死刑に関連する法廷闘争が導き出したものの一つが、裁判所の命令に基づく精神鑑定だった。捜査官の誰もが、キーズが正気であることを知っていた。長期間の計画性、自分の本当の姿と犯罪を隠匿し続けた期間の長さ——キーズは善悪を理解し、逮捕がもたらす結果をも理解している人間だ。

しかし精神鑑定は必要だった。特にゴーデンとネルソンがそれを求めた。それを行うことで、事件の詳細だけでなく、キーズの生い立ちについても知ることができるからだ。それがわかれば、手がかりが掴めるはずだ。

そのはずだろう?

第21章

四月二十七日金曜日、キーズはロナルド・ロッシュ医師、ワシントン州とカナダからやってきた犯罪心理学者二名の前に座っていた。アンカレッジにあるクック・インレット公判前拘留施設での出来事だった。彼らはこれから六時間半にわたって会話することになる。ロッシュの報告書と併せて、アラスカ、テキサス、そしてワシントンで行われたFBI捜査官による尋問、キーズの故郷でジャーナリストたちが手に入れた情報などから、ようやくキーズの経歴がわかってきた。それはまるで、画像復元を施したかのようだった。表層のイメージの下から、オリジナルの肖像画が姿を現し、変更を施された構図が世界に向けられたのだ。

イスラエル・キーズはユタ州のコーヴという小さな町で生まれた。一九七八年一月七日のことだ。両親が生まれ故郷のロサンゼルスで出会い、変わり者同士で惹かれ合ったのは、十代の頃だった。ヘイディ・ハッカンソンは、結婚歴十七年の年配夫婦の手で里子として育てられた。

ヘイディは孤独を好んだ。少なくとも表面的には、なぜ自分の産みの親が彼女を里子に出したのかという理由を、くよくよと考えることはなかった。彼女は年齢のわりに大人びており、サッカーの試合やビーチに行くことに興味はなかった。大人と過ごすことのほうが好きだった。ジェフことジョン・ジェフリー・キーズも彼女と同じだった。自由時間は家族と過ごすか、壊れたものを直す方法を学ぶか、常に家にあった本を読んでいた。二人ともモルモン教徒だった。

二人が結婚したのは、ヘイディが二十一歳、ジェフが二十二歳のときだった。ヘイディのそれまでの人生で、最も成長を促してくれた体験は、十一年間所属したガールスカウトだった。ジェフにとってそれは、ドイツで宣教師として過ごした体験だった。二人とも、善良で、健康で、神を恐れる人間で、何より子どもを自然の中で育てたいと希望していた。初めて森の中を歩いたヘイディは、なぜ人間は街で暮らしたいと思うのだろうと考えた。神の創造物に匹敵する都市などあるだろうか?

二人がユタ州に移り住んだのはそんな理由からだった。二人の最初の子どもは一九七六年生まれの女の子で、名前はアメリカだった。自宅出産で産み、その後九人の子どもをもうけ、全員、ジェフが取り上げた。病院には規則が多すぎた——二人が周囲に打ち明けた理由はそれだった。実際のところ、ジェフは医師を毛嫌いしており、現代医療を信じていなかったのだ。彼は一度も予防接種を受けたことがなく、子どもたちにも接種を望まなかった。ヘイディもそれに賛成していた。彼女は一度も病気になったことがなかった。子どもは一人として、出生証明書や、社会保障番号を持っていなかったし、学校にも通っていなかった。二人以外は誰も、もちろん政府も、二人の子どもたちがどのようにして育てられたのか知らなかったのだ。

しかしヘイディとジェフの近くに住む人たちが、めったに外に出てくることがない小さな子どものいるこの奇妙な家族について心配し、役所に連絡を入れた。ヘイディとジェフが荷物をまとめて、数百マイルも離れたワシントン州に移動することを決めたのはそのときだった。土地は安く、詮索する近隣住民もいなかった。ジェフの修理仕事で貯めた金とヘイディのベビーシッター代金で、二人はユタ州コルヴィル山頂の、国有林近くに百六十エーカーの土地を購入した。家族は空にそびえるような樹林と五千フィートの山々に目隠しをされた土地に住むことになったのだ。子どもたちの多くにとって、それは刑務所のようなものだった。

ジェフとヘイディがワシントン州にワンルームのキャビンを借りたのは、上から二番目の息子のイスラエルが三歳から五歳の間だった。そこで、増え続ける家族は、熱源も水道設備も電気もない生活を七年も送る。一方でジェフは、足りない生活費を賄うために、電化製品の修理工として、連日自分の作業場まで三マイルを往復していた。彼は家族以外からの修理は請け負ったが、自分の家族のためにはほとんど何もしなかった。もちろん、家族のために家を建てていたが、その作業はたった一人で行われていた。木を切り倒すのも自分一人。何年もかかるような作業だった。

毎日仕事に出かける前に、ジェフは森の中に入り、長い時間をかけて祈りを捧げていた。ジェフは内向的な性格で、ヘイディに対してもそうだった。彼が何を考えているのか、どう感じているのか、ヘイディでも理解できないときがしばしばあったのだという。信心深い彼女でさえ、彼の信仰心の強さは極端だと思っていた。

ヘイディもジェフも子どもたちを愛してはいたが、同時に彼らを資産だとも発言していた。ただの労働力と考えていたのだ。キーズ家の子どもたちには友達がまったくおらず、犬と猫が数匹いるだけだった。テレビもなく、ラジオもなく、コンピュータも電話もなく、外の世界との繋がりを一切持たなかった。自分たちが奪われているものの存在を一切知らなかったが、子どもの常として、自らが剝奪されていることを敏感に感じ取っていた。ディズニーランドへの旅行なんて滅相もない――彼らは砂糖がたっぷりまぶされたシリアルを食べながらアニメを見たこともなければ、ポップミュージックを聴いたこともなく、映画館も、ボーリング場も、ゲームセンターも、マクドナルドも知らなかった。貧困の中で成長するとはそういうことだ。子どもとしてのささやかな喜びもすべて否定されることなのだ。

キーズの子どもたちが読み書きを覚えたときに暗記を強要されたのは、聖句だった。全員がお下がりの服を着て、靴は小さすぎるものだった。イスラエルは、小さすぎる靴で足の指が変形し、それは彼の両親がどれだけ節約していたかをいつまでも思い起こさせた。子どもたちは耕作し、残飯用のバケツを片付け、薪を割り、互いの面倒を見ていた。特にイスラエルはリーダー的存在だった。ジェフがいないときは、彼が一家の長となった。料理と縫い物を覚え、妹たちの髪を編み、外出したい気持ちを抑えて、自分の時間を使って兄弟姉妹全員と過ごした。兄弟姉妹はキーズのことを慕っていた。

ヘイディは子どもたちがそのような生き方を愛していると信じ込んでいた。そう自分に言い聞かせていたのだ。そう信じることで、多くの物を必要としない自分、個人主義であること、体制に同調しない自分に優越感を抱いたのだ。森の中で子どもたち全員を一人で育てるのだ。科学の力も、資本主義も政府も、いかなる外部の制度の助けもない状況で。

二年ごとに赤ちゃんが生まれていった。キャビンが手狭になり、四月から十一月の間、キーズと兄弟姉妹は外のテントで暮らしていたという。冬になると、ヘイディは子どもたちをカリフォルニアに連れて行き、パームスプリングスにあるジェフの母親のトレイラーに住まわせていた。五人目の子どもを産む頃には、ヘイディは、もうテントの中で出産することはできないとジェフに懇願した。ちゃんとした家が必要だったのだ。

ジェフはいつもの答えを繰り返すだけだった。それは神の手に委ねられている。

家族は野菜を育て、猟をした。子どもは病院にも歯科医院にも行ったことがなく、救急治療室に入ったこともなかった。病気であろうと、気管支炎になろうと、骨折しようと、ヘイディは子どもたちを薬草やオイルで治療した。鎮痛剤でさえ家の中に置こうとしなかった。ペパーミントのお茶と温かいお風呂がほとんどすべて治してしまうのだと彼女は言った。

ユタから越して間もなく、ヘイディとジェフはモルモン教から離れた。どちらもその理由を説明しなかったが、コルヴィルで二人は、アークと呼ばれる白人至上主義に基づく反ユダヤ教会に通いはじめた。イスラエルは当時十二歳になっており、それにのめり込んだ。

イスラエルがそうするように、ヘイディもまた、家族の歴史の中からこの時期をなかったものにしたいようだった。捜査員たちにとっては、逆にそれが重要であることを示す手がかりだった。イスラエルという人間が形づくられたのはこの時期で、家族がその隠れ家から冒険の旅に出て、子どもたちを外の世界へと連れ出した時期でもあった。イスラエルがアラジン通りから半マイルほど離れた場所に住んでいた二人の兄弟と知り合ったのはこの頃だった。

チビーとチェイン・ケホーは、イスラエルと年齢が近かった。彼らには六人の兄弟姉妹がおり、全員が学校に通わず、自宅学習で育ち、自給自足生活を送り、アークに所属していた。二人の父親は人種間戦争を計画していた。ケホー兄弟は銃について詳しかった。撃ち方、隠し方、盗み方、闇取引の仕方などすべてだ。

これにイスラエルは感激した。キーズ自身、六歳の頃から銃に魅了されていた。知ることができる範囲で、彼はほとんどすべての銃の製造元、モデルを記憶し、操作メカニズムの数々を学び、どの銃が所持を禁止され、それをどうやったら入手できるのか熟知していった。『Guns & Ammo』といった銃専門誌を手に入れた。祖父がキーズに一丁の銃を与えて、その撃ち方を教えた。彼の両親はそれを心配していたが、どうすることもできなかったそうだ。

「一度も見たことがない銃だって、隅から隅まで理解することができたよ」とキーズは言った。「銃を手に入れると夢中になったよ。盗むのも簡単だということがわかった」当時キーズは、時折友人とともに盗みに入るようになっていた。ケホー兄弟の名前は出さなかったが、どちらか一人が共犯者だったようだ。キーズは盗んだ銃を地元の店に売りさばいたり、誰かと交換するなどして処分していた。当時、それは簡単なことだった。子どもだったにもかかわらず、誰も彼に身分証明書の提示を求めたり、武器を大量に所持している理由を聞かなかった。

ケホー兄弟以外では、キーズが自分らしく振る舞える相手がもう一人いた。妹のチャリティーだった。イスラエルはチャリティーを連れて森に入り、そこから見える住宅に向かってモデルガンを撃ち、誰も出てこないようならそのまま家の中に忍び込んだ。何かを盗むこともあったし、ただ家の中にあるものを動かすだけのときもあった。そして外で身を隠しながら、家の所有者が戻ってきて、震え上がる瞬間をこの目に見るまで待つのだ。

二人は火を熾して動物を怖がらせることもあった。「でもあの子はおしゃべりでさ」とキーズは言った。「俺がやったことを見つけた人たちがいた。例えば両親とかね。それとか俺が仲のよかった友達の親だとか。だから、あの子と一緒に何かやるのはやめたんだ」

キーズの行為はエスカレートしていき、やがて仲間たちと自分が異なる人間であることに自分自身で気づきはじめた。十四歳のときだ。キーズと友人は──一緒に家に忍び込んだ友達だ──森に入っていった。キーズは何か新しいことに挑戦したかった。「撃ったんだよ」とキーズは言った。「犬か猫だ。でもあいつ、それに耐えられなくてな。だからあいつと何かやったのは、それが最後だ」

キーズは彼の反応がまったく理解できず、その後間もなく起きた、彼自身の本物の狂気について語りはじめた。

「ゴミ箱に入るくせがある猫を飼っていたんだ」とキーズは言った。「妹の猫だった。だからあの子に言ったんだ。『もう一度あの猫がゴミ箱に入ったら、殺すからな』って」

ある日、キーズは猫を摑むと森に入っていった。すると、妹とその友達がキーズの後ろをついてきた。「紐を木にくくりつけたんだ」とキーズは言った。紐は十フィートの長さで、もう片方の端を猫の首に巻き付けた。キーズは二十二口径のリボルバーを持っていた。「猫の腹を撃ち抜いた。そしたら木の周りをぐるぐる走りまわって、木にぶつかったと思ったら、吐き出したんだよ。俺にとっては、なんともないことだった。猫が走りまわる姿が面白くてちょっと笑っていたぐらいだったよ。でも俺と同い年ぐらいだった子どもを見たら、吐いていたんだ。トラウマにでもなったんだろうな。そいつが父親に話して、もちろんその父親が俺の両親に話した。だから、森に誰かが俺と一緒に入ったのはそれが最後だ」

キーズが口にしたのは、サディストとサイコパスの幼少期における、教科書的進歩の様子だ。小動物を拷問して死に至らしめること——特にペットに関して——は、自らの喜びのために他の生きものを制御し、殺害するための実験的行為なのだ。これは、一人前の人間になるための、最後のステップである実践だ。大人になった後でさえ、キーズはこのような行為の残酷さが理解できないと発言している。精神鑑定の際、幼少期に誰かを酷く傷つけたことはあるかという問いに、彼は最小限度で答えた。

「ささいな取っ組み合いは何度かあった」と、彼は大真面目に言った。「俺はちっとも喧嘩っ早い人間じゃないから」

キーズとは反対に、ヘイディは猫の事件についてまったく記憶にないという。友達の両親や、ジェフが彼女にそれを伝えたことなど一度もないと断言したのだ。それは、彼女の中の一部が、そんな事件は決して起きなかったと信じる必要があったからではないか。しかしもう一方で、彼女はそれがあり得る話だとも認めていた。キーズがモンスターに育ってしまった原因は、彼の幼少期には関係ないと信じること、しかし心の底では、それが真実ではないと疑うことが、彼女が生きるための唯一の方法だったのだろう。「成長過程でネガティブな様子は見て取ることができなかった。数年前までは」とヘイディは言った。

十五歳のとき、キーズは両親のキャビンから一マイル離れた場所に、自分でキャビンを建設しはじめた。キーズはその方法を、父親の様子を観察すること、手伝うことで学び、アークの人たちと一緒に建築関係の仕事に従事していたのだ。建築を終え、一人でそのキャビンに住みはじめたときには、十六歳になっていた。ヘイディはそれを許さなかったが、キーズを止めようともしなかった。「若すぎると思った」と彼女は言った。「家族と過ごすことが、より健全だと思っていたから」

その時期までに、ジェフは新しい家の建築を終え、残りの家族はその家に移り住んだ。発電機、調理用コンロ、プロパンガスが設置されていた。家族は暖炉で湯を沸かした。

しかしこのどれもがキーズにとってはどうでもいいことだった。彼が集中していたのは、ただ一つのことで、それを実行するには一人でなければならなかったのだ。

「心臓が動いている生きものだったらなんでも狩りたかった」と彼は言った。狩猟にとって大事なのは射撃技術と同じような辛抱強さで、何時間も身じろぎしない訓練を重ねた。動物のにおいを感知する嗅覚を研ぎ澄まし、動くときに発生するわずかな音を聞き、自分の身を完璧に周囲に溶け込ませる訓練を重ねた。仕留めていたのは主に鹿で、どのように解体し、家族に分ける肉を切るかは理解していたそうだ。しかし、生き残るための狩猟はさほど重要ではなかった。動物を狩ること自体、重要ではなかったのだ。

「森の中を追跡しながら進む。誰かに出会う。でも向こうはこちらを見ることができない……」キーズは座り込み、身を隠し、何時間でも人間を観察したのだと言った。誰かを殺害するのは、消し去るのはどれだけ簡単なことだろうと考えたそうだ。「十三歳から十四歳頃にそんなことをしていたのを覚えている」と彼は証言した。

一九九四年、十六歳のイスラエルは山を降りた町で万引きで逮捕された。社会奉仕で難を逃れたが、ジェフとヘイディは許さなかった。キーズのキャビンを探して、盗んだ銃を何丁も見つけ、彼を強制的に家に連れ戻し、武器を返却させ、薪を切ることで被害者たちに弁償させた。ヘイディとジェフのこういった行動に偽善を感じたのはキーズだ。動物を狩る行為は違法であることは二人も知っていたのに、そうするように仕向けたのは彼らだ。万引きがそれより悪かったとでもいうのか?

その後のイスラエルの実際の変化をヘイディは記憶している。後の祭りではあるけれど、彼が自分の本当の姿を彼女に見せようとしていたのではと感じたそうだ。キーズが宗教から離れつつあることには気づいていたし、自分からも離れようとしているのではと心配していた。ある日、二人で山を下っていたときのことだ。トラックの助手席に座るヘイディに、キーズが質問をした。

「かあさん、かあさんととうさんの暮らしを、子どもたちが選ばないと考えたことはなかった?」

「イスラエル」と彼女は答えた。「なんてことを言うの」

「かあさんととうさんが生きてきたように……俺たち全員が生きていきたいと思う必要はないってことさ」

これは衝撃だった。自分とジェフが完全に拒絶されたと感じた。イスラエルだけにではなく、子どもたち全員からだ。そんなふうに感じていたのは、子どものうち何人いたのだろう? 神を否定するのは何人いるの? 何人が山を離れるの? イスラエルは離れていくの? まさか。ヘイディはなんとか自分を納得させた。あの子たちは絶対に正気に戻るはずだ。

イスラエルが両親に、どんな宗教も一切信じていないと告げたのは間もなくのことだった。父親は一九九三年に起きたウェイコでの事件をきっかけに、アークからは離れていた。だから、イスラエルは父が納得してくれると思っていた。しかし父はイスラエルを勘当した。かつては自慢の息子だったイスラエルは、家族から感情的に追放されたのだ。しかしヘイディは夫のこの判断を支持しなかった。神を愛し、信じなくなったとしても、ヘイディは息子を愛していた。

「母さんはそれを見過ごしてくれたよ」とキーズは言った。「彼女は俺のことを心配してくれた」

それでも、ヘイディとその信念から虐げられているとキーズは感じていた。特に、自分の恋愛に関してはそうだった。十八歳のとき、建築作業員として働いていたキーズは、雇い主の娘と付き合うようになった。キーズは自分の性的欲求を恥じていた。「今日はガールフレンドについて罪深い考えを抱いてしまった」と日記に書いた。そのページは聖句で覆い隠されていた。この関係を知ったヘイディとジェフは、ガールフレンドに会うことをキーズに禁止した。彼ができるのは手紙を書くことだけだった。彼はそうした。一九九六年の秋から冬頃、ヘイディとジェフは再び引っ越すことを決めた。イスラエルだけが問題を引き起こしていた子どもではなかったからだ。

チャーチ・オブ・ウェルズのウェブサイトに、後年彼女が記した証言にあるように、オータムローズ・キーズと二人の姉妹は、キーズと同じように両親に反抗していたという。この証言はキーズ家の精神力動に大きなヒントを与えている。

彼女はまず詩編五十一編五節を引用した。「見よ、私は不義の中に生まれました。私の母は罪のうちに私をみごもりました」彼女は次に、自分の悪しき行いを列挙した。「母は……私の行いによって、母を傷つけました。私は自分の分別を捨てたのだと。例えば、『正しい映画』だと考えるものを鑑賞するとします。そこで私は不純な考えと罪の間で格闘してしまうのです。現代風の『クリスチャン』のための音楽を聴きはじめました。私はこういった罪を告白し、ときに辞めようとも考えたのですが、事態は悪化の一途を辿り、そして私が見るものはより悪いものへと変わりました。神を褒め称えるときにも、この状態だったのです。私は完全に非難されるべき人間になったのです」

キーズ家の子どもたちは、道徳的な破滅こそが救済への道だと信じこんでいたようだ。

オータムローズは聖書を疑いはじめ、キリスト教そのものも疑いはじめたと彼女は書いた。六ページに及ぶ記述は断罪の言葉でいっぱいだった。自分は邪悪であり、つまはじき者で、重荷で、見放された人間である。彼女は自分自身を、怯え、混乱し、我を失い、疑問を抱き、苦悶しており、間違いなく地獄に落ちるだろうと書いていた。「この暗い不安を取り除いて欲しい」とも書いた。深い苦悩は明らかだった。二〇〇九年十一月、インディアナにあるヘイディ家の玄関にRV車を停めた、見知らぬ宣教師たちが彼女を救ったと信じ込んでいたことも彼女の苦悩を示していた。彼らは立ち去ろうとしなかったそうだ。「彼らとともに神がいたのが見えました。彼らは私のような人間じゃなかったのです。主に仕えること自体が、喜びだったのですから」と書いた。

この精神的危機は、両親が子どもたちを連れてコルヴィルを出て、オレゴン州まで行くことを後押ししたとオータムローズは綴った。最愛の兄がその移動に含まれていなかったことは、証言の中には記されていなかった。キーズは少なくとも一ヶ月は元の場所に残り続けた。理由ははっきりとしないが、兄弟姉妹から引き離すのが妥当と思えるほどイスラエルの行動が危険だったからということもあるだろう。ヘイディは後にこれを否定している。

イスラエルは怒りを露わにした。ガールフレンドに、家族が自分に依存しすぎていること、母親が自分を操縦する方法を探していることを打ち明けた。これは、大なり小なり、明白なことだった。例えば、家族がオレゴン州に引っ越す前、トラックに積みこんだタイヤをどうしても移動しなくてはならないことがあった。黄色いピックアップトラックで、キーズの手作りのラックが搭載されていた。ヘイディはキーズに、そのピックアップトラックは家族が乗っていくと言ったのだ。二人の関係性を示す完璧な喩えだとイスラエルのガールフレンドは考えたという。ヘイディは、キーズが新しい生活をはじめることも、引っ越すことも辞めさせようと必死だったのだ。ヘイディは、ジェフがやらないことをキーズにやって欲しかったのだ。下の八人の子どもの養育をして、彼女をサポートすることだった。いわば代理パートナーだ。

一ヶ月後、キーズは実際にオレゴンに引っ越し、マウピンという名の小さな町に移り住んで、家族に加わった。新しい家を建てる父を手伝ったのだ。しかし、家族が再びテントで暮らしはじめる一方で、建築中のその家は売りに出す予定だった。

これが、よく言えば懲罰的で、悪く言えばサディスティックな行為だとキーズ家の子どもが気づいたかどうかは不明だ。父親が大きな家々を建てているというのに——そこには一時的に子どもたちが住む場合もあったし、まったく住まないこともあったが——子どもたちはテントの入り口からそれを眺めるだけで、固い地面の上で空腹を感じ、なぜ自分たちが事実上ホームレスなのかと疑問に思っていたことは疑う余地がない。

一九九七年にキーズ家は、再び引っ越しをする。理由はわからないが、このときは国内の遠い場所まで移動した。ジェフはニューヨーク州北部マローンに土地を購入し、たぶん謝罪のつもりで、不動産の譲渡証書にイスラエルの名前を書き入れた。一年後、家族は再びメイン州スムーナに移り住み、アーミッシュの人々とともに住み、養蜂業をすると決めた。

しかしそれもイスラエル以外の家族の話だった。もう、うんざりしていたのだ。キーズは、定住することなく、カルト宗教を探し回るような生き方に嫌気がさしていた。アーミッシュの人々のことは愚かだと思っていた。彼の両親は、後年になってキーズが「銃を持つ狂った白人たちの集まり」と呼んだキリスト教原理主義にまで、彼を引きずり込んだ。一九九七年後半に書かれた彼の日記には、自分自身の人生を生きなかったことへの後悔が綴られている。コルヴィルに残してきたガールフレンドに会いたいと思っていた。彼女のことを考えずにはいられず、この初めての傷心を乗り越えることができるのかと不安に思った。「マウピンで、一体自分に何が起きてしまったのかと考えた。彼女を諦めることさえできないのか? なんて思ったよ。できなかったんだろうな」

キーズは、日記に家族のもとを離れることの罪悪感についても書いていたが、最終的には、それでも自分はできる限りやったのだと結論づけていた。世界はミレニアムの幕開けを迎えつつあるにもかかわらず、彼の家族は開拓者の暮らしと被害妄想に固執していたのだ。もうたくさんだった。

キーズはぼろぼろのニューヨークの家に留まった。それは十エーカーの土地に建つ小さなファームハウスで、カナダの国境近くにあった。森の中のその家に一人でいるのが幸せだった。キーズは高校卒業の資格を得られるコースを受講したが、苦労したのは数学だけだった。熱心な読書家として育ち、独学でなんでも理解できる人物だったのだ。

入隊するという目標を実現するため、キーズにはその資格が必要だった。キーズは多くを語らなかったが、入隊は両親に対する彼の新たな反乱だったのではないかと、元交際相手のタミーと最初の婚約者は感じたそうだ。そしてとうとう、一九九八年、出生証明書も社会保障番号もない状態で、キーズはアメリカ軍への入隊に成功した。

「書類上、俺は存在していないようなもんだ」とキーズは言った。

そのとき二十歳で、すでに極めて危険な人物だった。

キーズは軍について多くを語ろうとはしなかった。捜査官たちには、ともに従軍した男たちの名前をあとから教えるといったが、事件について彼らが知っているわけではないとも話した。もしかしたら、一人は知っているかもしれない。キーズはその友達に自分と似たものを感じ、多くを共有しすぎたと考えていた。そしてそれを後悔していたのだ。

しかしそのこと以外では、従軍経験はよいものだったと言った。自分でも驚きだったらしいが、キーズは優秀な兵士だったそうだ。テキサスのフォート・フッド基地に歩兵として駐留し、後にワシントンのフォートルイス基地に移動し、エジプトには半年ほど駐留した。戦闘を目撃したことは一度もなかった。キーズは成長期に一度も経験しなかった組織体系の中でもうまくやり遂げたが、友人を作るのには苦労した。周囲の男たちとどうやって交流したらいいのか、彼にはよくわからなかったのだ。それまで一度も飲酒したこともなければ、ドラッグを試したこともなかった。大衆文化について何も知らなかった。フットボールも知らなければ、ブラッド・ピットやニルヴァーナが何者なのかも知らなかった。それを聞いた男たちが唖然とすると、キーズは手短に説明した。俺はアーミッシュだ。確かに、アーミッシュだったことは嘘ではない。

軍で、キーズはＬＳＤを二度試したが、幻覚を見ただけで、幻聴はなかった。次に試したコカインを気に入った。一日百ドル分のコカインを数週間吸い続け、そして突然やめた。自分の感情をコントロールできなくなるのが嫌だった。キーズは自分をコントロールしていたかったのだ。飲酒は別の話だった。キーズはアルコールに溺れた。酒を飲めばリラックスでき、気軽に話すことができた。キーズはずいぶん飲むようになり、やがて毎晩飲むようになった。訓練があるときは何週間でも飲酒をやめることができるから、自分に問題があるとは思わなかった。しかし、意識を失うまで飲んだくれてしまったことが数回あったとキーズは告白した。エジプトから戻って間もなく、飲酒運転で軍警察に逮捕された。自分がコントロールを失ってしまうことは問題ではあったが、あっという間にアルコールに対する強い忍耐力を身につけ、家族のそばでは飲まないよう気を遣った。自分がやったことをうっかり口にしてしまうのを恐れたのだ。

それは従軍する前の行為を意味していたのだろうか？　キーズは明確にはしなかったけれど、今までの供述から判断すれば、十四年よりもずっと前からキーズの精神は分裂していたようだ。

基地でキーズは他の男たちと一緒にフットボールの試合を観戦するようになり、ゲームのルールと選手について、できる限りすべてを学んでいった。軍の同僚の誰かがキーズにとって初めてのロックコンサートに彼を連れて行ってくれた。シアトルのキーアリーナで行われた、レッド・ホット・チリペッパーズとストーン・テンプル・パイロッツのコンサートだった。当時もコルヴィルのガールフレンドと繋がっていたが、彼女はコンサートについて何も知らされていなかった。それどころか、性的関係を持たない遠距離恋愛であるにもかかわらず――二人は一度もセックスしていなかった──二人は婚約したのだ。婚約して初めてキスをした。セックスは結婚まで待ちたいと希望していた処女の彼女に対して、キーズは自分も同じ気持ちだと伝えていた。

この時点ですでに、キーズは大嘘つきだった。婚約者はキーズが出かけていっては、セックスをしてくれる別の女性を探していることを知らなかったし、少なくとも一人の売春婦と彼は交際していた。

キーズが彼女に秘密にしていることはこれ以外にもあった。彼はバイセクシャルだったのだ。精神鑑定の際これについて語ったキーズは、今までずっとそうだと感じており、それを受け入れているように見えた。気づいたのはキンバリーだけだった。なぜならある晩飲み過ぎたキーズが、不注意にもインターネットでセックス目的の男性を探してしまったからだ。彼のコンピュータのチャットを見つけた彼女がキーズを詰問したそうだが、それについてキーズの口は重かった。

二〇〇〇年の終わり頃、婚約中の身ながら、キーズは別の女性とインターネット上で出会っていた。タミーだ。

キーズの十歳年上で、前の結婚でもうけた八歳の息子がおり、彼が駐屯していたネアー・ベイ近くの基地から十マイルも離れていない場所に住んでいた。ワシントン州にあるとても狭い政府指定保留地だ。

二人が初めてランチデートに出かけたのは、十二月初旬のことだった。キーズに初めて会ったとき、実はがっかりしたとタミーは回想している。彼女は美しく、官能的な女性だった。対してキーズは痩せこけていて、鼻が大きかった。小さな銀縁の眼鏡をかけたキーズは、変わり者に見えた。イズと呼ばれていると彼は話した。キーズは白人で、タミーはネイティブアメリカンと黒人の混血だった。

二人は意気投合した。ランチがドライブとなり、そしてディナー、その後は映画になった。トラウマとなるような幼少期を語り合うことで二人は距離を縮めていった。タミーはネアー・ベイ育ちで、水道設備や電気のない家だったという。彼女は、子どもにはどうすることもできない不衛生な状態を、周囲が笑っているのではないかと心配するという、貧困や屈辱を知っていた。エメラルドの木が生い茂り、透明なブルーの海のある、息を飲むような美しい景色に囲まれているというのに、自身は不衛生な環境で育てられているということのつらさを理解していた。それがどれだけ、彼女を慰め、同時に傷つけていたのかを。

タミーの家庭環境は混乱を極め、暴力的で、結局彼女は何人もの里親の間でたらい回しにされた。十七歳のときにはすでに、アルコホリック・アノニマス（アルコール問題を解決する意志のある人らが助け合うグループ）のミーティングに参加するようになっていた。

しかしタミーは、一度も自己憐憫などしなかった。学校では必死に勉強をし、友人を作り、家族や仲間のために十三歳から働き、よりよい人生を築こうと努力した。彼女のプラス思考と独立心は、キーズに魅力的に映った。現実の世界で、自分と同じような過去を持つ年上の女性がいたことに驚いた。それも、自分の両親の周辺にいる異常者の一人でもない。彼女と一緒にいると、恥を感じることなどなかった。それから二ヶ月の間、タミーとキーズはひとときも離れず過ごした。

白人至上主義者であったという過去を、キーズは決して明かさなかった。彼の態度も、発言も、彼女に一度も疑いを抱かせなかった。

二人の間には他にも共通点があった。二人ともヘビーメタルが好きで、スラッシャー映画（サイコパスの殺人鬼が刃物でめったやたらと殺害をするというストーリー）が好きだったが、最も二人を結びつけていたのは、情欲とアルコールだった。タミーはアルコール依存症からの回復期にあったが、キーズと一緒に大量のアルコールを飲んだ。セックスは最高だった。本当に、最高の恋人だったわとタミーは言った。

そして八週間後、彼女は妊娠した。彼女はフォートルイスにいたキーズに電話したという。キーズの反応がどう転ぶかわからなかった。

心の準備ができていないとキーズは言った。中絶したほうがいいと思う。

タミーは傷ついた。産みたかったし、彼を失いたくなかった。

産むわと彼女は答えた。私のことなんか忘れて、あなたは自分の人生を生きてちょうだい。

まさかコルヴィルにもう一人女性がいたなんて、知る由もなかった。

二〇〇〇年九月二十五日の日記にキーズは、両親のもとを離れた日、罪の意識を抱くと同時に、解放されたと感じたことを記していた。十月一日、彼は婚約指輪の代金を支払い、十月十日にそれを受け取った。

プロポーズについては記述していなかったが、コルヴィルの女性はイエスと言った。彼女について最後の記述は二〇〇〇年十一月四日のものだ。

彼の元婚約者の状況は捜査官との会話が説明している。二〇〇一年の春、フォートルイスにキーズに会いに行ったとき、彼の変化を感じたそうだ。キーズは彼女を軍の友人たちに紹介したくないとはっきり言った。訓練のための練習があるから、数日間は電話をすることもできない。そう言ったかと思えば、ひっきりなしに電話をしてきた。基地にいることはわかっているのに、何週間も電話をしてこないときもあった。キーズの司令官に電話をすると「ええ、彼は基地にいますよ。元気にしています。なぜあなたに電話をしないのかはわかりかねます」と答えた。

八月か九月には結婚することになっていた。キーズは彼女に、気分がすぐれないのだと打ち明けたが、五月にはより多くを語り、そこで彼女はキーズを理解できなくなった。他の女性と寝たこと、神を信じていないことを彼女に伝えたからだ。

再び会うようになったタミーについては、キーズは元婚約者に話していなかった。中絶について、考えを変えたのだ。落ちついた生活を送るためには、タミーがベストだと思った。

婚約者とは違い、遅くまで仕事をしていたと明らかな嘘をつき、家に疲れて戻っても、タミーはキーズを問い詰めようとはしなかった。他の女性とオンラインで会話をしていたとしても、その理由を聞かなかったし、数日間も姿を消したとしても、どこへ行っていたのかは聞かなかった。気軽な人生だった。

それに、父親になることについて頻繁に考えるようにもなっていたのだ。自分はいい父親になるだろうとキーズは思った。事実上、弟や妹を育てたのは彼だったし、生まれながらにして人の面倒をみるのが上手な一面を持ち合わせていた。料理が好きで、掃除が好きだった。小さい子どもが好きだった。自分には与えられなかったケアと配慮を子どもにすべて与えることが、悪循環を断つチャンスになると考えた。

そしてその子どもはネイティブアメリカンと黒人の血を受け継ぐ子になる。自分の両親に対するさらなる反逆だ。

だからキーズは婚約者を捨て、彼を愛し続けていたタミーのもとに戻ったのだ。そしてもちろん、彼がそれまで一体何を考えていたのか、そもそもなぜ彼女を捨てたのかを、タミーは一切聞くことはなかったのである。

その年の七月、キーズは軍から名誉除隊となり、子どもを待つ二人は新居に移り住んだ。キーズは、タミーのためを思って、門外漢ながらも公園緑地管理財団で職を得た。ベッドルームが三室、バスルームが一室のぼろぼろの借家だったが、キーズは数ヶ月かけて修繕した。彼女が前の結婚でもうけた息子のキートンが、家族の一員であることを感じることができるように努力した。赤ちゃんが生まれてくることで疎外感を持たないように、ママと一緒に暮らすという男からのけ者にされたと思わないように。キーズは幼いキートンの不安感に対して敏感で、時間が経過するとともにキートンも父親としてキーズを受け入れ、愛するようになった。

だからといって、家族として生活の調和が取れていたというわけではない。むしろかけ離れていた。従軍していた時期、特にエジプトでの半年は、キーズを外交政策と経済的不均衡に対する高慢な考えを持つ人物にしたようだった。タミーや彼女の友人たちに対して、洗練されていないだとか、考え方が間違っているだとか、不法にやってきただとか、アメリカの汚点であるとか、酷い貧困状態にあるのに、上っ面と物質主義にとらわれているなどと、強く非難した。酷い貧困を知り尽くしているのはキーズも同じだと、タミーはわかっていた。しかしキーズは極度にうぬぼれ、偉そうな態度を崩さず、タミーは彼の言いたいようにさせるしかなかった。

タミーはキーズがすべてを支配するため、家事を自分で片付けようとする傾向にあることにも気づいた。キーズは常に何かを支配していなければ気が済まなかった――毎日、夜間以外は。夜になるとキーズは飲みはじめる。交際している頃よりずいぶん多く飲むようになっていた。その当時、キーズはワイン一本、ジムビームを五分の一本、六本パックのビールを毎晩飲むようになっていた。酩酊しているとき、彼女には理解できない話をするときがあった。「俺は悪い人間なんだ」と彼は言うのだ。「俺の心は真っ黒だ」

彼女はそれを信じようとはしなかった。これは彼の幼少期のトラウマが言わせていることなのだと彼女は思った。胸に逆さまの十字架の焼き印を入れ、首の後ろに星形の五角形のタトゥーを入れるなどして、キーズが自らの容貌を邪悪に変えはじめても、タミーはそれを、成長期の宗教的な教えに対する反応が遅れて出てきたものだろうと思い、納得した。彼の両親が彼をそのようにしてしまったのだ、特に母親の影響が大きかったのだろうとタミーは考えた。旧約聖書を罵倒するヘイディの電話の声からは、敬虔な態度と信心深さが滴り落ちるようだった。ヘイディはタミーに会おうとはせず、赤ちゃんが生まれても彼女の態度に変わりはなかった。

キーズにとって、これは別の触れてはいけない話題だった。両親のことだ。彼は決して父親のことを口にしようとはせず、母親との関係は明らかに複雑だった。母の選択を軽蔑しながらも、キーズは母親から認められたいと願った。彼の幼少期の様子も、タミーにとってはミステリアスなままだった。キーズは自分の子ども時代のことについて、何も語ろうとはしなかった——出来事、経験、忘れられない瞬間——彼女が心の目で幼少期の彼を再現し、彼がどのようにして生き延びたのかを知ることができるような瞬間を彼は語らなかったのだ。

未解決事件に関する特別番組を二人で視聴中に、一瞬だけ秘密の扉が開いたことがあった。内容はチェインとチェビー・ケホー兄弟についてのもので、犯罪を犯して放送前から逃走中だった二人が、逮捕しようとした警官二名と高速道路上で銃撃戦を繰り広げる様子を捉えたパトカーからの映像が放映されていた。最終的にケホー兄弟は逮捕され、一九九八年に二十四年の懲役刑を受けた後、オクラホマシティ連邦政府ビル爆破事件に関して、チェビーがティモシー・マクヴェインの仲間だったということを、チェインは供述した。チェビーはそれを否定し、起訴されることはなかった。

一年後、チェビーが一九九六年に発生した三人の連続殺人事件に関与していることが発覚した。若い家族で、被害者には八歳の女の子がいた。その三件の殺人事件について、それぞれ終身刑が言い渡された。

「知り合いだよ」とキーズは言った。俺はやつらと一緒に育ったんだ。タミーは愕然とした。ケホー兄弟は怖ろしい人間だった。友達だったの？　あなたの教会のメンバーだったの？　彼らは暴力的だった？　彼らと同じような信念を持っていたの？　彼らと一緒に悪事を働いていたの？　タミーは知りたかった。

キーズはタミーに対していい加減な答えしか与えず、肩をすくめただけだった。そして、それについては話をしたくないと明確に言い切った。喧嘩もしたくない。だからタミーは忘れることにした。

二〇〇二年十月三十一日の朝早く、タミーとイスラエルの間に女児が誕生した。タミーがどうしても譲らなかったことの一つがこの出産だった。彼女は病院で産むと主張し、子どもの頃から子羊の出産を何度も経験しているから大丈夫だと言ったキーズも、これに賛成した。

しかしタミーが分娩室に入ると、キーズが狼狽した。彼女のそばを離れず、二人の間の娘がこの世界に現れたとき、タミーはその目で目撃したという——キーズがまったく別の人間に生まれ変わった瞬間を。タミーは「あの子が生まれた瞬間に、彼の人生が変わったのを見たのよ」と証言した。

その二週間後の十一月十三日、キーズのもとに父親が死んだという連絡が入った。このときの状況は依然として明らかではなく、タミーでさえ詳細はわからなかったが、FBIが少ない情報を集めたところによると、キーズ一家が電車で引っ越しをしていたときの出来事だったようだ——飛行機での移動は、彼らの新しいアーミッシュの信念体系にそぐわないものだったから。メインからインディアナまで、再び彼らは移動していた。その旅程のある時点で、父親のジェフは体調を崩し、容態は一気に悪化した。長年、甲状腺に疾患があり、それは治療が可能な病気だったが、もちろん、医療を拒否していた。ジェフは、列車乗務員が、今すぐこの電車を降りて彼を病院に連れて行くべきだ、と介入してくるほどに状態が悪くなった。

キーズ一家は電車を降ろされたが、ジェフが緊急救命室に辿りついたかどうかはわからない。たぶん、辿りついてはいないだろう。彼の死亡記録が残っていないからだ。死亡記事も、死亡診断書さえFBIは確認することができず、墓地すらない。タミーが憶えていたのは、メイン州までキーズが葬式に出かけていったことだけだった。

キーズはタミーとも、そしてその他の誰とも、父親について語ることはなかった。キーズも、そして兄弟姉妹の一部も、ジェフによる虐待を受けていたのではと気づいた軍の友人が数名いた。そのうちの一人は、「自分は家から逃げるけれど、お前を一緒に連れて行くのは難しいから家で辛抱して待っていてくれ、最悪の状態になったら俺が迎えに行くから」と、キーズが妹に言ったのを聞いたことがあると回想した。

ペインとゴーデンも考えた。キーズは決してジェフのことをはっきりと言及しないというのに、ジェフはキーズに甚大な影響をもたらしている。それも悪い影響を。キーズは父に虐待を受けていたのではないか。ペインは、感覚的なものでしかなかったが、父親の不自然な死にキーズが関係しているのではないかと考えていた。父親が死んだ何ヶ月も何週間も前に、キーズが父親の近くに行った記録がないことが、なんの意味も持たないことをペインはわかっていた。

東への旅を終え、キーズはタミーのもとに戻った。特に変わった様子はなく、赤ちゃんに夢中になっていた。キーズはタミーに睡眠を取らせ、娘のおむつを替え、ミルクを飲ませ、保育園に連れて行った。タミーとキーズは、二人とも仕事をせねばならず、保留地の教育部門で働くタミーには残業が多かった。

争いごとが増えたのは、二人の娘が八ヶ月になった頃だった。深刻な呼吸器感染症に罹った赤ちゃんの扱いについて、二人は喧嘩をしたのだ。そのうえ出産後、酷い腹痛に悩まされていたタミーが子宮癌と診断され、子宮の摘出を余儀なくされていた。かつては完璧だと思われたすべてが、不透明になった。タミーは命を失っていたかもしれない。三十代前半だというのに、月経がなくなる。彼女よりも若いキーズが、これからも彼女と一緒にいる保証はあるだろうか？

医師が術後疝痛のため処方した鎮痛剤を服用すると、不安が取り除かれることにタミーは気づいた。彼女は次第に薬に頼り切りになった。キーズが娘の面倒を見てくれるから、寝過ごしても、薬で朦朧としても、問題はないと自分に言い聞かせるのは簡単なことだった。キーズは幼少期の娘を心からかわいがり、服を選び、幼い娘の髪を編み、ランチを作ってあげた。そのときのタミーにはわからなかったが、タミーはすでに蚊帳の外だった。キーズは事実上、シングルファーザーだったのだ。

キーズにとって、タミーの無頓着さは好都合だった。タミーには、本当の意味でキーズがどんな状態なのか、何をしているのかがわからなくなっていた。タミーの状態が悪くなればなるほど、キーズには多くの自由が与えられた。彼にとって良いことと、赤ちゃんにとっての安全は同じようなものだった。彼はタミーの様子を注意深く、つぶさに観察していた。

二〇〇三年までに、タミーの状況はより悪化し、キーズはタミーのもとを去った。もうたくさんだった。二〇〇四年の夏、キーズは娘を連れて保留地の近隣の家に引っ越していった。キーズの一部はいつまでもタミーを愛するだろうが、彼は娘を混乱に巻き込むようなことはしないのだ。タミーの部族の中で、キーズは目立つ存在だった――ハードワーカーで、才能があって、何でも修理することができて、子どもをしっかりと育てていた。キーズは二〇〇五年、出会い系サイトでポートエンジェルスに住む出張看護師のキンバリー・アンダーソンと出会う前に、少なくとも三人の女性と付き合っている。

四十一歳のキンバリーは、タミーよりも年上だった。稼ぎがよく、自立していて、出張が多く、タミーにとってはキーズを取り戻すことは困難な相手だった。それでもタミーは彼とやり直したいと心から思っていた。キーズが保留地をとうとう離れてしまうと思えば思うほど、タミーは薬を飲み、そして最悪の事態を招いてしまった。ハイになった状態で車を運転し、ネアー・ベイで衝突事故を起こしたのだ。タミーは二十五日間の拘留と、二ヶ月間入院してのリハビリテーションを言い渡された。キーズと復縁できるわずかな可能性も、彼女は永遠にふいにしてしまったのだ。

私欲のためか、それとも懸念からか――たぶん両方だろう――キーズはタミーに復縁の可能性があると思わせた。タミーはリハビリテーションから戻ると、以前より頻繁にキーズの家を訪問するようになった。目的は赤ちゃんに会うことだったが、キーズに会うためでもあり、彼がキンバリーと付き合っていることを知りつつ、二人は性的関係を再び結ぶようになった。その年の秋、タミーは子どもの誕生日を一緒に祝うことができるのではと考えていたが、当日の夜、キーズはキンバリーに会う予定がすでにあると言ってタミーを驚かせた。タミーは息が止まりそうになった。あなたが行きたいのだったら、行くべきだわとタミーは言った。

彼は出て行った。

自暴自棄になったタミーは、ポートエンジェルスにあるキンバリーの職場の住所をインターネットで調べた。ある日の午後、タミーは二時間かけて車でその場所まで行くと、キンバリーの車のフロントガラスにすべてを暴露するメモを残した。

だが、これにキンバリーはまったく反応しなかった。二〇〇六年後半、あるいは二〇〇七年の前半のある日にキーズが、キンバリーがアンカレッジに引っ越すこと、そして一緒に行こうと言われたと打ち明けるまで、実際に起きていることをタミーは一切理解していなかった。彼はアラスカに行きたいと言った。ネアー・ベイには飽き飽きしていた。変化が欲しかった。キーズがタミーとカップルに戻る可能性は一切なかった。

タミーは最後の勝負に出た。二人の子どもだ。あの子を連れて行くことは許さないと彼女は言った。さあ、選びなさいよ。インターネットで出会った女？　それとも娘？

キーズはまさかタミーと裁判で争うことになるとは予想していなかったが、ポジティブな出来事がないわけではなかった。自分がしっかりとした親であることを証明するために、タミーは酒を断つ必要に迫られたのだ。彼女は生活を立て直しはじめた。いいさ、君の勝ちだ。養育権は君のものだ。俺はアラスカに行き、キンバリーと新しい人生を送る。

タミーにとって、キーズの冷血さを見るのはこれが初めてだった。彼女を出し抜いたのだ。キーズと戦うのは無理だ。彼は自分の好きなようにするだけだ。

タミーは打ちひしがれた。二〇〇七年三月一日、彼が永遠に去っていく様子を彼女は記憶している。最高の思い出さえその記憶は曖昧だ。確実なのは、二十九歳のイスラエル・キーズがこの年の三月九日にアラスカに引っ越したということだ。彼がアラスカ高速道路を渡って、合衆国内に引っ越すとアメリカ政府に告げたことが入国記録に残っている。この事実は彼の同日の日記の記載でも裏付けがとれている。彼は「鍵を受け取って、新しい家に引っ越した」と書いていた。

それでもキーズは、すぐにキンバリーと一緒にアンカレッジに定住したわけではなかった。引っ越しをしてから三ヶ月の間、キーズは西海岸を移動し、メキシコに入った。その時間のほとんどをカリフォルニアで過ごし、表向きはオークランド、アナハイム、サンディエゴ、マルティネス、ケトルマンシティー、ナパ渓谷、サンタローザ、ヒールズバーグ、カリストガ、ロングビーチ、そしてロサンゼルスで働いていたことになっている。キーズはシアトルとワシントン州のタクウィラまで旅に出た。国境を越えてメキシコに行き、サン・イーサイドロとサンディエゴに行き、頻繁にティファアナを訪れた。

そしてキーズは、医師にもＦＢＩにもそのときのことについて、一切語ろうとしなかった。

第22章

とうとう正体を現しはじめたキーズだが、捜査官たちには新しい挑戦が待っていた。彼の協力なしに、被害者たちを割り出し、見つけ出さなければならないのだ。

クアンティコのFBI本部はネルソンを援助するため、二人の分析官を派遣した。二人のスケジュールは過密状態だった。

二人はまず、十代の頃のキーズから分析をはじめた。ほとんど孤立した状態のコルヴィルの森で、訓練を積んでいた時代の彼だ。捜査官は自分たちに問い続けた。その時代のキーズも、誰かを連れ去っていたのだろうか？と。

一九九六年、ジュリー・ハリスが姿を消した。彼女は十二歳で、身長五フィート（約百五十二センチ）、体重百十五パウンド（約五十二キロ）、両脚を切断しており、義足を着用していた。パラリンピックの金メダリストで、ダウンヒルの選手だった。彼女はコルヴィルで最も有名な人物だったのだ。

ジュリーが家を出たのは、三月三日の早朝で、黒いスカートとピンクと黒のストライプのセーターを着ていた。彼女は肌身離さず持ち歩いている犬のぬいぐるみを残して姿を消した。この日以降彼女を目撃した人はいない。

最初に疑われたのは、同居していた母親のボーイフレンドだった。前の晩、宿題を終わらせろとジュリーを怒鳴ったことを、彼は認めていた。しかしジュリーの母親が、彼は無実だと主張したため、ジュリーの失踪に関して罪に問われることはなかった。

後になって、ジュリーが最後に目撃されたのは、「トレンチコート姿の男」と一緒にいるところだったと警察が発表した。十四歳で六フィート（約百八十三センチ）の身長があったキーズは、当時十八歳になっていた。

一ヶ月後、ジュリーの義足がコルヴィル川の岸で発見された。一九九七年、残りの遺体のすべてが、コルヴィルから三マイル（約五キロ）離れた森の中で遊んでいた子どもたちによって発見された。

ベルはジュリー・ハリスについてキーズを問いただすつもりだった。走って逃げることができないような障害を持つ子どもは、シリアルキラーになりたての犯人にとって、リスクが低い――そして卑怯な――ターゲットになり得る。

捜査官たちは、一九九七年六月の終わりにコルヴィルで行方不明になった別の少女についても感心を抱いていた。ジュリーと同じように、行方不明になったとき、キャシー・エマーソンは十二歳だった。母親のマリーナとトレイラーハウスで二人暮らしをしており、放火によってそのトレイラーハウスが焼かれ、中から母親の遺体が発見された後に、行方不明者として届け出された。森で火を熾《おこ》したものだったとキーズは言っていた。放火は殺人の証拠を消し去るものだ。

ジュリーのケースと同様、警察には手がかりがなく、容疑者も見つからなかった。

翌年四月、腐敗し、動物によって食い荒らされた状態のキャシーの遺体が、コルヴィルから車で十三分の距離にあるケトル・フォールズ近くの森の中で発見された。警察はキャシーと母親の殺害は同一人物によるものだと信じて疑わなかった。

どちらの事件も解決には至らなかった。キーズは一九九七年にオレゴン州のマウピンに移り住み、コルヴィルで発生していた少女の殺人事件はぴたりと止まった。

キーズはどちらの少女の殺害も決して認めなかったが、後になって、捜査官たちに語った。俺が初めて燃やしたのはトレイラーハウスだった、と。そして彼の元婚約者がよくよく考えてみると、彼の親戚の一人が、キーズと別れた後になって、彼女にこう言ったことがあったそうだ。

「君は彼の最後の希望だった。今から彼に何が起きるのかわからない」 その言葉通りの何かは実際に起きはじめていた。

事情聴取の最後、何か質問はないかと捜査官たちが彼女に聞いた。すると彼女はイエスと答え、こう言った。「コルヴィルの少女たちを殺したのは彼なのでしょうか?」

第23章

四月二十九日月曜日、精神鑑定の結果がケヴィン・フェルディス検事に手渡された。翌日の午後、フェルディスとアルコール・たばこ・火器及び爆発物取締局の二人の捜査官が秘密裏にキーズの事情聴取を行った。フェルディスはこの事情聴取について裁判所の記録には残さず、ペインと捜査チームに対して内容を伏せようとしていたようだった。その理由は正確にはわからないが、縄張り争いが激化していたようだ。

ほとんど直後に、フェルディスはすべてを台無しにした。

キーズはバーモントに関して質問しはじめた。ＦＢＩのメンバーがファームハウスに派遣されていたことを知っていたので、カリアー夫妻の遺体の一部が見つかったかどうかを聞きたかったようだ。この犯行を彼が自供してから三週間以上が経過していた。

ちょうどその日の朝に、FBIはバーモント州コベントリーにある埋め立て地で捜索をはじめていた。ペイン捜査官とベル刑事はこの件に関してキーズに与える情報を限定したいと考えていた。殺人事件の六ヶ月後に、四十万トンものゴミが広がる百エーカーの土地でビルとロレインの遺体を見つけ出せる可能性は、控え目に言っても、高くはない。

「カリアー夫妻について、捜査はどれぐらい進んでいるんだ？」とキーズがフェルディスに聞いた。まるで天気を聞くような、気軽なトーンだった。「東に行ったやつらは、どのへんにいるんだ？」

「まだ遺体は見つかっていない」とフェルディスは答えた。

「冗談だろ？」とキーズは疑い深い様子で聞いた。

「本当だ」

「間違った家を探しているわけじゃないよな？」

「間違ってはいないと思う。Googleマップでもう一度探してみてもいいが」

フェルディスは忘れていたのだ。キーズはインターネットにアクセスできるということを。キーズは地元新聞で捜査の進展について読んでいた。

「先週の金曜日あたりに、かなり掘り返したっていう記事を読んだから」とキーズは言った。この日は火曜日だった。

フェルディスは言葉に詰まった。「まだ捜索中だと思う」

「でもあんた、今、見つかっていないってはっきり言っただろ。それってまったく……」

「遺体を発見していないということだ」とフェルディスはとりつくろった。「だから、探し続けなければならないということだ」再び攻守が変わった。キーズが攻めに入った。フェルディスはそれに気づいていないようだった。

「そんなにデカい家じゃなかったけどな」とキーズはつぶやいた。

「イスラエル、我々が心配しているのは、二人は家の中にいないかもしれないということだ。家は取り壊され、家具は持ち出されていた」

長い沈黙。もしそれが真実であれば、遺体は埋め立て地にあることをキーズは知っている。

「へぇ……」とキーズは言った。「おかしいなあ……まったく」

「お前はどこにあると思う?」とフェルディスは聞いた。「何か他に言いたいことがあるのか、それとも……?」

まさか。キーズは彼らにカリアー夫妻のことも、他の被害者のことも、一切教えるつもりはなかった。なぜなら、明らかになったことがあるからだ。キーズのコンピュータの中に、カリアー夫妻事件に関する情報が至るところに残っているにもかかわらず、彼の自供なしに、FBIはキーズとカリアー夫妻の事件を結びつけることができないということだ。彼と事件を結びつける証拠を、FBIは一つとして摑んではいなかった。

彼は予想以上に優れた男だった。

フェルディスでさえ、一つだけ正しい行いをしていた。アルコール・たばこ・火器及び爆発物取締局の捜査官が、キーズの銃器組み立て能力を高く評価していたとほのめかしたのだ。それはキーズをたいそう喜ばせた。キーズは今まで、自らの銃に対する高い知識について誰かと語ったり、美しい組み立て方を見せることができなかった。キーズは喜んで話すに違いない。

キーズの犯行はあちらこちらからアイデアを拾い集めたものだったが、一方で彼は自らのオリジナリティも強調していた。リボルバーやライフルを分解して、自分なりの仕様に合わせて部品を加え、改良した。自作のサイレンサーを取り付け、照準器と赤外線カメラを使った。動く標的を検知するシステムを考え出し、それを使って森で訓練を重ねた。ビル・カリアーを殺害したときに使用したサイレンサーのテストは、自宅の前庭で行った。「五十ヤード離れた場所からでも、楽々と頭を狙える」とキーズは自慢した。「組み立てていたときは、隣の家の真横にある小屋の中で試し撃ちをしていたよ……銃に関しては大きな計画があったからな」

詳細を述べることを避けたキーズだった。ただ、別のプロットと空想については話をしたがった。

それは辺境の地の道路で、夜中に、「誰も何か起きると予想だにしない場所」で行われるはずだったとキーズは言った。交通はほとんどなく、五分、あるいは十分に一台の車が通り過ぎる程度のそんな場所で、キーズは自分が道路脇に姿を隠し、双眼鏡越しに運転手を観察する様を想像したという。「まあ、いわゆるショッピングみたいなもんだな」と彼は言った。「女の乗った車のタイヤを撃つとする。一人きりで、どうしようもなくなって車を停める……撃った場所から半マイルぐらい進んだ場所で……」

もっとも、この計画はキーズのオリジナルではなかった。ヘーゼルウッドの『ダークドリームズ』でとある人物が同じようなことをしていたのだ。

しかし、この計画的な待ち伏せ攻撃について語ることが、キーズから驚くべき自白を引き出すきっかけとなった。サマンサを連れ去る以前、アンカレッジでは一度も事件を起こしていなかったと誓ったキーズだったが、それは完全な真実ではなかった。キーズは事件を起こそうとしていた。それも、一度以上だ。彼曰く、過去数年に亘って、自分の衝動を抑えきれなくなっていたのだ。二〇一一年の春、数夜にわたってアースクウェイク・パークで張り込み、カップルの連れ去りをしようとして、結局、交通量が多すぎて断念したのだという。

より小さな公園に自転車で向かったこともある。恋人たちが集うことで有名な、電灯のない岸辺に面した道路があったのだ。そのエリアは孤立していて静かで、広くて、オープンだった。隠れることができる場所は、一軒の納屋の後ろだけで、キーズはそこに身を隠していた。照準器とサイレンサーを携帯していた。

「十時か十一時頃だったと思う」とキーズは話しはじめた。声は低くなり、ゆっくりとした語りがはじまった。「車内に若いカップルがいた。からかってやりたくて、たまらなくなってなぁ」キーズは約五十ヤード離れた場所にいたそうだ。暗闇に包まれていた。水も、空も、切れ目のない漆黒だった。

もう一台の車が狭い道路を移動し、近づく音が聞こえてきた。パトカーだったが、それが障害とはならなかったそうだ。興奮した。「警官を撃ってやろうと思ってね」とキーズは打ち明けた。

「ガキの頃から……俺の白人至上主義の根底にあった妄想みたいなものがあった。いつか警察を待ち伏せしてやろうってね。そしてどういうわけかあの日の夜、俺はあの場所に長いことといて、退屈で、ハイになっていたもんだから、やりかけちまったよ」

しかし一人目の警察官が援護を要請した。それは不法侵入者を捕まえるにしては大げさだったが、数分以内に別のパトカーがやってきた。「このときは、もう少しでややこしいことになるところだった」とキーズは言った。「若いカップルが公園で座ってるってだけなのに、まさか応援を呼ぶとは思わないじゃないか。だから、あの警官が本当に近くまでやってきたときは……。やっちまっても誰にもバレないって考えて……もう少しで引き金を引くところだった」キーズは興奮して体を前後に揺らして、鎖を鳴らした。

「もし俺があの警官を撃っていたとしても、音なんて聞こえなかったはずだ。車の窓の横に立っていたと思ったら、次の瞬間にはぶっ倒れてる。何が起きたのかもわからない状況だ。でも、そこにいた全員にとって幸運なことに、もう一人の警官がパトカーから出てきてからは、俺は自分を取り戻して、数週間待とうと思ったというわけだ」キーズは自転車に飛び乗ると、夜の闇に消えていった。何も知らない四人は、キーズが自制したことで、今も命を繋いでいるというわけだ。

キーズは警察無線傍受装置を購入することを決め、アンカレッジでは二度と狩りをしないと誓った。

ただし、と彼は言った。イーグル川近く、ノーフォーク地区にあるハイキングトレイル二カ所にも、銃の隠し場所があるのだとキーズは証言した。埋めた場所から見えるようになっていないか、数回その場所に赴き、確認したそうだ。一つも露出はしていなかったと胸を張った。でも、

「いつもの場所に戻ることにした」とキーズは言った。「東だよ」

再び、手がかりが現れた。キーズは西よりも東で殺害を繰り返したのだろうか？　捜査員たちは、キーズが、それまで聞いたことがないような話や、明らかになっていないのではと恐れていた話をしはじめていることがわかっていた。どれだけ誇張されているか判断するのは困難かもしれないが、キーズが語ったことの多くは裏付けが取れていた。だから、キーズを信じるのは妥当だろうと捜査員は判断した。

「計画は山のようにある」とキーズは口にした。「それも規模の大きな計画だよ」

フェルディスがその内容を問いただしたが、キーズはそれ以上は語ろうとはしなかった。カリアー夫妻が見つかるまでは、二人の写真をこの目で確認するまでは、俺は話さない。フェルディスは何も理解していなかった。

「なんの写真だって？」と尋ねた。

「犯罪現場さ」とキーズは答えた。

「なんのために？」

「遺体が見つかった場所を確認するためだよ」

「ああ」それでもフェルディスには理解できなかった。「だったら、そう説明してくれ。理解できなかった」

「しゃ・し・ん、だよ。俺が見たいのは、写真だ」

「遺体の？」フェルディスは衝撃を受けていた。

「当たり前だろ」

フェルディスは言葉を失っていた。この瞬間、ようやく、彼は恐れおののいていたのだ。カリアー夫妻が死亡してから、一年が経過していた。

「なぜ姿を見たいんだ？」

キーズは笑い出した。「見ればあんたが二人を見つけたってわかるから」

フェルディスは気づいた。それが本当の理由ではない。キーズは自分の行為を心から楽しみたいのだ。怯えているだけではなく、フェルディスは茫然自失としていた。キーズはフェルディスの表情に浮かぶその恐怖を、じっと見つめていた。

スティーブ・ペイン捜査官が、フェルディス検事の秘密の取り調べについて知るのに時間は必要ではなかった。それを知ったペインは、とうとうフェルディスに対峙することになった。裁判所ではじめて取り調べについて耳にしたのはゴーデン捜査官の友人で、それについて聞かされたゴーデンは、にわかに信じることができなかった。そんな馬鹿なことが起きるわけがない、特にキーズのような重要参考人に対して秘密裏に尋問が行われるなんて。ゴーデンは確認するため何カ所かに電話連絡を入れた。そして、それは真実だと確認した。君の事件の担当検事は、まったく滅茶苦茶だ。

このダメージの規模は計り知れない。ミクロなレベルでの話をすれば、ペインの捜査チームは、これまでキーズとの信頼関係を築くため、様々な角度から細かい熟慮を重ね、必死に動いてきた。ジェフ・ベル刑事はキーズと会話したいがために、連日刑務所に通い詰めていた。ベルはキーズと会うたびに全身を検査し、すべての尋問に立ち会っていた。キーズはベルを気に入っていた。アウトドア派の性格と、毅然とした態度が最高だと言っていた。そんな積み重ねの重要性を捜査チームは理解していた。

捜査チームはまた、ドール刑事のチームからの除外をスムースに進めることにも成功していた。事件が連邦裁判所の管轄となってからは、チームに誰を残すかについては、ペインと彼の上司にすべての判断は委ねられていた。ドールを名指しで指定するキーズのことを考慮し、ベルはドールを担当から外すことを心配していたし、ドールがいたことでキーズの二回目の供述が促されたという側面もあった。キーズは主導権を握ることが何より好きな男で、もし彼がドールを残せと主張するのであれば、そうしなければならない。

しかしドールが事件を離れて以降、キーズが彼女を求めたのは一度か二度で、その後は二度と彼女の名前を口にすることはなかった。キーズはそんなことよりも、自分の弁護士を解任することと、刑の執行日を知ることに躍起になっているようだった。

そういう事情もあって、ペインは安定した環境を求めた。ペインは常に取り調べには立ち会う存在で、キーズが捜査状況やＦＢＩの操作手順に関して投げかける質問に答えることが彼の役割だった。ペインとベルは初期の段階で、知らないことは知らないと認めることが大事だと気づいていた。なぜなら、間違いなくキーズがそれを見破るからだ。

ゴーデンの経験は非常に貴重なもので、取調室の唯一の女性であるゴーデンは、秘密の武器のような存在だった。権力を持つ女性――キーズが魅力を感じていない女性――の存在はキーズを不安にさせた。ゴーデンは、捜査員たちにとって、そういった意味で有利な存在だった。キーズがあまりにも恥ずかしい気持ちになって、うっかり口を滑らせるように、ゴーデンに特定の質問や指摘をしてもらいたいと捜査員たちが願う場面もあった。そしてゴーデンには、いつキーズにプレッシャーをかけるのがいいのか、いつ引き下がればいいのかということについて、経験によって磨き抜かれたセンスが備わっていた。彼女は決して声を荒らげることがなかった。

このような安定したルーチンに加え、ペインの捜査チームはキーズに常に同じキャンディーと葉巻を与えていた。些細なことであるとはいえ、捜査官たちは信頼に足る人物で、仕事に自信を持っているチームであるとキーズに伝えたかったからだ。

もしペインとゴーデンがフェルディスの居座りを知らされないまま、キーズが次の取り調べのときにフェルディスの話題を持ち出したとしたら……彼がそうしない理由などあるだろうか？キーズは秘密裏に行われる取引に取り憑かれたようになっており、死刑執行を早めようという自分の企ての正否について知りたがっていた――だが、彼は捜査チームの混乱を目撃することになる。経験と訓練を積んだ捜査官たちでさえ、所詮、人間なのだ。驚きを完全に隠すことはできない。その瞬間、彼らが注意深く、六週間以上もかけて築き上げてきた信頼が、消え去ってしまうのだ。たぶん、永遠に。

それはキーズにこんなメッセージを伝えることにもなる。分裂が勃発しているんだろう。互いが手の内を知らないのだ。キーズはこれを利用する方法を知っている。

マクロのレベルに話を移せば、今や捜査官たちは新たな領域に到達していた。キーズは刑の執行日を知りたいと希望していて、捜査官たちはそれを実現するため、制度上の障害を打ち砕こうと懸命だった。キーズの要求がなかったとしても、この事件は稀に見る複雑なケースで、国内の複数の管轄区域を股がって発生していた。州警察と地元警察が捜査にあたる必要があったが、情報は与えられることがなかった。そして、政府の上層部によって秘密裏に結ばれた取引まで存在していた。もしFBIがフェルディスの秘密の尋問に関して知らされていなかったとしたら、司法庁が知り得た可能性は低い――そして司法庁は、連邦裁判所管轄の死刑案件に対する、唯一の決定機関なのである。

捜査員と検察官はすべてを――まさにすべてを――規則に従って進めなければならなかった。それなのに、ケヴィン・フェルディスが台無しにしていたのだ。

これは一度限りの失態というわけでもなかった。ある時点でフェルディスは、ルッソ、ペイン、ベル、そしてゴーデンのために尋問用の台本を実際に書き上げ、自分が期待するキーズの返答まで書き入れていたのである。

チームは足を引っ張られた形だった。これが尋問を成功させるための戦術とは到底考えられない。それに、イスラエル・キーズの発言が予想できないものであることを、フェルディスはこの時点でも理解できなかったというのか？

これがアラスカ以外の州でのやり方だとフェルディスは言った。

まさか、そんなことがあるはずもない。

捜査チームが本当の脅威であるイスラエル・キーズに対して、当然の信頼関係を構築した途端、フェルディスは虚勢を張りだしたのだ。捜査チームはキーズのいる部屋で武装を解くことなど決してなかった。捜査官は彼の視線が彷徨い、プラスチック製品やストローやコンセントを凝視し、頭の中で思考を巡らせている様子をつぶさに観察していた。捜査官たちにとっては、キーズが脱出の方法を模索し、それを実行に移すだけの知能を持つことは明らかだった。ジェフ・ベルは何度も震え上がるような思いをした。特に、キーズが体を撫ではじめるときはそうだった。

やつはまるで雑談でもはじめるかのように簡単に、俺を殺すだろう。ベルはそう思った。

フェルディスは依然として方向を見失ったままだった。最終的には、連邦検察官フェルディスに向けられた苦情は正式なルートを通じてワシントンDCまで送られた。フェルディスが受け取った言葉は以下であった。あなたの態度は受け入れられるものではない。

それでも、驚くことにケヴィン・フェルディスは取調室に居座り続け、ときに指揮を執った。今日になるまで、なぜそれが許されていたのか、理由を知る者はいない。

第24章

連日、そもそも複雑な事件に新たな混乱が生じていたが、最も深刻な問題だったのはキーズの早期の刑の執行要求だった。四月までの一ヶ月で、捜査員たちと六度にわたって会話を重ね、その都度、キーズは知りたがった。死刑はどうなっているのか？　一日中それについて話すことはできるが、執行日を教えなければ他の犠牲者の名前は出さないとキーズは譲らなかった。

早くも四月十二日になっていた。逮捕されてから一ヶ月が経過し、フェルディィス検事、ルッソ検事、ゴーデン捜査官、そしてベル刑事と一緒に部屋にいたキーズは、すでにこの問題を繰り返し強調していた。一方でフェルディィスはキーズのご機嫌を取ろうとしていた。死刑判決が出ている事件は長くかかるのだと彼は言った。連邦裁判所管轄の死刑判決は、余計に時間がかかる。多くの仕組みが整備されていて、それは動かせないものだ。アメリカ政府による違法な死刑が行われないために。手続き、多数の役人、そして書類仕事がある。一年以内に執行日を知る方法なんてないのだと。

キーズはため息をついた。

「そんなに書類が多いんだったら、連邦政府はメールを使えよ。どれだけ多くの人間が話し合いをするにしても、ペーパーワークが山ほどあるとしても、一年もかかるわけねえだろ。一年なんて、かかるわけがない、い、い、い、い」

キーズが法律について知らないわけではなかった。意欲的なキーズは、刑務所の法律図書館で時間を過ごし、正しい質問は何かということを知り尽くしていた。フェルディスが下調べをしているのか、それとも無能なやつなのか、あるいはただごまかしているだけなのか、確認したかったのだ。

「俺が確認したいのは、最近の事例だ。過去十年の連邦裁判所管轄の事件でいい。死刑になるのに必要な被害者数の平均は？　俺はあと何人必要なんだ？」

キーズは自分の要求が異例ではないことを知っていた。

「オクラホマシティ連邦政府ビル爆破事件の後、ティモシー・マクヴェインはすべての上訴権を放棄して、死刑囚監房にあっという間に移動したじゃないか」

フェルディスはそれを事実だと認めた。「しかしその事件について周囲の考えは、今回の事件とは違う。あれはテロリズムだ」

「そうとも言える」とキーズは答えた。「しかし、俺が一緒に育ったような連中は彼を愛国者と呼んでいた。英雄だと」キーズも同じように感じていたのだろうか。彼はそれについては口に しなかった。ベルはマクヴェインの要求で早められた死刑執行について話を戻した。

「なぜ執行が早められたか、知ってるか？」とベルは質問した。「やつの犯した犯罪の多さが理由だ。率直な話、まぁそういうことだ。これ以上率直に言うことはできない。犯罪数の多さが、お前をゴールまで導くということだ」

「でも俺は数を多くしたくないんだよな」とキーズは言った。「俺が教えてやった分で、十分俺のゴールには辿りつけるはずだと思う。もしそれで十分じゃないとしたら、それは仕方ないことだ。だって、今の時点であんたらだって確信できないんだろ。どうにもできないことが多すぎるって言ったじゃないか」

詰んだ。フェルディスとルッソが、最終判断は彼らではなく、司法省の死刑裁判担当課に委ねられているとキーズに繰り返し伝えていたのだ。

「もう少し自分で調べたほうがいいな」とキーズは言った。「連邦裁判所管轄の死刑案件って、それほど多くはないんだろ？」

フェルディスはまるで、初めて知ったように反応した。「その通りだ！」と彼は言った。「確かに、それほど多くない州もある。それは事実だ」

ルッソはこれを突破口にしたかった。「被害者が居住していた州がわかるのであれば、その州の法律を調べて、ゴールに近づくことができるかどうか判断すればいい」

「だから、関係する州は少なければ少ないほうがいいんだよ」とキーズは言った。「もうすでに、二つの州にまたがっているわけだし……」

ルッソは別の戦法で攻めた。「地元警察が……もし彼らが事件解決のために全ての責任を押しつけるようなことをしはじめたらどうする？　彼らはそうするかもしれない。やってもいないことを、お前の責任だと言うかもしれない」

キーズはそれを笑い飛ばした。「そこまでやらないと思うさ。少なくとも遺体がなけりゃな」

これはベルにとって、別の手がかりとなった。キーズは被害者の多くの遺体を焼くか、埋めるか、水中に投棄した可能性がある。カリアー夫妻のように地上に残っている被害者でさえ、長期間、腐敗した状態で放置されているかもしれない。

ルッソは別の手を試した。キーズは父親だった。被害者の親が事件解決を望んでいることは理解できるのでは？

いや、そうでもないなとキーズは答えた。「俺だったら、残忍な方法でレイプされて殺されたと知るより、メキシコのどこかのビーチでゆっくりしているとでも考えたほうがいいね」とキーズは笑った。「俺が言いたいのは、ここにいる全員が同じものを求めているってことだ。俺が持っている情報をすべて欲しい。俺は適度に情報を与えたい。あんたらは俺を罰したくて、俺は罰を受けたい。だから、どうやってゴールに到達するか、お互いが納得していないとはいえ、俺たち全員が同じゴールに向かって努力しているというのは間違いない」

ベルにとって、このやりとりのすべてが時間の無駄だった。キーズは他の犠牲者に関する取り調べを完全に掌握し、死刑に関するディベートへと導いた。「わかった」とベルは答えた。通常、ベルのトーンは落ち着き払ったものだったが、今や早口となっていた。彼はうんざりした表情でテープレコーダーのスイッチを切った。

何から何までイライラする。キーズの巧みな操作だけではなく、フェルディスのスタンドプレーにも腹が立った。すべてが時間を無駄にする。捜査員たちは三人の被害者を特定したが、キーズは気にもしなかった。キーズの証言なしでは、事件を解決に導くことができなかったし、家族に知らせることさえできなかったのだ。リスクがあったとしても、捜査員たちはキーズにプレッシャーをかけ続けるしかなかった。一体でも多く、遺体を発見する必要があったのだ。

第IV部

第25章

カリアー夫妻の捜索に、ＦＢＩはすべてのリソースを使った。毎朝、頭上にカモメとハゲワシが形を変えながら飛び交うゴミ処理場で、夏空の下、数百人の捜査官が協力して捜査を行った。休暇を返上してボランティアとして捜査に参加している捜査官もいた。レーキで一万トンものゴミを掘り返し、メタンガスの悪臭と腐敗と戦った。

数週間が経過した。この捜索はＦＢＩ史上最大規模の捜索だったとペイン捜査官とベル刑事は考えた。

そして、何が起きたというのか？

「**遺体は発見されなかったそうだ**」

キーズはＦＢＩの事務所でフェルディス検事と向かい合わせに座っていた。五月十六日のことで、フェルディスはキーズとの会話の最初にこう告げ、キーズはそれを嘲笑った。四月の最初の週にキーズが自供してから、FBIはずっと捜索し続けていたのだ。

「早くしゃべりすぎちまったんだな」とキーズは言った。

「なぜ犬を放さなかったんだ?」

「ゴミの山だからだ」とベルは答えた。「安全ではない……」ベルでさえ必死だった。

FBIが遺体を発見するまで待ちたいと、キーズは言いはじめた。

ときが経つにつれ、FBIが信頼性を失いつつあることがベルにはわかっていた。ベルはキーズの万能感に、自分だけが他の殺人事件の鍵を握っているという考えに、風穴を開けようとした。

「我々が行った捜査によると……」とベルは口火を切った。「行方不明者の数を言ったところで驚きはしないだろう。三十回を超える現地調査によると、君が行った場所では、同じぐらいかそれ以上の人数が消えている」

「なるほど」とキーズは相づちを打った。

再び、ベルが主導権を握った。バーモントで行われた大規模な捜索の後も、彼らはキーズの名前をメディアに漏らすことはなかった。現場では大きな動きがあった。潜水チームはブレーク・フォールズ貯水池で殺害に使用された武器を押収したが、メディアに掲載されることは一切なかった。上司が他の管轄権にまで手を伸ばさないようにするには、自供しかないとベルは言った。

結局のところ、キーズが守りたいのは家族だ。そうだろ?

「家族は強迫を受けたりしている」とキーズは認めた。「家族にとってはきついことだ。だって俺が無実だと未だに信じているんだから」

ベルは驚きを隠すことができなかった。「テキサスの君の家族のことか？　それともここの家族のことか？」

「こっちの家族のことさ」とキーズは言った。キンバリーはキーズに面会に来ては、「あなたがやってないことはわかっているから」と言い、キーズは返す言葉もなく、ただそれが真実だと彼女に思わせている。真実を受け入れたとき、キンバリーに何が起きるのか、キーズは心配していた。

「ある程度知っている人たちは全員、俺の犠牲者だよな」とキーズは言った。「だってこれから先何年も、このことで苦しめられるんだから」

ベルはキーズの存在を秘密にしていることについて話を戻した。その件について、キーズには言いたいことがあった。キーズは取調室で注目を一身に浴びることに取り憑かれていて、ＦＢＩと行動心理学者が自分に抱く強い興味に夢中だった。キーズは彼らを圧倒し、そして困惑させていた。

「さてと……」とキーズは口を開いた。「今日は葉巻を頂けるのかい？」

「それで話をしてくれるというなら」とベルは答えた。

「話すよ」とキーズは答えた。「まだ遺体の場所は言うことはできない……旅行中に起きたことも、まだ言うわけにはいかない。でも、俺が話す内容の時系列を立証できるネタを教えることはできる」

なんということだ。キーズはまさに彼らに次の犠牲者の名前を告げようとしていた。

「よし」とキーズは口火を切った。「ニューヨークだ。何年だったのかは、はっきり記憶していないけれど、タパー・レイクで銀行強盗があったはずだ。あの事件は俺がやった。あの町では長いこと発生していなかった銀行強盗だったはずだ。これで日時がわかるだろ。時間枠だ」

別の部屋で供述内容を聞いていたキャット・ネルソンは「銀行強盗、タパー・レイク」でGoogle検索を行った。トップにヒットしたのは、二〇〇九年四月二十一日のニュース記事だった。彼女はその日付をベルにメールした。

キーズがまずバーモントに行ったのは、後に銀行強盗で使用し、その二年後のカリアー夫妻誘拐時にも使用した銃を掘り起こすためだったそうだ。あまりにも小さな町のため、銀行強盗の発生で警察官全員とSWATチームまで出動し、学校が休校となったタパー・レイクでも、キーズは同じ銃を使用した。タパー・レイクで近年起きた最大の事件、いや、過去最高の事件だったかもしれない。キーズはこの事件に関する記事をいくつか読んだだけで、その後、事件報道を確認することは一度もなく、銃と金を二カ所に埋め、車で走り去っていた。

バーモント州と交換する情報を捜査員たちは手に入れた。

しかしフェルディスはそれだけでは不充分だと言った。何かもっと大きな事実、もっと大きな褒美が必要だ。「てっきり、ニューヨークに遺体があると供述してくれるのかと思っていた」とフェルディスは言った。「それを聞いたら、『話はまとまった』と言えるじゃないか」

「だから……俺が言ったように……」、そう口にするとキーズはひと呼吸おき、そしてクスクスと笑い出した。「だから、ニューヨークでは、いろいろなことが起きてな。でも、今すぐに詳しいことは言えない」

フェルディスは、再びキーズに頼みこんだ。「ボスを納得させるためには、もっと誠意を見せなくちゃいけない。家族を守りたいというのなら、自分のプライバシーを守りたいというのなら、大きな情報がないとダメだ。名前、日付なんてどうでもいい。遺体だ。あるいは数人分の遺体だ。ニューヨークには何人いる？」

キーズはこれを黙って聞いていた。四分が過ぎた。

「ニューヨークでは一人だ」

「ニューヨーク在住の人物なのか？」

キーズは何も言わなかった。

「その人物は報道されたのか？」とフェルディスは聞いた。

キーズはそれに答えようとはしなかった。

「報道はされたんだな」とベルが言った。

「ああ」とキーズは認めた。

「遺体は」ベルは続けた。「遺体は埋めたのか、それとも水の中？　いずれ回収ができる状態なのか？」

「いい質問だな」

「埋めたのか？」

キーズは鼻を鳴らした。「何か見つかるはずだ」

四人目の犠牲者だ。年齢、性別、居住地は不明だが、キャット・ネルソンが北東部でのキーズの行動範囲のすべてを遡って調べ、その時間枠内で行方不明になった人物とキーズの移動を照合することが可能だったほど、近々の出来事だった。もしこの事件の解明に成功し、遺体の身元を割り出すことができたら、キーズに揺さぶりをかけることができるのではないか。

第26章

一方、キーズとキンバリーの時系列の年表がネルソン捜査官によってできあがりつつあった。チームは、キンバリーがキーズの事件について、そして彼の本当の姿について、一切知らなかったという供述は、真実だと確信していた。しかしキーズは頻繁に旅行をし、飛行機のチケット代やホテル代を彼女のクレジットカードで支払っていたため、ネルソンは二人分の旅行日程を照らし合わせ、キーズがキンバリーとは別に、単独で旅行に行った日付を割り出さなければならなかった。

捜査局は最終的に二人の年表を公にすることになるだろう。より詳しい資料については、FBIの内部資料に限定して使用することになる。

捜査官たちはキーズの頻繁な訪問先を分析し、その移動傾向を掌握しつつあった。オレゴン、カリフォルニア、ワイオミング、ユタ、ニューヨーク、メイン、そしてインディアナ州。ニューハンプシャー、マサチューセッツ、コネチカット、バーモント。テキサス、ルイジアアナ、アラバマ、フロリダ。オハイオ、ミネソタ、アリゾナ、ノースダコタ、オクラホマ。ネバダ、コロラド、ニューメキシコ。カンザス、イリノイ。そしてハワイだ。

小さな町だけではなく、キーズは大都市にも訪れていた。サンフランシスコ、ロサンゼルス、オークランド、サクラメント、サンディエゴ、ボストン、ニューヘイブン、マンチェスター、シカゴ、シアトル、ポートランド、ソルトレイクシティー、クリーブランド、ジャクソン、モビール、オマハ、フェニックス、ラスベガス、オーランド、ニューオーリンズ、デンバー、アルバカーキ、ヒューストン、そしてオクラホマシティ。

キーズは国境を越えてカナダにも頻繁に訪れていた。「カナダ人はカウントしなくていいさ」と、キーズが一度言ったことがあった。ジョークとして流そうとしたものの、捜査官たちは真剣に受け取った。若い頃、ニューヨーク北部から簡単に行くことができるモントリオールにいたキーズは、売春婦を買うためだけに現地を訪れていたことを後になって認めた。しかし、捜査官たちにはその意味がわかっていた。練習だ。特に、緊縛のための練習だった。シリアルキラーの共通点として知られていることだが、彼らは公の顔と別の顔を使い分けている。良き夫の顔、頼りがいのある、家庭的な男という顔と、本当の顔だ。もし何か悪いことが起きたとしても、リスクは最小限で済む。売春婦が行方不明になろうと問題になることはなく、キーズは彼女らを頻繁に買っていた。テキサスで逮捕されたとき、ルイジアアナ在住のセックスワーカーとトランスジェンダー数名の名前と電話番号のリストが発見されている。アンカレッジでは売春婦を雇い、地元のモーテルで会っていた。キーズはそれについて詳細を語ろうとはしなかったが、自分の性癖に対する捜査官たちの読みは当たっていると認めていた。なにせ、捜査官たちはキーズのポルノコレクションを入手しているのだ。

キーズはメキシコの国境も頻繁に越えていた。ときに徒歩で越えていた。しかしキャット・ネルソン捜査官は彼の日記から、このメキシコ行きは売春婦を買うことやハンティング以上の目的があったことを知った。そして、それは最近の出来事でもあったのだ。

二〇〇六年五月十二日、サンディエゴまで車で移動した後、キーズは「手術のため、移動」と記した。翌日の日記に、とある手術の手順（詳細の記載なし）と二日間の入院（病院名の記載なし）の事実が綴られていた。「ワシントンに戻る」と、五月十五日の日記にある。

二〇〇六年六月二十一日。「手術のフォローアップにメキシコへ」

この日記の記載はキーズのことに他ならなかった。キーズ家の人たちは医師や医療を信じていなかった。イスラエルには近しい友人はいなかった。当時、キーズはタミーとネアー・ベイに住んでいて、タミーは医療的ケアをすべて地元で受けていたと話していた。だから、この手術はキーズが秘密に受けていたものだ。なぜ？　キーズは翌年にもメキシコに向かっている。

二〇〇七年四月二十四日。「歯科治療のためサンディエゴ。ラップバンド手術、フィル（詰め物）」

二〇〇七年四月二十七日。「フィル&歯科医」「午前十時にフィル」

ネルソンはGoogle検索で、キーズが治療に通ったメキシコ北西部ティフアナのルルド・ペレス医師の事務所の電話番号を探し当てた。

二〇〇七年四月二十八日。「フィル」

キーズがアンカレッジに引っ越してから二ヶ月ほど後に書かれたこれらの日記の内容は、とても奇妙だった。歯科医で受けた治療は理解できるが、なぜラップバンド手術（腹腔鏡下調節性胃バンディング手術）なのか？　キーズは背が高く、手足の長い男性で、細身だった。従軍時代の記録は定かではないが、キーズは常にランナーだった。初めてのレース記録は二〇〇六年ワシントン州オリンピアで開催されたマラソンのもので、その後、ポートエンジェルスでも少なくとも一回は走っている。若い頃から肉体労働をしてきている。細身で、強靭な肉体を持つアスリートが、当時わずか二十八歳という年齢で、食物の摂取を制限する手術を自らすすんで受けるのだろうか？

それだけではない。二〇〇七年四月二十九日、キーズはティファナの美容整形クリニックCOSMEDの予約をしていた。渡航記録もそれを裏付けていた。FBIはキーズがアメリカ軍に所属していた当時の写真を何枚か入手した。二十年ほど前に撮影されたものだったが、キーズの容貌はそれほど変わったように見えなかった。それでは、彼が変えたのは、正確にはどこだったのか?

キーズは回復期と思われる二日を、カリフォルニア州ナパ・バレーにあるカリストガ・ゴールデン・ヘイブン・ホットスプリングスパ&リゾートで過ごした。

二〇〇七年十月八日の日記には、「オペ前」とだけ記されていた。

二〇〇七年十月十日。「オペ」

捜査官たちがキーズにこの日記の内容について、あるいは手術について尋ねたかどうかは定かではないし、なぜ彼がその手術を国外で行い、キンバリーと娘には秘密にしていたのか尋ねたかもわからなかった。DNAは改ざんすることはできないが、科学はその人物の手がかりを最小限にすることはできる。指紋は手術で変えることができるし、体毛はレーザー脱毛ができる。発汗はボトックスで抑えることができる。キーズがカリアー夫妻の家に侵入した夜、最も心配していたのは、汗をかくことでDNAを残してしまうことだった。

印象的なのは胃の手術だった。キーズは時間管理の達人だった。よくよく考えてみれば、サマンサを誘拐した夜、そしてカリアー夫妻を襲った夜も、キーズは最低でも十二時間は、苦もなく絶食することができていたようだった。別の目的があったのではないか――差し迫ったものではなく、邪悪な目的が。もしやキーズは、完璧なシリアルキラーになるという使命のために、自らの体を改造しようとしていたのではないか？

ジェフ・ベル刑事が漏らした言葉の通りだ。「あらゆる可能性を考えろ」

第27章

キーズのことを調べ尽くした捜査官たちではあったが、彼の軍での生活は一向に謎に包まれたままだった。メディアを封じ込めるという目的のため、キーズは約束通りペイン捜査官と捜査チームに対して一緒に従軍した男たちの名前を告げた。事実、それは陸軍が、倉庫の地下室にある箱をひっくり返して、一九九八年からの名簿を調べるよりも早かった。

捜査官たちは、キーズの仲間だった軍人たちに尋ねる質問のリストを作成した。

暴力的だったか？

動物虐待をしていることを知っていたか？

自分の生い立ちをどのように説明したのか？

彼の宗教は？

白人至上主義者だったか？

あなたが駐屯していたのはどこの基地だったのか？

キーズが行っていた訓練の種類は？

特異な性癖を見せたことはあったか？

彼は酒を飲んだのか？　ドラッグは？

ポルノを持っていたか？　もし持っていたのなら、どういったタイプのものだったのか？

彼の焼き印について知っていたか？

同性愛者だったか？

レイシストだったか？

退役した後、キーズは何をしようとしていたのか？

当時の彼の体格は？


最後の質問は、彼の手術が何であったか解き明かすヒントになるだろうか？　少なくとも、その手術の一つは焼き印に関するものだったはずだ。というのも、彼が軍に入る前に一部の焼き印はすでに押されていたからだ。

キーズの仲間だった男たち全員が、キーズが目立つ存在だったのには理由があると証言した。一つは彼の立派な体格だった。彼は六フィート二インチから六フィート四インチ（約百八十九～百九十五センチ）の背の高さで、体つきは岩のようで、二百三十パウンド（約百五キロ）もの筋肉の塊だった。誰もがキーズの巨大な鼻を記憶していた。

キーズは自分の家族をアーミッシュ、あるいはアーミッシュのような人たちだと説明していた。入隊したことで勘当されたとも言っていた。時折母親について語り、父については一切語らなかった。彼の上官は捜査官に対して、「カルトからカルトへ、そしてまたカルトにハマる、流浪のヒッピーだ」と両親について説明したと証言した。当時、両親はアイダホに住んでいるとキーズは言ったらしい――それは今まで捜査官たちが一度も耳にしていないことだった――それも、アーミッシュとともに暮らしていたそうだ。元上官は「キーズは妹たちと仲がよく、そういった落ちつかないライフスタイルから彼女たちを救い出そうと金を貯めていましたね」と言った。「彼の口からは聞きませんでしたが、キーズも妹たちも、父親から虐待されていたのではと、私は感じました」

キーズの元軍人仲間の数名が、キーズが粗暴な人物とはほど遠く、殴られても決して殴り返すことはなかったと証言した。一方で、キーズが誰かを殴って鼻の骨を折ったことがあり、テレビを迫撃砲で撃ち抜いたことがあるとも言った。少なくともガールフレンドが一人いて、時々会いにきていたと証言する人物もいれば、一度も女性を見たことがないという人もいた。彼がずば抜けたアスリートだったという人がいた。キーズには一切偏見がなかったと断言する人もいた。一部は、彼が同性愛を嫌悪していて、白人至上主義者だったと語った。

元軍人仲間の証言には、いくつか共通点があった。キーズはひと目で、性体験が一度もない、

「へんなヤツ」だとわかったそうだ。

キーズが尊敬していた兵士が一人いた。周囲は、二人が兵士仲間というよりはカップルだとからかった。この人物はたぶん、二〇〇〇年九月二十二日にキーアリーナで開催された初めてのコンサートにキーズを連れて行った人物で、その晩を境に、「キーズは他の兵士たちが好むものを真似するようになった」そうだ。存在することすら知らなかった「クール」な自分になる方法を教えて欲しいという、キーズの明白で、必死な欲望が多くを語っている。アルコールやドラッグを途切れることなく摂取すること、生い立ちを隠すこと、焼き印でさえ。焼き印については、権力に対する反抗心以上のものではないと思った人がほとんどだった。

しかしキーズにとって、焼き印はそれ以上の意味があったと、捜査官たちに語っていた。自分の焼き印は、最初は神への拒絶、そして悪魔崇拝を表したものだった。なぜ自分が動物や人間を傷つけることが好きで、そのことに罪悪感や恥すら感じないのか。最初キーズは、そこに崇高な理由があるに違いないと考えていた。しかし、最終的にこの論理は崩壊する。神を信じ続けなければ、悪魔を信じることもできないと悟ったからだ。彼の邪悪さは、まったく別のものだった。

「最初はずいぶん葛藤したよ」とキーズは言った。「俺がそうなってしまったのは、そう育てられてしまったからだとわかった。俺はいい人たちに囲まれて成長した。俺は決して……みんなが互いに優しく接して、すべてが幸せだった……だから、悩んだんだ。だって俺は長い間……周りの人間はすべて化けの皮をかぶっていて、本当は全員が俺みたいな人間だけど、そう行動していないだけだと思っていた。それとも、俺は悪魔の子なのかもしれないな。俺にもよくわからない」

二十代のある時点で、自分自身を受け入れたとキーズは語った。そして、自分がそうなった理由はきっと解明できないだろうと受け入れたそうだ。

キーズが所属していた部隊の元兵士たちが、口を揃えたことがもう一つあった。いくら深酒をしたとしても、キーズの軍隊でのパフォーマンスに影響が出ることは決してなかったそうだ。キーズは、訓練をものともしない「スーパーソルジャー」だった。百十パウンド（約五十キロ）もの荷物を担ぎ、十五マイル（約二十四キロ）も行進したことがあったそうだ。

キーズは何でも修理することができた。彼は多才で、何でも屋のようだった。基地近くのミリタリーショップで大金を叩き装備に改造を施し、ギリースーツ（迷彩服の一種。主に狙撃手が草むらや山中で身を隠すために着用するもので、草や枝などを貼り付けて、周囲の景色に完全に溶け込むように作られている）を自作した。頭からつま先まで、精巧に作り上げられた完璧なカモフラージュスーツだ。

どのようにしてキーズがその製作方法を知ったのかはわからない。専門家であっても、一着に一ヶ月程度の製作期間が必要だ。それに、なぜキーズはそんなスーツを必要としていたのだろう？　キーズが担当していたのは迫撃砲だ。ギリースーツは通常、狙撃手が着用する。軍の狙撃手はそれを自作するのが普通だ。

キーズは狙撃手としての訓練を受けていたのだろうか？

これについては明らかになっていない。陸軍はキーズの軍歴について、わずか数ページの記録しか開示していない。詳細がわからないのは、一九九九年に一ヶ月にわたってパナマで行われた特別訓練に参加したこと、FBIにキーズ自ら語った、仲間の兵士との訓練の様子、二〇〇一年から二〇〇二年の間にエジプトとイスラエルの国境付近に駐屯していたこと、サウジアラビアを訪れたこと、そしてキーズがあと少しで陸軍の特殊部隊であるアーミーレンジャーに参加するまでになっていたこと、などである。

アンカレッジでは、大まかなところではキーズが真実を語っていることに、捜査チームは安堵していた。彼は所属していた部隊の中で最も優秀な兵士で、模範となる人物だった。上官でさえ、キーズのパフォーマンスは文句の付け所がなかったと語っている。あまりにも優秀な兵士だったから、FBIから連絡を受けたときは、政府機関に勤めることになったキーズの身辺調査が行われているのだろうと推測したほどだ。

しかし、上官が知らなかったであろう出来事が二つあった。イスラエルでの「休みとリラクゼーション」のため、キーズがエジプトを離れた夜のことだった。

エジプト滞在中、キーズは頻繁に国境を越えていたが、この夜は特別だった。部隊のメンバー曰く、キーズと複数の兵士がホテルのスイートルームを予約して、売春婦を雇ったそうだ。全員で飲んだくれ、女性が到着すると、キーズとともに別室に消えた。

三十分が過ぎた頃、女性が部屋から飛び出してきて、キーズが追いかけた。彼は女性に現金を渡そうとしていたが、彼女は受け取らず、キーズがドアの前に立ちはだかると、パニックになってキーズを強く蹴り、逃げ出していった。

このことを回想した兵士は、自分も仲間たちも衝撃を受けたと証言した。仲間はキーズに、一体何をしたんだ？　何をしてあそこまで女性を怖がらせたんだ？　と聞き続けた。何もしてないよとキーズは言った。「ちょっと乱暴に扱っただけさ」と、後になってジェフ・ベル刑事に告白した。「女に主導権を握らせなかったということだ」

制圧だ。

キーズは、もう一人女性がいたと供述をはじめた。この子はノルウェー人交換留学生で、とても若く、テルアビブで出会ったそうだ。彼女が教えてくれたので、彼女が住む寮の場所は知っていた。もちろん、彼女に会いに行った。

「一緒に過ごしていたんだから、完全なレイプだったとは言わないけれど」と彼は言った。「それに俺は……まあ確かに、事が進むにつれ、自分を完全にコントロールできなくなったことは確かだ。これからも続けるのであれば、完全に見知らぬ相手でなくちゃダメだなと思ったのはこのときだよ」　キーズは、自分が住んでいる場所、あるいは軍に所属している間は、何もできないことを悟ったのだ。

そして除隊してからは、「我慢できなかった」と彼は言った。

それでもキーズは、自分の別の欠点には気づいてはいなかった。自分の動物に対する嫌悪が普通ではないことには無頓着だったのだ。コルヴィルで拷問して殺した猫のことや、チェーンソーでリスを追い回すことが大好きだったこと、残虐で多くの苦痛をもたらすヤギの殺害の仕方を「ベストな方法」と仲間に言うことで、一目置かれると思っていた。基地で二匹のサソリを道具箱の中に入れ、仲間を呼び寄せ、死ぬまで戦う様子を眺めたこともある。

イスラエル・キーズがイカれたやつだと仲間が気づくまで、そう長くはかからなかった。自分がそう評価されていることを、キーズもわかっていた。ほとんど全員が自分の「社会心理的な問題」に気づいていたと、アンカレッジの捜査官に遠回しに語ったこともある。彼ら全員がキーズと距離を取りはじめた。

パーキンスという名の兵士だけは違った。キーズは今でも彼のことを「パーク」と呼んでいた。二人はとても近しい間柄だった。彼についてキーズは、自分と最も似た男だったと捜査員たちに語っていた。

FBIがパーキンスを探し出すと、パーキンスは証言することを承諾した。彼とキーズは、キーズが将来の計画をすべて彼に打ち明けるほどの親友だったのだ。

当時、彼とキーズは「通常の兵士仲間内の会話」として、犯罪の方法、金の盗み方を語り合ったことがあったそうだ。それも大金の盗み方だった。キーズは退役すると、すぐに盗みをはじめることになる。まず、田舎の高速道路沿いにある銀行を片っ端から狙う予定だったとキーズは言った。ひなびた町の銀行を、人気のない時間に襲えば、逃げ仰せると考えていた。

しかし、キーズにはより大きな計画もあったのだ。キーズは、「巨額の身代金を要求するために、誰かを誘拐すると言っていました」とパーキンスは証言した。

キーズが冗談を言っているとパーキンスは考えたのだろうか？

本気だと思ったそうだ。

「巨額の身代金」というキーズの言葉が、同時に多くの人を誘拐するという意味なのか、徐々に人数を増やしていくという意味なのかは、不明だ。そのことを判断するために、FBIにはより多くの情報が必要というのであれば、情報はあった。イスラエル・キーズは、自らの計画について、決して大げさに言っているわけではなかった。FBIがアメリカ全土を捜査対象としたのは正しかった。そして今度は、彼が滞在していた期間にエジプト、イスラエル、サウジアラビア、そしてパナマで発生した行方不明事件についても警戒しなければならなくなった。

パーキンスは続けた。身代金は「要求された側が実際に用意できる額にしなくてはいけない」とキーズは言った。

それで？

もちろん、人質は絶対に返さない。人質に顔を見られているからなと彼は言ったそうだ。

「人質は絶対に返さない」という言葉に、どういう意味があったと思うかと捜査官はパーキンスに尋ねた。

「殺すのだろうと思いました」とパーキンスは答えた。「あるいは、処分するということです」

キーズが誘拐と殺人の罪で逮捕されたと聞いたとき、驚いたか？ と捜査官はパーキンスに尋ねた。

「驚きましたよ……捕まったことにね」とパーキンスは言った。「やつに限ってそんなミスはあり得ないと思っていましたから」

第28章

二〇一二年五月二十三日水曜日、多くの人でごった返す連邦裁判所の法廷にキーズはいた。足かせをはめられ、胴体に巻かれた鎖に手錠を繋がれた状態で被告席に座るキーズの左右には、武装した八人の守衛が四人ずつ待機する形で立ち、そのうえ彼の後方に少なくとも六名の連邦保安官が控えていた。ここでキーズは再び捜査陣を驚かせることになる。

脱走したのだ。

スティーブ・ペイン捜査官の真横の傍聴席にいたジェフ・ベル刑事は、キーズが何か企んでいると感じていた。キーズが被告席から振り返り、ベルの右方向に座っている若くて美しい女性のほうを見る様子を監視していたのだ。あいつ、何をやっているんだ？　ベルとペインはキーズの表情が硬直するのをじっと見つめていた。

ベルは立ち上がり、二列前の席まで行き、キーズと女性の間に座った。キーズはイライラした様子で裁判官のほうに向き直り、弁護士が法廷で話しはじめると、足かせと手錠を外し、椅子から突然飛び上がるようにして走り出した。

キーズは傍聴席の手すりと背もたれを飛び越え、席から席へ飛び移り、拘束しようとした守衛の一人を素早く捕らえるのに、物音一つ立てなかった。

キーズのあまりの強さに、ねじ伏せるにはスタンガンが必要だった。電気が体中を流れる中、両目を見開き、恍惚状態になっているキーズをベルは見つめていた。

たった数秒の出来事ではあったものの、脱走を企てられたことは恥だった。アンカレッジの最重要指名手配犯で、今となってはＦＢＩと連邦保安局によって護送されている男が、あと少しで連邦裁判所から脱走するところだったのだ。この日、キーズがアンカレッジ矯正施設からなんの変哲もないバンに乗せられ、審理のために裁判所に入るまでを監視していた人間全員が、責任を負っていた。

サマンサの父、ジェームス・コーニグも、法廷にいた。ＦＢＩの言いつけをすべて守った彼を、特殊部隊は落胆させた。

キーズにとっては、「やらない理由はない」という、いつもの哲学に沿っただけの行動だった。鎖とボルトで拘束されても、俺はそれを破壊する。恥知らずな企みを見せて、自分を主張してやる。一日二十三時間も独房に入れられている俺を、阻止することもできないのか。

キーズはもう少しで脱走を成功させるところだった。彼が再びそれを試みないとは限らない。

ペインとベルは、翌日になってキーズと会話する機会を持った。非公式な立場で、ペインはフェルディスと取引をし、ベルは刑務所と取引したのだ。アラスカ特有のやり方では、紙の証拠は残さないのがベストだと誰もが知っていた。

ベルはアンカレッジ矯正施設を運営するリック・チャンドラー警部補を何年も前から知っていた。ベルは矯正施設の職員と月に一回、ポーカーのゲームをしていたからだ。彼の仕事にとって、人間関係が最も重要だった。

しかしそんなベルでも愛想よく振る舞うことに難しさを感じていた。キーズはアラスカにおいて、それまでで最も重要で、最もリスクの高い収容者だった。もしベルが思う通りに動けば、キーズは高セキュリティーの刑務所に移送されるだろう……アラスカにその施設があればの話だが。

チャンドラーは今まで一体何をしていたのだ？　三月後半の送還からキーズは矯正施設で身柄を拘束されていた。キーズが一筋縄ではいかない被告人であることを職員に周知徹底するのに、二ヶ月もかかるとは。

それでもチャンドラーと看守らはキーズのような被告人に対して設備を充実させることはなかった。訓練に訓練を重ねるべきだった。アラスカ州西部、スーアード半島のスプリングクリークにある高セキュリティー刑務所の監視員と看守たちに援助を請うべきだった。高セキュリティーと拘束具の使用を検討すべきだった。スタンガンのように失神させることができる手錠、暗証番号つきの手錠、足かせを検討すべきだった。あるいは、手錠をかけたキーズの両手を箱に入れ、施錠することだってできたはずだ。

ベルには自分自身の過失を認めて、反省する必要があった。アンカレッジの、ものごとを円滑に進めるために馴れ合うという文化の中で、アンカレッジ矯正施設について公に警鐘を鳴らすことが面倒になっていたからだ。実際には、間違いを見過ごしてしまっていた。

護送前にベルがキーズの身体検査をし、そして鍵のかかった狭い部屋の中に、彼と二人きりになった日もそうだった。武装した守衛は部屋の内部におらず、ドアの外に待機しているはずの彼らは、あっさりと歩き去った。ベルはキーズが自分を素手で殺すことができると知っていた。ベルは顔を窓にくっつけて、叫びながら護衛を呼び、ドアの鍵を開けさせた——パニック状態ではなく、威厳を持った声であったはずだ。

ベルはその日、心底震え上がった。キーズが実際に自分を手に掛けるとは思っていなかったが、その希望的観測がなんの意味を持つというのだろう？　ＦＢＩの事務所で、机を挟んでキーズと向かい合わせに座ったベルは、キーズがわずかに顎を動かしているのを目撃した。部屋の中で最も疑い深くなっていたベルは、口の中にあるものを吐き出させた——それは木片だった。守衛がキーズに鉛筆を与えていたのだ。キーズは自分の歯を使ってそれを噛み、削り、鍵をピッキングするための道具を作っていたのだ。

ベルはチャンドラーに警告し、チャンドラーは約束した。二度と鉛筆は渡さないと。それなのに、ある日ベルはキーズが薄いプラスチックのブレスレットを身につけているのを発見した。キーズに聞こえるように、ベルは守衛に質問をした。

これは一体なんだ？　ああ、と、守衛は応えた。それはサンドイッチが入った袋を留めていたセロハンテープですよ。キーズは袋に入ったランチを法廷に持っていくのだ。

ベルは打ちのめされた。「なあ、わかっているのか、キーズはあれを使ってなんでも作ることができるんだぞ」とベルは言った。守衛が彼に与え続けていたデンタルフロスも同じことだった。これからは、食べものは袋から出し、袋やテープはすべて廃棄するんだ。

守衛たちはベルの警告を真に受けなかった。事実、キーズはそのテープを使って法廷から脱走寸前までいったのだ。これは警告を彼らが完全に無視したことを意味する。その日、護送から審問までは三時間ほどの時間があり、キーズは普通の囚人用のランチを与えられた。茶色い紙袋に入った牛乳、りんご、そしてセロハンに包まれたサンドイッチだった。キーズは隠し持っていた鉛筆の破片を使って手錠の鍵と足かせの鍵を外し、セロハンテープを使って足かせが装着されているように見せかけたのだ。

チャンドラーは状況を改善することをベルに約束した。キーズは正面に分厚いプレキシグラス（ガラスの数倍の強度があるアクリル樹脂）が設置された、建物一階にある独房に収容された。そこから十フィート（約三メートル）離れた場所に、キーズを障害物なしで正面から監視するためのデスクが置かれ、看守がそこで警備を行った――ただし、椅子に座った状態で、キーズを監視することはできないが、これはたいした問題ではない。スニーカーと靴紐は没収した。キーズにはスリッパしか与えられていない。鉛筆、セロハンを与えるのはもちろん禁止だ。

それで果たして十分なのかどうか、ベルにはわからなかったが、少なくとも、キーズの護送に関しては注意したいことがあった。足かせは二重にする。これから、そして永遠に。初めてベルがキーズに足かせを重ねて装着すると、キーズはジョークを言った。「二つだと六時間だな」と言ったのだ——前回、一つの足かせの鍵を三時間で開けてみせたからだった。

ベルは疑問を抱きつつ、思わず笑ってしまった。キーズは鍵の開け方をどこで習ったのだろう？　どうやってこんなに詳しくなったのだ？　次にヤツは何をするのだろう？

脱走を企てた二十四時間後、ペインとベルはFBIでキーズと話をした。彼らのゴールは二手に分かれていた。彼が生み出した問題——世間とメディアの注目を自ら集めてしまったこと——に焦点を当てることでキーズを正しい方向に導く。その一方で、メディアについては手を打つと約束した。バーモントでは、彼の名前は伏せられたままだ。検事は、裁判を経ることなく早急に、死刑執行日をキーズに教えることには同意している状態だった。捜査チームはニューヨークにあるとされる遺体について、キーズの協力なしで、キーズの行動の時系列上に浮上した十人の行方不明者を割り出していたにもかかわらず、それを一切公表していなかった。捜査チームは脱走を試みた件についても、キーズにその責任を追及しようと考えていなかった。そんなことをしても無駄であることは、捜査チーム内の暗黙の了解だった。追及する構えをすること自体、無意味だった。

ベルは、なぜキーズが脱走を試みたのか、わかりきった理由はさておき、その本当の目的を知りたかった。「昨日から何が変わったんだ?」と彼は尋ねた。

「俺の思惑の最低線は全員が理解しているはずだ」とキーズは答えた。「こんなことは一刻も早く終わらせたい。昨日、公開の法廷にいた俺は、明らかに先が見えないと考えたというわけだ」

キーズは二人の弁護士が手続きを長引かせようとしていると信じ込んでいた。キーズはルッソ検事とフェルディティス検事に対する敵意を抱きつつあったのだ。信頼しているペインとベルにはそんな気持ちは一切抱いていなかったし、事情もある程度は理解できた。しかし、捜査はすでに二ヶ月に及び、死刑執行日については依然として不明のままで、ましてや、事件の詳細をすべて供述することに対する司法取引すらできていなかった。

「供述をしなくちゃいけないっていうんなら、するさ」とキーズは言った。「もし俺が次のレベルまで話を進めたら……足かせが三重のサーカス状態になっちまうな」

五日後、フランク・ルッソがキーズに、カリアー夫妻殺害について起訴しないこと、可能な限りキーズの氏名をメディアから守ることを約束した、バーモント州連邦検事の署名入り書簡を見せた。ルッソはキーズに、依然として司法取引について合意に至らないのは、脱走未遂が関係しているると説明した。ルッソは、司法取引が成立する可能性はまだあるものの、それが遅れているのはこちら側の過失ではないとも付け加えた。キーズはそれを理解した。

「大きな進歩だと私は考えている」とルッソは言った。「ものごとを早く進められるようになるだろう」

「もちろん俺だって協力はしたいと思ってる」とキーズは答えた。「アイデアが少しある……あとはどう対処すればいいかにかかってる」

「君のアイデアとは？」とペインが聞いた。

キーズはワシントン州について質問があった。とある出来事について話をしたいと考えてはいるが、連邦裁判所管轄の事件でなければ、ＦＢＩが手助けしてくれるかどうか、確信が持てなかったのだ。ルッソにならできる。ワシントンは東西二つの連邦区に分かれている。シアトルは東連邦区だ。

「エレンバーグは西か、それとも東か？」

「東だ」とルッソが答えた。

キーズは笑った。「どっちの連邦区も大変なことになるぞ」と彼は言った。二人に贈る、豪華なギフトをキーズは用意していた。

ワシントン州に遺体があるのだ。

第29章

四人だとキーズは言った。二人が東に、もう二人が西だ。

まずは二人の被害者だ。殺害したのは二〇〇一年七月から二〇〇五年の間だという。二人は一緒にいた。別々に誘拐し、殺害したという残りの二人については、二〇〇五年の夏か秋のことだったという。もしかしたら二〇〇六年のことだったかもしれないとキーズは言った。

実はタミーの元夫から数年前に購入したベイライナー社のボートを使って、クレセント湖に少なくとも一体、多くて二体を遺棄したことがあるのだとキーズは告白した。そのボートを使う計画はたくさんあったそうだが、詳細は説明しなかった。その湖を選んだのは、ワシントン州で最も深い湖で、一番深いところで七百フィート（約二百十三メートル）だったからだ。湖の底に到達できる人がいるとはキーズは思わなかった。

キーズは男女のペアと、女性同士のペアをそれぞれ湖に連れて行ったが、互いの関係性については語らなかった。今日も、そしてこれからずっと、話を先に進めることはないとキーズは言った。

キーズは捜査員を焦らすのにちょうどいい程度に情報を与えた。ハイカー、キャンパー、ボート愛好家が集まるワシントンは、多くの行方不明者や身元不明者の死因を偶然の事故として処理するケースが多い場所であり、キーズにとっては完璧だった。足繁く通ったのは、ニューヨーク州とワシントン州だったそうだ。未解決事件をキーズの助けなしに解決できるのだろうか？キーズはどうなるか見てみたいと言った。

捜査員たちは自力で解決しようと試みた。ワシントン州に限定しての捜査になったが、キーズの挑発が捜査員の士気を上げた。被害者の車やバイクを誘拐地点から遠方に移動させるというキーズの傾向を考慮すると、キーズが捜査員を騙すため、犯行の詳細や日時を意図的にずらしている可能性はないだろうか？　キーズは自らの犯行については何から何まで熟知していた。被害者全員の名前、どのようにして、どこで、そしていつ彼らを殺害したか、どこで、どのようにして遺体を遺棄したのか、殺害に使用した道具一式を、どの場所に埋めたのか、どのようにして町から、都市から、そして州から出たのか、何もかもわかっていた。なぜ最初の二人の被害者の殺害時期に関して、それだけ長い犯行時期の可能性を示したのか？　なぜキーズは後の二人を別々に誘拐したと言いつつ、二人は一緒にいたとほのめかしたのか？　捜査官たちが二人の身元を断定することを恐れたのか？

キーズはきっとそのことを恐れたのだろう。キャット・ネルソンがキーズの携帯電話の履歴を調べると、ワシントン州の多重殺人事件発生日付近に、キーズが近隣にいたことがわかったのだ。これは疑わしい。

二〇〇六年七月十一日の早朝、マウントベーカー・スノコルミー国立森林公園のピナクル湖近くの人気のない自然歩道から、四人は出発した。暖かく、空が美しい夏の日の火曜日、無風で、何マイルも先を見渡すことができた。母親と娘のペアは、夫と妻のもう一組のペアとすぐに打ち解けた。四人は一緒に出発し、楽しくおしゃべりをしながら歩いていた。そして、Y字路に辿りついた。

夫と妻のペアは右のベア湖方面に進んだ。母と娘は左のピナクル湖方面に進んだ。

しばらく歩いたところで、大きな音を聞いたのは妻だった。まるで稲妻のような音だった。でも、空は青く晴れ渡っていたので、二人はそのまま先に進み、折り返し地点で止まり、ピクニックをすることにした。

ハイキングを始めて四時間半が経過した、午後二時三十分頃、二人は母と娘に出くわした。二人はしゃがみこんでいる、あるいはうずくまっているように見えた。二人の体は歩道に沿って、ポーズを取らされていたのだ。

夫はピッケルを握りしめ、二人は岩だらけの道を無我夢中で戻った。「最初まで戻りました。あれほど怖ろしい三十分を経験したことはそれまでありませんでした」と夫は回想した。

メアリー・クーパーは五十六歳だった。娘のスザンナ・ストーデンは二十七歳だった。

駆けつけた通報者――公園のスタッフだった――にも、スザンナとメアリーがどのようにして殺害されたのかはわからなかった。目に見える傷がなかったからだ。ワシントン州立公園内での殺人事件は極めて稀だった。だれもが予想もしなかった出来事だった。

事件は奇妙だった。手当たり次第の犯行であり、不気味さを感じさせるものだった。全国紙に記事が掲載され、ピープル誌の表紙になったほどだ。二人とも優しく、本好きで、地域でも愛されていた――殺人事件の被害者になるようなイメージとは遠い人たちだったのだ。FBIの協力があったにもかかわらず、捜査がはじまって数週間が経過すると、この事件は、日中に場当たり的に発生した多重殺人事件で、前代未聞のケースであると警察幹部は認めざるを得なくなった。メアリーとスザンナは二十二口径の銃で頭部を一発撃たれていた。至近距離から撃たれたのか、それとも犯人が狙撃手だったのかははっきりしなかった。

手がかりは一切なかった。

ネルソンはキーズをこの国立公園の事件の容疑者に位置づけた。携帯電話はその日、ネアー・ベイとポートエンジェルス付近の塔から、早朝三時五十三分から午後五時五十四分まで接続されていた。

キーズが長時間滞在していたポートエンジェルスはピナクル湖の自然歩道から車で三時間の距離だ。キーズのような人物なら二時間で走ることができる。それに、キーズは二十二口径がお気に入りだった。狙撃手だった。国立公園や森が好きで、世間知らずで経験の浅い森林警備隊を好んでいた。キーズは人里離れた場所が好きだ。カップルをターゲットにするのが好きだ。森の中で身じろぎもせず何時間でも待ち伏せし、完璧な犠牲者が訪れるまで待つことができた。

「あの頃の俺は神がかっていた。おびき寄せることができたんだ」とキーズは言った。

メアリーとスザンナが殺害された日の午後一時四十八分から四時四十一分まで、キーズの携帯電話の電源が切られていた痕跡をネルソンは発見した。

第30章

脱走を企ててからしばらく経って――FBIはそれが正確にいつなのかは、決して公にしない――キーズが入れられていた独房が捜索された。房内で発見されたのは、弟の一人に宛てた手紙だった。「死人を起訴できるわけがない」とキーズは書いていた。別の文章には、少なくとも六人の被害者が存在すると、名前を明記せぬまま書いていたが、そのうちの三人が、サマンサとカリアー夫妻だということは推測できた。捜査局は数ヶ月もかけてこの文章を分析することとなる。同時に発見されたのは、シーツから作られたと思われる縄だった。キーズは自殺をほのめかし続けていたが、この時期までには、FBIもキーズが本気でそれを計画していると確信するに至っていた。そして驚くべきことに、ベルの警告はそのときでさえ無視されたままだった。運が悪いのか、愚かなのか、それとも怠惰なのか、アンカレッジ矯正施設には何の変化もおきていなかった。キーズが当時、使い捨てのカミソリでヒゲを剃っていることをチャンドラーが把握したときでさえ――明確な指示があったにもかかわらず――キーズの独房のドアに手書きのメモをテープで貼り付けただけだった。

この男にカミソリを与えないこと。

チャンドラーはキーズに、監視下でのみ使用を許可する電気シェーバーを購入して手渡したが、看守らはそのルールを無視した。ベルはチャンドラーに聞いた。なぁ、冗談だろ？　看守はキーズに自殺して欲しいのか？　それともただの馬鹿なのか？

チャンドラーはため息をついた。彼にできるのは、メモをドアに貼り付けることだけだった。

「あのマヌケどもが読まないいんだから、俺にはどうすることもできないよ」とチャンドラーは答えた。

俺にはどうすることもできない。

一連の捜査状況を描写するのにこれ以上の言葉があるだろうか。ベル刑事はチャンドラーの協力を得ることができなかった。ペイン捜査官はフェルディス検事を取調室から追い払うことができなかった。キーズは弁護士を解任することも、死刑執行日を知ることもできなかった。誰一人として、陪審員も、いかなる公的機関も、何ひとつ成果を得ることができなかった。捜査チームの中核メンバーでさえ、互いを繋ぎ止めることができなかった。キーズとベストな関係を築き、犯罪理論から精神的な負担まで、すべて分かち合ってきた三銃士であるペイン捜査官、ベル刑事、そしてゴーデン捜査官さえ、袂を分かつことになった。捜査局は、事件から外すとペインに通告した。次の任務のためクアンティコに派遣される十月には、正式に事件から離れることになる。事件から距離を置き、事件担当捜査官の役割をゴーデンに手渡す時期がきたのだ。

これからは、フェルディスはゴーデンにとっての障壁となる。キーズに「責任は私が取る」と言い続けたフェルディスは、キーズのことをメディアから守ること、死刑判決を下すことができるのは自分だけだということを語り続け、キーズはそれについては一切信用していなかった。「申し訳ないが、あんたは信用できねえ」とキーズはフェルディスに言ったそうだ。

キーズは捜査員たちの絶望感を食い物にするように利用し、大嫌いな紙製スリッパをスニーカーと靴紐に交換させ、新聞を手に入れるようになった。独房の中にサバイバルガイドさえ持ち込んでいた。それを発見したときの衝撃を、ベルは隠すことができなかった。テッド・バンディが二度も脱獄したことを、チャンドラーは知らないのか？　キーズはバンディを崇拝しているというのに。

チャンドラーはそれほど批判を受け入れるタイプではなかった。ベルにとってチャンドラーと看守たちは頭痛の種だっただろうが、アンカレッジ矯正施設側の人間はＦＢＩに対して懐疑的だった。キーズが欲しいものを何もかも手に入れたのは、ＦＢＩが裏取引をしたためという噂で持ちきりだった。それ以外に、キーズの精神分析が突然中断された理由は考えられないのではないか？

ベルも捜査チームも否定したが、真実がどうであれ、意味は持たなかった。彼らにできることは何もなかったのだ。

事態は悪化した。ベル、ゴーデン、そしてルッソがFBIでキーズに会ったのは、七月十八日の早朝のことだった。別の誰かからキーズが聞かされる前に、三人はキーズに対して自らの失敗を認めなければならなかった。

というのも、連邦捜査局がゴミ処理場の捜索の中止を宣言したのだ。ルッソは、「タオルが投げられた」という、気の滅入るような決まり文句を口にした。キーズは彼らを再び打ちのめした。

今この瞬間に、バーモント州の検察官がカリアー夫妻の家族と面談していることを、ルッソがキーズに伝えた。それが終われば、彼らは地元メディアに声明を発表するだろう。メディアはなぜ小さな町に多くのFBI捜査官が滞在し、ゴミ処理場を掘り返しているのか、疑問を抱いている。何が起きているのか想像には難くないし、答えを要求することは当然だと彼らは考えている。

バーモント州は、そもそもの約束を破棄して、殺人犯としてキーズの名前を出すことを希望しているようだとルッソは言った。それだけではない――彼らはキーズを起訴するつもりだという。ルッソの声は震えていた。

「何も言わなければよかったよ」とキーズは言った。「バーモント州はカリアーの件で、証拠なんて持っていないだろ？　証拠はすべてあんたたちが握っているはずだ。そしてその証拠は俺の供述だけだ」

ルッソは話を逸らそうとした。よくわからないと答えたのだ。きっと東には乱暴な記者がいるのだろう、しかし北端のアラスカにいて、何ができるというのか？　それに、バーモント州には――バーモント州には責任がある――カリアー夫妻事件の犯人に報いを受けさせると示すことで、地域を安心させなければならないという、正当な理由がある。

「納得するのは難しいよな」とルッソは言った。

そうでもないとキーズは答えた。「ゴミ処理場では何も見つけられなかったんだ。カリアー家の人は、言いたいことを言えばいいさ」キーズは自分の体を手で擦りはじめていた。

ルッソは続けた。悪いことばかりじゃない。キーズ自身の家族には、自由に話をすることができる――自分に有利な説明をして、悲しみに沈む二人の家族に答えを与えることだってできる。FBIとの司法取引のあらすじをすべてキーズに伝えたルッソだったが、ルッソにはバーモント州の予想不可能な反応に対する策はなかった。ルッソはそれをキーズに対して認めた。でも、少なくとも一つだけは断言できるとルッソは続けた。

心配するなとルッソは言った。こういった手続きには時間がかかる。バーモント州がキーズの名前を出すという判断を下すまで、一ヶ月はかかるに違いない。

二日後、バーモント州にあるNBCの支局がキーズの名前を報道した。

ベルには二度と取り返せない事態が起こったのだとわかっていた。数ヶ月間にわたって、彼らは力のあるFBIとして振る舞い、この事件を封印したままにしてきた。他の管轄地域に対して、いつ、何をやればいいか、指示を出すことができるのだと、繰り返し、繰り返し約束した。

大失敗だ。キーズは激怒した。

「最初から言ってたじゃねえか、死体がどこにあるか話す前に、地元を動かすなって。それなのにあんたらときたら、派手に動きまわって、道路の真横で遺跡でも探すみたいに穴を掘りやがって」

ルッソは激怒しながら反論した。

「現場に行って、『俺たちはFBIだ』なんて言えないんだよ」

「うそつけ。あんたはできるって言ってた」

「そんな……そんなこと言った覚えはない」

「言った。あんたは、FBIがすべてコントロールできると言った」

「それはそうかもしれない」とルッソは答えた。彼の声は勢いを失っていた。「しかし、できることはすべてやったつもりだ」

「あんたたちは、何もコントロールできちゃいない」とキーズは言った。司法取引は？　死刑執行日は？　すでに四ヶ月が過ぎていた。FBIは一体何をしているのだ？　被害者の名前と事件の発生場所を知りたいというのなら、遺体を見つけたいのなら急いだほうがいい。

「率直に言う」とキーズは答えた。「遺体は見つからなくなるぞ」

ベルはキーズの協力なしに被害者を発見したいと考えていた。キーズの言葉通り、彼の協力なしで被害者を特定できたら、キーズは自白すると約束していた。カリアー夫妻事件の自白の中で、キーズはバーモントに行く道すがら、インディアナにも立ち寄ったと話していた。ベルは「行方不明者、インディアナ、二〇一一年六月」と、Google検索バーに打ちこんだ。

なんと、その日時に姿を消した行方不明者が数人いたのだ。疑わしい。

二〇一一年六月三日、インディアナ大学二年生で二十歳のローレン・スピアラーは飲みに出かけ、その後、姿を消した。

若く、白人で、美人で、ブロンドで、育ちのよい学生で、突然行方をくらますようなタイプではない彼女の行方不明事件は、国内で広く報道され、CNN、ピープル誌、FOXニュース、ハフィントン・ポスト、ジューイッシュ・デイリー・フォワード、USAトゥデイ、アメリカズ・モスト・ウォンテッド、データライン、そしてテレビ番組の『20／20』がこの失踪事件の特集を組んだ。

キャット・ネルソンはキーズがその夜、インディアナの有料道路料金所を三カ所通過していたことを確認していた。サマンサと同じように、スピアラーは魅力的な若い女性で、暗闇の中に姿を消していた。カリアー夫妻と同様、手がかりは一切なかった。

ベルは捜査チームのメンバーと話し合い、彼らは結論に達した。ローレンについて直接キーズに聞いてみたらいいのでは？　彼女が姿を消した夜、キーズがあの街にいたこと、ブルーミントン近くの料金所を通過したことがわかっていると彼に示せば、もしかしたら、そんな『CSI』的な力がキーズを圧倒するかもしれない。ブルーミントンは、最後にローレンが目撃された場所だった。

ベルはスピアラーの写真をキーズに見せ、彼に迫った。

「お前がやったのか?」とベルは聞いた。「これもお前がやったと思われるだろうな。事件当日の夜、お前がインディアナにいたことはわかっている」

キーズは笑った。

「なるほど、そういう態度か」とキーズは言った。「自分たちで考えろ」

第31章

わずかであっても、キーズが命を奪わなかった被害者も存在すると捜査員たちは確信していた。この直感は、キーズの名がバーモント州で報道されたことでキーズが何も話さないようになり、六週間も捜査員たちを悩ませた時期のずっと前、運が味方した瞬間の産物だった。

それは七月の土曜だった。キーズは、退屈したのか、フラストレーションが溜まったか、ただ単に捜査員をからかいたかったのか、話がしたいと言いだした。ベル刑事、ゴーデン捜査官、そしてフェルディティス検事がFBIの事務所で彼と面談をした。

ベルは穏やかに話しはじめた。十四年にわたって、自分の中に人格が二人いたという発言について、捜査チームが興味を持っていると伝え、キーズに確認をした。一体、過去に何が起きたのか？

「はじまったのは軍に所属した時期だった」ベルは続けた。「それで？」

「大まかには、そのあたりだ」とキーズは答えた。しかし実際のところ、それより以前にそのような状態になっていたようだ。少なくとも、軍に入る数年前からはじまっていたとキーズは証言した。「やり遂げることができるようになっていった」

「どんなことを？」とベルは聞いた。

確か一九九六年か、一九九七年のあたりだったと思うとキーズは話しはじめた。キーズ一家がオレゴン州に引っ越した夏のことだった。キーズは十八歳か十九歳。デシュ－ツ川沿いの河原に、よく家族で出かけたそうだ。

「アイデアを思いついたのはあそこだったと思う」キーズの声が低くなり、言葉は実際に小さくなり、まるで押しつぶされたようだった。「狭い河原のところどころに……人気のないトイレがあった。そこに女を連れ込んだのだけれど、俺は……その子を殺さなかった」

「誘拐しようと計画してからどれぐらいの時間をかけて、実際に行動に移したんだ？」とフェルディスは聞いた。

「そのときの女について？」とキーズは聞き返した。「それとも……」このときだった。フェルディスが口を挟んだ。「……ああ、その女について教えてくれ」

これが間違いだった。キーズがドアを開けたというのに、フェルディスがそれを叩きつけるようにして閉じてしまったのだ。

「あの女は……」キーズの声が震えた。「あそこに行ったのは春のことで、実際にやったのは夏の終わり頃だったと思う。でも……実際にやる前に、何年も考えていた」

ベルはそれだけ長い期間にわたって計画をしていたということを疑問に思った。「当時、ロープのようなキットを持っていたのか、それとも……」

「ああ、もちろんだ」とキーズは答えた。声はとても低かった。「すべて持っていたよ」

河原の入り口には、夜間施錠される門があった。キーズはそこに午後遅くに到着すると、水着だけ身につけた姿で木の陰に隠れ、観察しはじめた。キーズが待っていたのは、日が傾きかけ、浮き輪を使って遊んでいる人々が少なくなってくる時間だった。日が暮れはじめたときに残っていたのは、四、五人の若者のグループだった。その中の一人が、仲間から離れた場所でぷかぷかと浮いていたのだ。

「茂みから飛び出して、その子を連れ去った」

「どうやってトイレまで連れて行ったんだ?」とベルは聞いた。「知らない子だったんだろ?」

「知らない女だ」とキーズは答えた。

「白人、黒人、それともアジア系か?」

「白人だった」

「同じぐらいの年齢だったのか?」

「さあね……十四歳から十八歳の間という感じだった」

十四歳よりも十八歳が望ましいとキーズはわかっていた。彼女はそのとき、子どもと呼んでいい年齢だったのだろう。

「ブロンド?? それともブルネット?」

「ええと……くすんだ金髪だったと思う」

「初めて誰かに性的虐待をしたのは、そのときか？」
「いや、それが初めてではなかったけれど、ある程度のレベルまでやったのはそのときが初めてだった。すべて計画してからやった」

キーズは自分の暗黒面がどのように構成されてきたのかを語っていた。自分が過ちだと判断した事柄、そして後の犯行で再現したパターンの説明だ。そしてたった今、河原での誘拐以前に、誰かを連れ去ったことがあると口に出したのだ。時期的に考えてそれは、コルヴィルでの出来事以外あり得なかった。

「狭いトイレだった」とキーズは言った。「水道さえないような場所だった。一年に一度しか掃除されないような感じのトイレだ」汚物と不名誉の現場が再び登場したわけだが、ベルは設備のタイプに神経を集中した。

「それは落下式のトイレなのか、それとも簡易トイレか？」

「落下式だ。キャンプ場とかにある、地下に大型のコンクリートのタンクを埋めたタイプのものさ。だからそこを選んだ。小柄な人間が入ってくるのを待っていた。用が済んだらそのタンクに投げ入れるつもりだったからな」

そう、排泄物のように。「一年ぐらいは見つからないだろうから。まあ、そんな感じだ」

またもや、小柄な犠牲者だ。十代のキーズにとって、コントロールしやすかったからに違いない。

キーズは少女を、バリアフリー設備のある屋外のトイレに無理矢理押し込んだ。壁には手すりがつけられていた。そこにロープで少女の首を縛り付け、動くことができないように、同じくロープを使って両腕を背中で縛りあげた。サマンサとロレインを拘束したときと似た形だ。「それでトイレの蓋を閉めて、そこに腹ばいにさせた」ロープの結び目は痣を残すほどきつかった。キーズは少女を一度レイプしたと証言した。

「切りつけたりはしなかったのね」とゴーデンは確認した。「ナイフを使って？」

「そこまではしていない」とキーズは答えた。「でもナイフと道具はすべて持っていた。首を絞めていたかもしれない」

「そのレベルまで行き着かないように、あなたを止めたのは何だと思う？」

「あの子が……たぶんあの子は同じような経験を以前にしたことがあるのか、あるいは、もしそんなことになったら、何をしたらいいか前から考えていたんだと思う。とにかく彼女は、何を言えばいいか知っているような感じだったんだ。俺が連れ去った人間は全員といっていいほど、驚いて、わけがわからず、自分の置かれた状態を想像すらしたことがなかったような様子だったのに」

でも、あの女の子はしゃべり続けたんだとキーズは言った。少女はキーズがハンサムだと言い、こんなことをする必要はないのにと言った。キーズのような男性だったら付き合ったのにとも言った。今あなたがやっていることはたいしたことじゃないと彼女は言った。このまま行かせてくれれば、誰にも言わないから。キーズが彼女を襲っているあいだじゅう、彼女は恐怖をそれほど見せなかった。キーズのようなサディストには、本物の恐怖が必要だった。彼女の様子はキーズを驚かせた。

「もちろん彼女は怖がっていたけど、俺よりもあらゆる意味で落ちついていたと思う。俺は黙れと言い続けたけど、彼女は黙らなかった。とにかく、しゃべり続けた。だから、俺は……気が変わったんだ。それで最後には怖じ気づいてしまった」彼女は自分を人間としてキーズに認識させることに成功したのだ。彼女はキーズに名前さえ教えた。「確か、リーだったと思う」とキーズは言った。「レナ、だったかな？〝L〟ではじまる名前だったと思うよ。でもラストネームは言わなかった。俺も聞かなかった」

彼女をレイプした後、ロープを解き、解放し、彼女を浮き輪に乗せると、それを押して川に流してやった。

「あれはすごかった」と彼は言った。「当時の俺にとっては大きな意味があった。とてつもなくね。当時DNAについて自分が心配していたかどうかは記憶していないけれど、大がかりな捜査が行われていて、誰がやったのか、血眼になって探しているに違いないと思っていた。今だからわかることだけど、実際に、あの子は誰にも言わなかったのかもしれない」

彼女を解放したキーズは、後悔したのだという。現地の新聞をチェックし続け、彼女に起きた事件が取り上げられる日を、警察が来て逮捕される日を待ったという。しかし自分の名前は取り上げられず、電話もなく、ドアはノックされず、自分が知る限り捜査が行われている様子がなく、何ヶ月かが経過した。そのときキーズは自分が賢いから逃げられたとは考えなかった。幸運だったと感じたのだ。

「その後何年も自分に言い聞かせたよ。『殺しておくべきだった』ってね」

「だから、同じミスは犯さなかったと？」とベルは聞いた。

「ハハハ！」 キーズは椅子の上でふんぞり返って見せた。

「さて、どうかな……」

第32章

ジェフ・ベル刑事にとってフロリダは特に気になっている場所だった。なぜかって？　キーズが具体的に口にしたわけではないけれど、彼の親類が住んでいるし、キーズ自身が建築作業員として働いていた時期があったからだ。そのうえフロリダを拠点としたシリアルキラーの手口に、キーズのそれと共通点があった。

このシリアルキラーはボカ・キラーと呼ばれていた。

二〇〇七年八月七日の午後一時頃、とある女性とその幼い息子が、高級ショッピングモール、ボカラトンモールを歩いていた。数時間後、女性は息子を連れてノーズトロム出口からモール専用駐車上まで移動した。離れた場所から黒いSUV車のロックを解除し、ハッチバックのドアを開けた。息子をまずシートに座らせ、ベビーカーを収納するため、車の後方に向かって歩いていったそのときだった。

「ママ！　ママ！」

身を乗り出すようにして息子を見た。二歳の息子の横には、サングラスをかけ、柔らかそうな緑色の帽子をかぶった男が銃を構えていた。彼女は身動きがとれなくなった。この光景を現実だと信じることができなかった。

「車に乗れ」と男は彼女に言った。

彼女は動くことができなかった。

「乗れ」男は銃を息子に向けた。

彼女は車に乗り込んだ。


この女性は、今日も、ジェーン・ドウ（事件当事者で名前を伏せている女性に用いられる仮名）としか知られていない。

男は彼女に運転席に座るよう言い、携帯電話を渡すよう命令すると、ＡＴＭに向かわせた。「言われた通りにしろ」と男は彼女に言った。「言うことを聞けばショッピングモールに戻してやるから」、彼女の息子に銃を向けたまま、男はそう言った。

ジェーン・ドウは男の言う通りになんでもやった。男に携帯電話を渡し、ＡＴＭまで車を走らせ、二百ドルを引き出して男に渡し、もう一度二百ドルを引き出して渡し、もう一度同じ額を引き出して渡し、再度もう一度二百ドルを引き出そうとして、引き出すことができなかった。一日の取引限度額を超えたのだ。

男は彼女に再び車を走らせろと告げた。道路は混雑し、遅々として進まず、幼い息子の顔がバックミラーに映っていた。息子はどうやら眠ったようで、それがジェーン・ドウにある程度の心の安定をもたらしてくれた。着色ガラスから、ちらちらと車外に視線を送ったが、誰も車内の恐怖に気づいていない。私が今日死ぬことを誰も知らない……彼女は心の中でそう考えていた。車ごと突っ込むのはどうだろうと考えた。でも、失敗したら？　それで男が余計に腹を立てたら？

彼女は車を走らせ続けた。男はヒルトン・ホテルの駐車場跡に入るよう指示した。そこは廃墟だった。男は彼女に車から出るよう言った。しかし、息子を置いて出ることはできなかった。

「お願い、殺さないで」彼女は命乞いをした。「お願いします、どうか殺さないで」

「殺さない」と男は言った。「面倒はたくさんだ」

男は場所を変えるために運転を代わり、彼女を後部座席に座らせた。そのときだ。男が手にしていたものが太陽光を反射してギラリと光った。銀色の手錠だった。

ああ、どうしようと、彼女は考えた。もうダメだ。すでにお金は渡している――それ以外何を望んでいるというのだろう？　レイプするのか？　私を殺して、幼い息子も殺すつもりなのか？人里離れた場所に、二人の遺体を残していくというのか？　男は彼女の両手首を体の後ろに回して手錠をかけ、後部座席に座らせた。そして結束バンドだ。男は彼女の足首を拘束し、そして首を座席のヘッドレストに結束バンドできつく固定した。そしてレンズの濃いサングラスを取り出すと、彼女の目にダクトテープで固定した。これで視界は完全に遮られた。

ジェーンはパニックになった。プラスチックの結束バンドを引っ張ったため、顔が紅潮し、熱い涙が流れてきた。息が詰まり、首が絞まってしまった。呼吸できなくなった。すると彼女を誘拐した男は、いとも簡単に結束バンドを緩めたのだ。「これでどうだ?」と男は聞いた。「よくなったわ」と彼女は答えた。男は道路に戻り、しばらく運転を続けた。ジェーンは男がどこに行こうとしているのか、まったく予想ができなかったが、男の優しさが――優しさと捉えるなんて奇妙なことだけれど――彼女にわずかな希望を与えた。

男は突然車を停めた。男がビニール袋のようなものの中をかき回して、何かを探している音が聞こえてきた。ナイフだった。彼女にはそれが見えた。「お願い、傷つけないで」と彼女は懇願した。「お願いします、殺さないで」

「殺さない」と男は言った。「とにかくじっとしていろ。動くな」男は体をねじるようにして運転席から彼女のほうに近づくと、冷たいナイフの刃を、顔から首筋まで、なぞるようにして滑らせた。

男は女性の首の結束バンドを切ると車をスタートさせ、それからは何も言わなかった。ようやく目覚めた息子が、哺乳瓶を落としてしまった。運転席の下に転がって入ってしまった哺乳瓶を見て息子は泣きはじめた。ジェーンは覚悟した。これが男に決断させるのだろうか?

男は哺乳瓶を拾い上げ、腕を伸ばして息子に手渡した。息子は泣き止んだ。

四時間が経過していた。男は二人に対して二度、ささやかな慈悲を見せた。たぶん彼はやり遂げることができないだろう。しかしそのときだった。「首にバンドを戻す」と言った。そして間をあけずに、解放を約束した。しかし二人ではなく、彼女だけだった。彼女は何を信じていいのかわからなくなった。

「電話をかけてもいいぞ」と男は続けた。「車が壊れたから、迎えにきて欲しいと言え。電話したいのは誰だ？」

二人を解放するというのなら、なぜ再び首を拘束したのだろう？　意味が通らないが、彼女は質問せず、ただ男に息子の父親の名を告げた。もし何かが起きるとするなら、それが彼への最後の通話だ。二人の間の子どもを連れて、彼女が姿を消すなんて絶対にあり得ないと彼は理解するだろう。

この時点でサングラスをダクトテープで固定されていたジェーンの目は暗さに慣れ、自分たちがボカラトンモールに戻って来ていることがわかった。男がダイアルし、携帯電話を彼女の耳元に当てた。彼女の元夫が答えた。「車が壊れたの」と彼女は伝えた。「迎えにきて」電話が終わると男はヘッドレストに彼女を結束バンドで固定した。

「いいか」と男は言った。「警察が来たら、俺は背が低く、太った黒人だと言うんだ」ここで男は間違いを犯した。彼女の顔に固定したサングラスを外したのだ。ジェーン・ドウは自分を捕えた人物をしっかりと目撃した。男は背が高く、筋骨逞しい白人で、長くて茶色いウェービーヘアだったが、体毛は薄かった。男はそのときも緑色の柔らかなキャップをかぶっていて、女性はそれがミリタリースタイルのものだと気づいた。サングラスをかけていた。

男は彼女の運転免許証を奪うと、黒く塗りつぶした水泳用ゴーグルを取り出し、彼女の両目を覆った。

「この件が一度でも報道されたら」と男は彼女に告げた。「俺の似顔絵、俺の特徴……それが報道されたら、お前を必ず見つけ出す」

男は車のドアを閉め、そしていなくなった。

男が去ると、ジェーンは体の後ろで拘束された両手首を足の下にくぐらせ、体の前に持ってきて、ゴーグルを外し、どうにかして首のバンドを切った。彼女は運転席に移ると、車を飛ばしてモールの駐車係まで行き、警察に電話してくれと懇願した。

「誘拐されたんです」と彼女は訴えた。

「冗談ですよね?」

それでも駐車係は警察に電話した。到着した警察はジェーン・ドウの言うことを信用しなかった。ボカラトンでは通常起きないことだからだ。目撃者もいない。SUVからは、科学的物証が一切見つからなかった。ジェーンのように若い女性が、彼女の説明通りに身体を拘束されていたにもかかわらず、脱出できたということを警察は信じなかった。誰一人として目撃者がいないのに、彼女と息子が何時間も車で走り続けていたなんてあり得ない。彼女の話は率直に言って、奇妙だ。

刑事たちはジェーン・ドウに嘘発見器のテストを受けるよう言った。彼女は刑事たちに、やましいことは一切ないと訴えた。

三ヶ月が過ぎ、警察からはなんの知らせもなかった。しかし十一月のとある日、ジェーンはパームビーチ郡保安官事務所から連絡を受けた。三月にボカラトンモールから行方不明となった女性が被害者の、未解決の誘拐事件を追っているということだった。この被害女性も、黒い窓ガラスのSUV車を運転していて、ジェーン・ドウが駐車上で連れ去られた時間と同じ頃に姿を消していた。午後一時十五分だった。

彼女の名前はランディー・ゴーレンバーグ。誘拐されてから三十九分後に警察に通報が入った。電話をかけてきた人物は黒いメルセデスのSUVの助手席が開き、女性が道路に転がり落ちてきたと証言した。運転手が彼女を突き落として、その場を去ったように見えたという。

通報者は彼女に近づいた。「なんてことだ。死んでいる。頭に二発も撃ちこまれてる」

ゴーレンバーグは五十二歳で、裕福なカイロプラクター（脊柱指圧師）と結婚していた。夫と二人の子どもと、パームビーチにある二百万ドルの豪邸に住んでいた。彼女には敵がおらず、深刻な問題もなく、借金もなかった。彼女の周辺に、殺害の動機を持つ人物はいなかった。ボカラトンモールから五マイルほど離れた場所で発見された。靴とバッグは発見されなかったが、高価な貴金属類は――ダイヤモンドのネックレスと指輪、カルティエの時計――身につけたままだった。

ゴーレンバーグのSUVも、近隣のホーム・デポ裏手で乗り捨てられているのが発見された。ジェーン・ドウの存在が唯一の手がかりだった。

十二月十二日水曜日の夜中少し前、ジェーン・ドウと息子が誘拐されてから四ヶ月後、ボカラトンモールの警備員が、シアーズの駐車場でアイドリング状態だった黒いSUV車に近づいた。車内にいたのは四十七歳のナンシー・ボキッキョと七歳の娘ジョーイだった。ナンシーの手首と足首は拘束されており、首はヘッドレストに固定されていた。両目には黒く塗りつぶされた水泳用ゴーグルがはめられていた。ジョーイも同じく結束バンドで自由を奪われていた。

二人とも、頭に一発撃ちこまれた跡があった。

最初に現場に到着した警察官がジェーン・ドウを思い出し、ニュースで事件を知ったジェーン・ドウは言葉を失った。同じ男によるものだとわかったのだ。

それは警察も同じだった。その日のナンシーとジョーイの行動を分析し、これより以前に発生した二件の誘拐事件との間に驚くべき共通点を発見したのだ。防犯カメラは母親と娘がランディー・ゴーレンバーグと同じ出口から外に出て行く姿を映し出していた。ジェーン・ドウが連れて行かれたATMと同じ場所で現金を引き出すナンシーの姿も防犯カメラの映像に残されていた。ナンシーには手錠がはめられ、それはジェーン・ドウに対して犯人が見せびらかしたものに酷似していた。

ジェーン・ドウは警察に証言していた。この男はキットを持ってきていたのだ。そう男が呼んでいた――「俺のキット」と。その中には結束バンド、手錠、ダクトテープ、サングラスとゴーグル、ナイフ、そして拳銃が入っていた。男はATMにある防犯カメラの位置を正確に把握しているように感じられ、それらすべてを避けて動いた。男は以前にも同じことをしているに違いないと彼女は思った。

警察はその後、ボキッキョ多重殺人事件で使用された結束バンドとダクトテープが、マイアミにある小売店で、ナンシーと娘が殺害された直前に購入されたことを突き止めた。物的証拠やDNAは一切発見されなかった。状況から考えても、ドウとボキッキョの事件は酷似していた。それ以外、警察は何も見つけられなかった。

ボカラトンの特別捜査チームは一年後に解散したが、ジェーン・ドウが警察の似顔絵画家に伝えた詳細から描き上げたイラストを公開した。その似顔絵はキーズに似ており、特に口のあたりの類似は驚きだった。

これと同じぐらい驚きなのは、この事件の詳細だ。キーズは日中にハンティングを行い、人々を瞬時に誘拐した。キーズはほぼ常に被害者の車を奪う。誘拐犯は一日の取引限度額のことなど知らないかのように、ATMから現金の引き出しに失敗し、防犯カメラを徹底的に避けることができた。ジェーン・ドウが説明したキット。ゴーレンバーグの携帯電話が後日ホームレスによって所有されていたこと――これはキーズの好きなことの一つだった。キーズは捜査員に、犠牲者の携帯電話をホームレスたちが集うエリアに捨てることがあると発言していた。ペア、母親、そして子どもをターゲットにすること――これは自分の母親に対する怒りの果ての犯行なのだろうか？　家から離れるときは必ず「やるための場所を探す」とキーズは自供していた。彼の被害者に共通している好みのようなものを言えば「痩身」ということだった。ナイフが彼の好みの武器で、女性の首を縛って拘束する。警察には自分が黒人だと伝えろと指示を出す。捜査官の誰一人として、キーズの子どもに対するルールなど信用していなかった。

ボキッキョ事件に使用された結束バンドについて、ＦＢＩは指紋と同じぐらい特徴的だと考えた。同じ日に地元の小売店で購入されており、それはキーズがカリアー夫妻を誘拐したとき、事前に用意したと供述したことと重なった。

ジェーン・ドウは彼女を連れ去った人物は、くせのある茶色い長髪をポニーテイルにして、首の後ろに垂らしていたと証言した。暑い夏になぜ、もっと上の位置でまとめ、帽子の中に入れなかったのだろう？　キーズには首の後ろに星形五角形のタトゥーがあったのだ。

キーズがこの誘拐と殺人事件が発生された時間にどこで何をしていたのかは不明だが、ＦＢＩはこれらの事件が発生していたとき、キーズが旅に出ていたことを把握している。

ジェーン・ドウは警察に、自分を誘拐した人物が指示した通りにして、まるですべてが普通であるかのように、彼に話し続けたと証言した。それが理由で彼女と息子は生き延びたのだと彼女は考えている。

州当局と地元警察は後日、ジェーン・ドウが誘拐された数日後に同じような事件が発生しかけたことを突き止めた。この誘拐未遂事件が発生したのは、別の高級ショッピングモールの駐車場だった。被害者は女性で、自分の車の方向に歩いているときに、武器を持った男が前に立ちはだかり、彼女にATMまで車を走らせろと命令した。女性はハンドバッグを大きく振り回し、「私から離れて！　どこかへ行って！」と大声で叫んだ。

とっさの機転が彼女の命を救ったのだ。のちにジェーン・ドウの証言により描かれた男の似顔絵を見た女性は、完全に同じ男だと証言した。

これ以降、一度もこの男による襲撃は発生していない。ボキッキョ事件は未解決のままだ。

第33章

キーズが口を閉ざしてから三ヶ月。その前後に捜査員たちは捜査を進展させた。イーグル川付近に二〇一一年五月頃にキーズが埋めたものを掘り起こしたのだ。ネアー・ベイ付近で、テッド・ハーラとコリーン・サンダーズがキーズが残したというベイライナー社のボートを捜索していたが、証拠となるものは一切発見できていなかった。少なくとも八人の犠牲者がいたらしいことが判明した。三人は身元が判明し、残り五人は捜査員たちにとっては確信に近いものがあるというのに、身元を確定できていなかった。

しかし、その中の一人については身元を割り出すことができるかもしれなかった。ニューヨークで遺体の確認ができたテキサス州のジミー・ティッドウェル事件について、チームは確信を得ていたのだ。

十月の末頃、キーズは再び取調室の机に戻り、FBIは新たな戦略を打ち出していた。軽くプレッシャーをかけていくのだ。ボスのせいにする。脅しをかける。キーズはこれまで何度となく行われてきた取り調べを、一度の長い嘲りのようにして先導し、アメリカーノを飲みながら葉巻を吸い、別の被害者をちらつかせた。捜査員たちは、どうぞもう一人教えてくださいと乞うような状態に陥り、それはキーズが連邦政府を愚弄していることにほかならなかった。

FBIは、キーズの名前が世間に漏れてしまうかもしれないとそれとなく伝えた。名前が報道されたのはバーモント州だけで、その他の場所では報道されていないこと、知っているのはこの部屋にいる捜査官だけだと強調した。だが、今やキーズに対して捜査官たちの堪忍袋の緒が切れそうになっていること、それは捜査局も同じだと告げるときだった。クアンティコのスケジュールは別なのだと。

「率直に言って、君の足元は凍り付いているんだ、イスラエル」とフェルディスが言った。彼は文字通り、そして隠喩的に言っていた。「だから、遊んでいる時間はないし、進展がないのだったら、もうこれ以上できることは我々にはない」

「そういうことに……」とキーズは言った。「俺が関わっている事件が左右されることはない」

以前キーズが発言した通り、他の遺体はすべて不明のままとなる。

「お前も状況が変わって辛抱強くなったのかもしれないな」とベルは言った。「しかし、この部屋にいる人間の忍耐力は風前の灯火だ——少なくともボスたちは成果を上げろと我々にプレッシャーをかけはじめている」

名前を報道するというのは脅しにはならないとキーズは捜査官に言った。なぜなら、自分は「最大限度の報道」を検討しているからなのだそうだ。全国ニュースを放映しているテレビ局と連絡を取り、より多くの被害者についての自供と死刑執行日の情報を交渉のテーブルに置くことを、連邦政府が拒否したと伝えるのは簡単なことだ。キーズは悪意に満ちていた。「自分の事件を一つの例として利用したいと希望すれば、メディアは俺に大きな舞台を用意するはずだ」と彼は言った。「俺に何を提案したって無駄なことだ」

脅しだって通用しないとキーズは言った。「今日は、『俺たちに情報を渡せ、さもなくば』とでも言う日なんだろ?」キーズは笑った。

警察に対する嘲りは腹立たしいものだった。彼を揺り動かすのは今だった。

「デブラ・フェルドマン」とゴーデンは言い、フェルドマンの写真を机に叩きつけるようにして置いた。捜査官たちはニューヨークの遺体が彼女であると確信を持っていた。麻薬中毒で売春婦だったフェルドマンは、二〇〇八年四月八日にニュージャージーから行方不明になっていた。その日はまさに、キーズがニュージャージー州を移動していたのだ。

「彼女については前にも話したことがあるわね」とゴーデンは言った。実際のところ、捜査官はキーズに彼女の写真を以前にも見せたことがあって、そのときの彼の反応は——感情を抑えた様子だったが驚いていた——捜査官たちにキーズが殺したのだと確信させるものだった。

「ニュージャージーはこの件について力を入れているわ」とゴーデンは言った。「それはFBIも一緒よ」

キーズは自分の体を擦り出した。「わかったよ」とキーズは言った。声は低かった。

「話しはじめるのなら、ニュージャージーがいいと考えたんだ」とベルは言った。

「そうかな」とキーズは言った。

「君のコンピュータに彼女の名前が残っていた」とフェルディスが言った。

キーズはより一層強く体を擦りはじめた。「俺はコンピュータの中にあったものについては話をしない」とキーズは言った。取引をすれば、状況は変わるかもしれない。

「デブラについては、我々に話したくない何かがあるんだな」とフェルディスが言った。

「ああそうだ」とキーズが言った。「とにかくそれについては話をしたくない」

十月三十日、ワシントン州ポールズボにある出張所からハーラとサンダーズがキーズの取り調べのためにやってきた。キーズがこれに有頂天になったのは確かだった。テキサスでは、テキサスレンジャーと地元の出張所所属のＦＢＩ捜査官と向かい会って座ることになったのに不満を抱いていた。ベルとドールがアンカレッジから飛行機でやってきたときにさえ、満足していなかった。もし尋問を受けるのなら、ＦＢＩのトップの捜査官をとキーズは望み、そして彼の出身地である州から二人のトップ捜査官が飛行機でやってきたことは満足のいくことだった。数ヶ月にわたって、トップ捜査官が誰なのか、彼らがどんな情報を摑んだのか、キーズは興味を抱いていた。
現段階で、ハーラとサンダーズはアラスカのチームより明らかに優勢だった。ネアー・ベイは長い間彼らの支配下だった。二人はキーズの子どもの親権を持ち、キーズと週に一度は電話で会話する、非常にセンシティブな人物であるタミーを担当してきた。キーズの過去の生活と関係する人々への取り調べもしてきた。ハーラとサンダーズの存在という目新しさは、新しい情報を取得する可能性を消し去ってしまうかもしれなかった。

ハーラは気取らないところがベルに近かった。非常にカジュアルな語り口だが、内心ではキーズのことを恐れていた。まさかこんなにも恐れるとは予想していなかった。彼とサンダーズはキーズのこれまでの取り調べのすべてを聞いており、二人がどんなものに首を突っ込もうとしているのか、理解していると思っていた。

「僕たちが行った捜査について、何か質問は？」と彼はキーズに尋ねた。ハーラは彼に、タミーの母親や、友人でありボスだったデイブと話をしたと伝えた。

キーズの前に座りサンダーズは確かな自信を感じていた。それは彼女にとっても驚きだった――自分が恐れを感じるのではと思っていたからだ。彼女はキーズに対して、ネアー・ベイに住みはじめた当初の様子を尋ねた。

「どんな暮らしをしていたの？」

「無職だったよ」とキーズは答えた。ネアー・ベイの人たちが彼を雇ってくれるのには数ヶ月かかったそうだ。「形勢が逆転したのはおもしろかったな」と彼は言った。「あそこのビル建設を手伝っていると、車で通るやつらが『国に帰れよ、ホワイトボーイ！』なんて叫ぶんだ」それでも一年ほどが経過すると、彼の仕事ぶりや、保留地を美しくしようと努力する姿を目撃した人たちは、彼を受け入れたのだ。

ハーラはコルヴィルに話を移した。「あそこにいたのは一九九六年か?」

「ああ」とキーズは答えた。「一九九六年で、俺がコルヴィル界隈にいた最後の年になる」

「コルヴィルで暮らしていた時期のことだが」とハーラは尋ねた。「ジュリー・ハリスという両脚が不自由な子が行方不明になった。覚えているか?」

「その年のことか?」とキーズは聞いた。体を擦りはじめた。

「君の近所に住んでいたはずだ」とハーラは言った。

「話を聞いた記憶はある。名前は覚えているけど、詳細はわからない」

事件の詳細は身の毛のよだつようなものだ。キーズはそれを何度も味わって楽しんでいたかもしれない。

「確か重大事件だったような記憶がある」とキーズは言った。「地元の新聞に掲載されたりしていた。当時俺は建築会社で働いていたから、話は聞いたよ。ただ、個人的に興味を抱いたりすることはなかった。よくある出来事の一つで……そのうち忘れるようなことさ」

ゴーデンは、あのような有名な事件はキーズにある程度のインパクトを与えたはずだと言った。

そうでもないなとキーズは口にした。

誰も彼の言葉を信じなかったが、深追いはしなかった。ハーラはワシントンの国立公園と森林公園について話を移した。キーズがそこで誰も殺害していないというのは本当だろうか?

「それは本当だ」とキーズは答えた。捜査官が信じたその言葉は嘘だった。七月の時点で、彼はベルとフェルディスに被害者の一人が実際に発見されたが、それは事故と断定されたことを教えていたのだ。ベルはその被害者は断崖の下で発見されたハイカーか、水中で発見された遺体のことではと疑った。

「あれは間違いだった」とキーズは語っていた。「カリアー夫妻と同じような状況だった。すぐにどうこうすることはできなかったから、見せかけるというか……事故だと断定される状況だったというか……とにかく、最後には話すから」


ハーラは一時的にクレセント湖の被害者についての話をもちかけた。


ハーラは、なぜベイライナーのボートを購入したのかを聞いた。それはあらかじめ、遺体を遺棄するために購入したものなのか？　それとも、後から思いついたのか？

「昔からボートに興味があったんだ」とキーズは言った。「十五歳の頃からボートを作りはじめた。ボートに別な意味はないよ。楽しかったんだ」

捜査官はキーズがボートを作っていたことを知らなかった。キーズは自慢げにベルに対してカヌーや手漕ぎ舟、カヤックをいろいろな場所で作っていたと話していた――キーズは銃を作ることができる上に、移動標的も作れ、吊り橋をかけ、家を建築することもできる。次に何が飛び出すかは神のみぞ知るだ。

キーズはキャンプ道具を運べる程度の大きさのある、ベイライナーのようなモーターボートが欲しかったのだと言った。

ゴーデンとサンダーズはキーズの記録の中にボートに関する別の情報があったと話した。ボートは他にもう一艘だけあった。それは外洋航行用のボートだったという。あまりにも手がかかるので、捨ててしまったのだそうだ。

「ボートで遺棄された被害者が多いと理解していますが」とハーラは言った。キーズが頻繁に訪れていたオゼット湖の底に他の被害者が眠っているのではと捜査チームは考えていた。被害者数人の遺体がワシントン州に残されているだろうことを彼らは知っていたが、彼らはワシントン在住だったのだろうか？

「ああ、それについては……細かいことはまだ話したくない」とキーズは言うのだった。

家族と同僚が知らないうちに彼を助けていたという点についてはどうなのだろう？　ハーラとサンダーズは、キーズが勤務時間の記録簿に虚偽を記していたことを知っていた。度々、「葬儀休暇」と書いていたのだ。だが、若い男性の周囲で多くの人が亡くなることは、なぜか疑われることはなかった。

キーズは、誰に対しても嘘をついていたことを認めていた。

「何かをやって欲しいと誰かに頼むときとか、なぜ俺がそうしているのかという理由については、実際に起きている現実とずれた説明をしたことが度々あった」と彼は言った。「ワシントン州東部に行く場合は、昔からの友人に会うとか、懐かしい場所に行くとか、そういう感じで……」

「それでオレゴンにも行っていたんだな」とベルが言った。

「いや、別にオレゴンはどうしてもというわけじゃなかった」とキーズは言った。「ワシントン州東部には行ったかもしれないが、昔からの友達に会うというわけじゃない。ワシントンの東に友達なんていないよ」と彼は笑って、体を擦りはじめた。

ハーラはキーズの不意を突いてやろうと考えた。「自分の携帯を誰かに渡して、電話をかけてもらうことはある?」 キーズは引っかからなかったが、殺人事件への関与が不可能に見えるように、常に自分の予定はタイトにしているということは認めた。サマンサ事件のときもそうだった。

ハーラとサンダーズはサマンサを誘拐する以前のキーズの精神状態について疑問に思っていた。ハードに働くことで欲求を制御していたのだろうか? キンバリーに出会ったときは、どうだったのか? 新しい関係に対する喜びは十分だったのだろうか?

そうでもなかったとキーズは答えた。「その過程でたくさんの妨害があったから。俺にとっては、次から次へと趣味ができるといった感じだな。でも日が暮れると……」 キーズはクスクス笑い出した。「趣味がいくつあっても問題じゃない。最終的にはすべて同じところに戻ってくるのさ」

これはたぶん、行動分析課が唯一確信していたことだったし、すでにキーズに対する初期の尋問でわかっていたことでもあった。キーズは金や精神疾患によって動機を得るのではなく、単純な喜びだけが彼を突き動かしているのだ。キーズがやったのは、やりたかったからだ。どうにかして気を逸らそうとしてやっていたことであっても、常にそれは彼の究極の欲望に繋がっていた。ロイ・ヘーゼルウッドが『ダークドリームス』で記したように、楽しいからレイプしたり、殺害をしたりする人間は存在する。そしてヘーゼルウッドは正しい。なぜなら、キーズは自分でそう発言していたからだ。一旦動き出せば、それ以上の感情のほとばしりは存在しない。

一度そのほとばしりへの耐性ができてしまってからは、もはや選択肢はなく、エスカレートするだけだった。

「銃は俺にとって大事な趣味だった」とキーズは言った。

「爆発物とかね」これを理解するのにベルにはしばし時間が必要だった。

「爆発物だって？　お前、爆弾も作るのか？」

「そんなに驚くことでもないだろ、でも、そうだな、いじったりはするよ。主に設計をしたり。一度も……」

「どこで爆破させたんだ？」ベルは尋ねた。「裏庭ではできないことだろ」

「ネアー・ベイには広い土地がたくさんあるけど」とハーラが言った。ナーバスな笑い声が響いた。

「いや」とキーズは言った。「ここに来る前に爆弾を作るための道具はほとんど始末してしまったよ」キーズは主に黒色火薬を使った爆発物を製作していたこと、別のタイプの犯罪を犯すときに使ったり、使わなかったりしたという。

「爆発物で何かを破壊していたとか？」とハーラが聞いた。彼が想定していたのは、爆破してドアを破壊することだった——訓練を重ねた軍や警察が、究極の状況下で行うことがある。

ああ、あるよとキーズは答えた。十四歳の頃からやっているという。「鍵をパイプ爆弾で破壊したのが最初だ」

「小屋とかガレージとか、そんな建物の鍵？」とベルが聞いた。ベルはそのときもまだ、ショック状態で気づいてはいなかった。もっとデカいものだ。

「違う」とキーズは答えた。「林野部の正門の鍵だったと思う」

政府の土地だ。この自白が事件の様相を変えた。

数分以内に、爆弾処理班が二カ所に派遣された。アンカレッジ議会に、そしてニューヨークの政府の土地に。

FBIはなぜこれに気づかなかったのか？ わずかに存在するキーズの軍の仲間へのインタビューで、これを指摘した人物がいた。キーズは少なくともその中の一人に、ニューヨーク北部の土地に、別名コップ・キラーと呼ばれるブラックタロン社の実弾九千発を埋めたと語っていた。この銃弾は銃の乱射事件でよく用いられるものでもあった。アンカレッジ議会においては、捜査官がヒンジを外されたドアをいくつも回収した。その一枚には「Church of Arlington」そして「YouMustBeBornAgain.org」とペイントされていた。両方とも、ウェルズ教会（テキサス州ウェルズを本拠地とする新興宗教団代の名称）の別名だった。

キーズは何を企んだのか？ キーズは捜査官たちに数々の計画を話し、そして今度は大きな企てが明るみに出た。キーズは教会に火をつけようとしていた。燃やす代わりに爆破するのではと考えるのは容易なことだった。キーズは警察官を殺すことを妄想し、恋人たちが集う道路でアンカレッジの警察官を殺しかけたことを認めていた。軍の仲間のパーキンスに多くの人間を誘拐する計画について話していた。自分の白人至上主義的なルーツについて言及する一方で、自分が白人至上主義者であることは否定していた。二人のうち一人がオクラホマシティ連邦政府ビル爆破事件に関与しているとされる、チェビーとチェイニーのケホー兄弟と友人だった。連邦政府を憎むよう育てられている。ティモシー・マクヴェインを英雄とする人々と一緒に育ったと捜査官に語っていた。そして、自分自身がそう思っていることを否定しなかった。

この日ニューヨークで回収されたものが何だったのか、ＦＢＩは決して明らかにはしない。しかし、彼らはキーズ事件に対して新たな分類を与えた。テロリズムだった。

第34章

結局、キーズが何を計画していたのか、あるいは彼が報いを受けずに逃げ切ったより大きな犯罪について、我々が知ることはできない。二〇一二年十二月一日の夜の十時過ぎ、イスラエル・キーズは独房でカミソリと縄を使用して自ら命を絶った。自分の血液で描いた十二個の頭蓋骨の絵を壁に残した。その下には「我々は一つ」という言葉が書かれていた。

キーズは同時に、捜査チームに一つのヒントを残した。同じく、それは血でこう書かれていた。

BELIZE（ベリーズ）

ベルとペインは、キーズが殺害したのは十一人で、十二個目の頭蓋骨は、彼自身だと考えられると主張した。最終的な人数は「一ダース以下だ」と言ったキーズを信じていたのだ。数字が苦手なペインにとっては、一ダースという数字は常に奇妙なものだった。多くの人が、五とか十の単位で換算する。一ダース以下というのは、彼にとっては十一だったのだ。この事件に関係していた他の捜査官たち——ガナウェイ、チャコンなどは、キーズが殺害した人数はもっと多かったと考えている。

エピローグ

私たちの誰もがイスラエル・キーズの犠牲者になり得た。この事件についてFBIが公表に踏み切ったとき、キーズの目撃情報やキーズと出会ったという情報がアパラチアン・トレイルからカリフォルニア、マサチューセッツ州モンタギュー、テキサス州のサン・パドレ島、ニューヨーク市のユニオンスクエアに至るまで寄せられた。

それは聞くに値する情報だった。9・11後の世界で、平均年収以下のフリーランスの建築作業員が、国土安全保障省によって目をつけられずに、どうやって片道の航空券をそれだけ大量に購入することができたのだろう？　キーズはレイシャル・プロファイリング（特定の人種に限定して調査すること）の恩恵にあずかっていたのでは？　彼は銃を携帯して移動することがあった。解体して持ち込みバッグに入れていたというのに、運輸保安局により一度も疑われたことがなかった。

FBIに対して何人もの人物が、キーズがビーチで声をかけてきた、国立公園で声を掛けられた、トレイルで話しかけられた、キャンプ場で会ったと証言した——家にも近づいていたという。玄関までやってきたり、ポーチに近づいたり、私道に入ったりされたそうだ。彼は会話をしようとしたり、手伝いをしましょうかと声をかけた。ドアをノックし、保険のセールスマンを装っていたこともある。

複数の人が同じ状況を報告している。キーズが、時々もう一人の男性と、国内のありとあらゆる場所で、森から姿を現したり、墓地でシャベルを持って歩いていたという。

運転している最中にキーズに追いかけられたと確信しているテキサス在住の女性がいる。二〇〇一年、あるいは二〇〇二年、ポートエンジェルスの人里離れた高速道路百十二号で、キーズに尾行され、誘拐されかけたと言う女性もいた。ＦＢＩに送られた長いメールの中で、ガソリンスタンドでガソリンを満タンにしていたときに、中型トラックに乗った男性がじっと見ているのに気づいたと書いている。

「そこから先の四十マイルほどを、男は私を追い越しては車をゆっくりと走らせたりしたのです……とてもゆっくりと。時速五マイルほどで走り、バックミラーを覗き込んでは私を見ていました。車線で何度か止まり、私は仕方なく男の車を追い抜きました。最後に男が私の前で車を停車したときに、運転席から出ると、ドアの横に立ち、私を見たんです……とても暗くて、雨が降っていて、寒い夜でした。彼は私を止めようとするかのように手を振り、私は男の横を走り去りましたが、男は私の車のほうに近づいてきたんです」

女性の携帯電話は圏外だったが、とりあえず、点灯している携帯電話を掲げて見せた。男は体の向きを変え、走り去った。

女性はこの男がイスラエル・キーズだったと信じている。ＦＢＩは容疑者からキーズを排除することができないでいる。

発見され、身元の確認される犠牲者が現れるかもしれないし、いずれ捜査が結実するかもしれない。もしキーズがワシントン州クレセント湖の遺体について真実を話していたのだとすると——捜査員はそう信じていたが——遺体はまだそこにあるはずだ。捜査局のエキスパートがゴーデンに、新鮮な水質で、海洋生物が存在しないというクレセント湖のコンディションは、遺体の状態を保持しやすいと考えることができると言った。重りをつけて沈められている場合、発見はより容易になるだろう。

ハーラとサンダーズが捜索を依頼したが、捜査局は捜索に金を使いたくないと返事をした。

十四年間にわたって自分の中に二人の人物がいたと捜査員たちにキーズが語ったことについて、ペインはそれを真実だと考えているそうだ。彼の考えでは、キーズが殺人をはじめたのは退役後で、母親のヘイディ・キーズも同じように考えている。それを直接的に示す事実はないとしながらも、最初の犠牲者を殺害したのはフォート・フッド基地を去ったあの夏以降だったと確信しているという。一九九六年のジュリー・ハリス事件、一九九七年、彼の故郷であるコルヴィルで発生したキャシー・エマーソンと母親のマリーナ殺害事件について、キーズは容疑者リストからから外されてはいない。

二〇一三年一月九日、キーズの自殺から一ヶ月と少しが経過したとき、タミーがキーズに対して、拭い去ることができない疑念を抱えていたとFBIに告白した。二〇〇〇年の十二月か、二〇〇一年初旬のことだった。彼女の近隣に住む男性がハイキング途中に行方不明になったという。その日の日中、または夜に彼女はキーズを見ておらず、今になってそれがとてもおかしいことに気づいたそうだ。遺体は後になって発見され、死因は事故によるものと断定された。

キーズの自殺後、アンカレッジ矯正施設内における手続きの失敗について、非公開喚問が行われた。

公開されたわずかな記録によれば、午後十時十二分から二十四分の間にキーズは首を切り、そして首を吊ったとあった。床は血だらけだったそうだ。日勤の看守が到着する午前六時まで、キーズの遺体は発見されることがなかった。

それが実際に起きたことらしい。大部分が信じられないような出来事だ。調停人は二つの事実により死の責任が生じたとしている。「一人、あるいはそれ以上の人間が」――それが誰かについては不明だが――「キーズを保護室から出し、そしてカミソリを与えた」アンカレッジ矯正施設、アラスカ矯正省も、そして州検事も堕落しきっており、二〇一六年、検事は収容者の自殺については記録を残さないこと、理由についての文章を残さないことを刑務所に対して助言していた。二〇一八年一月、アンカレッジ・デイリーニュース紙が、アンカレッジ矯正施設は秘密裏にキーズが使用していた面会室を盗聴しており、それ以降、これらの部屋には盗聴器が仕掛けられたままで、弁護士とクライアントの会話が違法に録音されていると報じた。

複数の報道機関の要請にもかかわらず、刑務所はキーズの自殺に関するすべてを秘密としている。当日夜の映像や音声、監察医の記録は公表されていない。しかし、情報公開法によって入手された矯正施設内特殊事件報告書には、詳細がいくらか書かれている。

午後七時、キーズは刑務所内の法律図書館まで連行された。その夜、三度目だった。二時間後、独房へと連れ戻された。その夜、キーズが収容されていたブラーヴォ・モジュールで看守を務めていた人物によると、その夜はセキュリティー・チェックを行い、書類を作成し、三十分の休憩を二度取った。明け方五時半に最後のセキュリティー・チェックを行い、その十分後に勤務を終えたという。「私が見た限りでは、独房番号三番イスラエル・キーズに異常はありませんでした」と彼は言った。「キーズは私がシフトに入る日は毎晩そうするように、体を見せないように毛布を巻き付け、寝ていました」

午前五時五十七分、他の看守がセキュリティー・チェックを行い、点呼をしたとき、「血液のようなもの」をキーズの独房で発見したという。彼は助けを呼び、キーズに大声で話しかけ、返事がないことを確認すると、毛布に包まれたままの彼の体を触った。キーズは顔を右に向けた状態でうつ伏せになり、胸の下で腕を組んでいた。血まみれの状態だった。

「体は硬くなっていました」と看守は言った。看護師が現れると、看守はベッドカバーを引き剝がした。「キーズが死んでいることは明らかでした。脈がなく、肌は色を失っていました」看護師は、死体は冷たく、死後硬直がはじまっており、顔が青かったと証言していた。それは少なくとも死後、三時間から四時間は経過していることを意味した。大量の血液が体を包んでいたキルトの上部に染みこんでいて、それ以上の血液が床に溜まっていた。

刑務所はロックダウンした。

救急医療隊員が午前六時十分に到着したとき、彼らは奇妙な光景を目撃している。血液は寝台全体に広がっていただけではなく、サイズは判明していないが、コップ二個と牛乳パック二つにも注がれていたそうだ。午前八時二十五分までに、アラスカ州警察と連邦保安局、そしてＦＢＩ捜査官が現場に到着した。ジェフ・ベルもそのうちの一人だった。

ベルが最後にキーズと話をしたのは数日前のことで、感謝祭の直前だった。

「君の目的はすべてを我々に話すことだよな？」とベルは尋ねた。

「そうだ」とキーズは答えた。

キーズは鉛筆の中に埋め込んだカミソリの刃を使って、左手首を切った――それはベルが最も恐れていたことだった。死を確実にするため、キーズはベッド用シーツを切り裂いて首に巻き付け、端を左脚に結び、自ら首を絞めた。キーズは血まみれの遺書を数枚残している。ＦＢＩによって公開されたその一部から、ヒントが垣間見える。行動分析官の一人は、キーズが独特の言い回しを用いたと語っている――被害者の数人を「俺の黒い蛾のプリンセス」や「美しい囚われの蝶」と表現している――それは比喩的表現を多く用いて綴られた小説のようなものであり、映画『羊たちの沈黙』と自分自身を永遠に結びつけたいという願望の表れだった。

そしてキーズは生涯憎んでいたアメリカを非難していた。「自由の国、嘘の国、アメリカナイズ計画の国！」と書き、それを二度繰り返していた。「必要ないものを消費し、偶像化し、夢と認めたものを追い求める、それがアメリカ流の死だ」

この事件をきっかけとして、ＦＢＩは一般市民からの協力を求めた——しかし、あっという間に、彼らはこの事件を、イスラエル・キーズを闇に葬ることに決めた。国家安全保障省からの要請により、司法省は四万五千ページに及ぶ事件ファイルを非公開としている。キーズの移動記録は彼の死後、間もなく公開されたが、大部分が検閲された状態だった。テロ活動やテロ計画については謎に包まれたままだ。

キーズの最後のインタビューは自死の三日前に行われた。捜査員に対してあからさまに蔑むような態度をとっていたキーズは、悪いけど……と前置きした。カリアー夫妻の殺人は認めるが、それ以上は認めないと彼は言ったのだ。

キーズは自分の命を賭して、アメリカ司法制度の愚かさを非難したのだろうとジェフ・ベルは考えている。自死を支配と残酷さを示す最後の表現として捉えていたのだろう——それは彼の究極のサディズムだったに違いない。

もし彼が命を絶たなければ、我々は事件についてもっと知ることができたのだろうか？　それは無理だっただろう。キーズが自白に興味を失い、捜査官を操り、フラストレーションを与えることを楽しんでいたことにＦＢＩが気づくのに、数ヶ月もかかっていたのだ。他の犠牲者について語ることはあったかもしれないが、彼がすべての犠牲者を明らかにするはずだったという見解には疑問を抱かざるを得ない。彼は犠牲者を求めていた。死んでいたとしても、犠牲者は自分に属していると発言している。

精神分析から彼の幼少期についての情報は多く得られているが、その内容においてもキーズは必要最低限しか明らかにしていない。それ以上に、捜査官は彼の人生や家族や内面についてはまったく何も知らない――実際のところ、捜査官が彼を理解しようとすればするほど、何も語ろうとはしなかった。キーズは物語の伝え方を知っており、ほぼ二十年間にわたって、生き延びる方法を理解していた。デジタル時代のアナログ殺人者となるために、『CSI』やFBIのプロファイラーについて研究し、また自分のような人物について学んだのだ。彼が突出した怪物なのは、それが理由だ。

キーズは、テッド・バンディとH・H・ホームズ（十九世紀アメリカの連続殺人鬼）の創意工夫に憧れ、自分自身も同じように認められたいと希望した。彼は捜査官に近々の計画について語っている。アラスカを離れ、流浪の大工になるというものだった。頻繁に、そして広い範囲での移動の理由付けに、異常気象はうってつけだ。誰かが行方不明になったとしても、いずれ死亡と処理される災害発生エリアは誰かを誘拐するのに最適だ。彼はいずれホームズがしたように地下牢を建設して、長期間にわたって被害者をそこで生かしておくという計画を立てていたのだ。

犠牲者の数がわからないように、キーズの計画のすべてもわからない。しかし、キーズが自分の物語を逆さまに語ったように――最後から語りはじめた――彼の死は、新たなるはじまりなのかもしれない。キーズは一つの結果を確信し、手がかりを重ねるように残して去っていった。この事件は永遠に未解決のままだという事実である。

謝辞

本書の執筆にあたり、話を聞かせてくれたＦＢＩ捜査官と捜査員たちに感謝します。特に、スティーブ・ペイン氏は確固たる信念を持ち、誠実で、一年以上にわたって、ほぼ毎週、私からのインタビューを受けてくれました。ジェフ・ベルは同じように私と話をしてくれただけでなく、アンカレッジ市内でキーズが立ち寄った、身の毛もよだつ事件現場を案内してくれました。ペインとベルは才気溢れる、誠実な人たちです。二人に対する感謝は永遠に消えることがないでしょう。

ジョーリーン・ゴーデン、キャット・ネルソン、そしてリズ・オーバーランダー。本当にありがとう。ボビー・チャコンは戦術的専門知識だけでなく、彼の使命にまつわる深い感情的犠牲についても語ってくれました──それはとても勇気のあることです。チャールズ・〝バート〟・バーテンフェルド、ジョー・アレン、そしてこの事件を解決に導いた多くの州の捜査官や法執行機関にも感謝します。テキサス・レンジャーのスティーブ・レイバーン、デブラ・ガナウェイ、そしてケヴィン・ピューレン、バーモント州のジョージ・マーティー警部補、クリス・アイバー、ニューヨーク州オールバニのＦＢＩ支局ミシェル・デルファ（本書に彼女は登場しないが、彼女の洞察は見事なものだった)、そしてテッド・ハーラー、コリーン・サンダーズは、この事件の舞台となったワシントン州西部を案内してくれた。

FBIの偉大なるプロファイラーであり、作家のロイ・ヘーゼルウッドは二〇一六年に本書執筆に関して私に洞察を与えてくれた。人生の多くをおぞましい人間性と対峙するために費やした彼は、私がこれまで出会った中で、最も優しく、そして楽しい人だった。

イスラエルの幼少期、家族のコルヴィルでの暮らし、そして彼女が息子の中の悪魔と呼んだものについて話をしてくれた、ヘイディ・キーズにも感謝を。彼女の助けになりたいという意志が、捜査関係者にも伝わりますように。

本書は多くの才能ある人々によって作られている。エミリー・マードック・ベイカーはヴァイキング社の編集者だ。メラニー・トルトロリーは本書を引き継ぎ、寛大で丁寧な編集作業を重ねてくれた。ローラ・ティズデルは困難な仕事をやり遂げ、鋭さと思いやりを持って、完成までを見届けてくれた。エイミー・サン、ジェーン・カヴォリーナ、そしてヴァイキング社のみなさんには心から感謝している。

私のエージェント、ニコール・トーテロット。あなたは戦士。あなたと組むことができる作家は幸せだ——味方について欲しい人、それがニコールだ。

デイビッド・カーンは執筆当初から私を励ましてくれ、デーナ・スペクターは本書に可能性を見い出してくれた。

米憲法修正第一条で保障された権利を保護する弁護士であるケイト・ボルガーとそのチームは、

司法省との長きにわたる情報公開法に関する折衝に、ほぼ無償で取り組んでくれた。正しいことだという理由でのみ、動いてくれたのだ。

ケイトと弁護士のパトリック・カバット、マシュー・L・シーファー、マシュー・E・ケリーは事件資料やFBIの証人尋問、公開されたことのなかった文書を読み解き、資料の隙間を埋めてくれた。

アンカレッジでは、弁護士のジェフリー・W・ロビンソンと彼のチームが、何年にもわたって秘密とされてきたキーズの事情聴取内容の開示を求め連邦裁判所に提訴、瞬く間に勝訴して、不可能を可能にしてくれた。ジェフも、仕事を平均よりも低い報酬で引き受けてくれた。私が得た知識は思いがけない贈り物と言える。

『デビル・イン・ダークネス：イスラエル・キーズの真実の物語』(*Devil in the Darkness: The True Story of Serial Killer Israel Keyes*) の著者、J・T・ハンターに感謝する。タミーへのインタビューはこの物語の主要な部分を担っている。記者のミシェル・セロー・ブーツとケイシー・グローヴはアンカレッジでこの事件を担当し、事件について私の質問に何でも答えてくれ、アドバイスを与えてくれた——競合する記者間では、あまりない話だ。

ニューヨーク・ポスト紙では最もタフで知的な編集者から学んだ。スティーブ・リンチは二〇一二年にポスト紙に掲載された事件記事を、書籍として出版する許可を与えてくれた。彼が最初に読んでくれたことで、物語の焦点を絞ることができた。彼のサポートには深く感謝する。ポール・マクポーリンは最も優れた捜査技術の持ち主で、彼の疑問は本書を深く、豊かなものにしてくれた。マーギー・コンクリンは最終的な編集を行い、最も重要なタイミングで最終章の方向性を変えてくれた。双子を妊娠し、自らの書籍を執筆中だった親友のスザンナ・キャハランは、何度も原稿を読み、編集作業を行ってくれた。あなたは最高。ポスト紙で同僚だったアラスカ出身ジョシュ・ソールと彼の家族はアンカレッジで私の面倒をみてくれた。

最後に、サポートしてくれた私の家族と友人たち、あなたたちがいてくれたこと、励ましてくれたこと、私が最も必要としていたときに楽観的でいてくれたことに感謝している。特に、私の父は医療診断と見解をものともせず（これが一番うれしかった！）、この本を読んでくれたことに感謝している。ありがとう、そして愛を。

情報源について

本書は何百時間にも及ぶ実際の事情聴取の記録、そして何千ページにも及ぶ未公開文章に基づいて執筆されている。これは匿名の人物によって提供されたサマンサ・コーニグ事件に関する自白調書も含まれている。カリアー夫妻の事件については、ジョージ・マーティー警部補の個人的な記録、電話による彼本人のキーズへの尋問内容、キーズの日記に基づいたＦＢＩ独自の犯行スケジュール、ＦＢＩが聞き取りを行った目撃者の証言、検査報告書、宣誓供述書、捜索令状、電子メール、裁判関係資料、キーズの犯行と同じ時期にリリースされた事件報道、キーズの逮捕記録と軍歴、そしてアンカレッジ警察署が作成した事件ファイルの一部などを参照している。

大部分の名前は伏せられたままだが、捜査官たちから私が入手した情報から、情報源を確認することは容易だった。モニーク・ドールは本書執筆のための取材を辞退した。本件捜査での彼女の役割については、アンカレッジ警察署の事件資料、私との非公式のインタビュー、彼女がこれまで受けてきたインタビュー、キーズとのインタビュー内容、そして彼女と共に捜査に参加した捜査官たちからの聞き取りを基に書いている。

サマンサの父ジェームス・コーニグも取材を辞退した一人だ。そこで、彼がこれまで受けてきた取材内容、アンカレッジ警察の事件記録、ペイン、ベル、そしてゴーデンの回想を参考にして記載することにした。ケヴィン・フェルディスは二〇一二年に私が執筆した記事には協力してくれたが、本書への参加は望まなかった。二〇一八年十二月に、彼に再び連絡を取り、キーズの尋問のほとんどを担当しただけはなく、それを主導した連邦検事としての考えを聞かせてほしいと頼んだ。しかし彼はコメントしなかった。二〇一八年に私の顧問弁護士が十三時間に及ぶキーズの秘密裏に録音された尋問テープについて、アラスカ連邦裁判所での公聴会を要求したところ、内容は公となった。これは公式に記録されてもいないし、アラスカ連邦裁判所に伝えられることもなかったものだ。聴取の存在自体を知る方法すらなかったという意味だ（今現在までに公開されている供述内容と、情報公開法によって明らかとなった文書によって、それまで欠落していた尋問内容を知ることができた。この一件以来、情報が不明となって姿を消す事態は、私の知る以上に頻繁に起きていることを学んだ）。

尋問が公開されてから、弁護士が検察庁に対して、これ以上隠匿しているものはないかどうか、何度か確認している。回答は未だ私たちのもとには届いていない状態だ。同じく裁判所の命令によって公開されたキーズの精神鑑定の内容は、キーズの生い立ちと人格形成について最も重要なセルフレポートと言えるだろう。完全とは言えずとも、キーズの日記の一部は、いつの日かFBIによって公開されるはずだ。

キーズが収監されたアンカレッジ矯正施設でなにが起きたのか、そして自殺の夜の詳細は、事象報告書、当時の報道、そして匿名の情報源から直接情報を得ている。しかし、実際になにが起きたのか、そしてキーズにカミソリの刃を与えた人物については、未だ謎のままだ。とある情報源は、あの夜、看守が定期的に見回りに歩いていたキーズの独房から、彼の血液が流れ出していたと証言している。

キーズが自ら命を絶ったあと、ＦＢＩはアメリカ全土の、そして国外の警察関係者とようやくコミュニケーションを取ることができるようになった。多くのケースでＦＢＩに真っ先に連絡を取ったのは、キーズが特定の殺人や行方不明事件の犯人ではないかと疑う、被害者家族や地元警察だった。本書で記している未解決事件は、捜査官や法執行機関がキーズの犯行の可能性を疑っているケースである。しかしボカ・キラーについては特別だ。ジェフ・ベルがフロリダの事件をマークし続けたこと、驚くほど手口が似ていること、そして警察が作成した容疑者の似顔絵が、あまりにもキーズと酷似していることがその理由だ。今のところ、ニューヨークで遺体が発見されたデボラ・フェルドマンについてのみ、キーズのもう一人の犠牲者としてＦＢＩが名を挙げることを躊躇しない人物だろう。

訳者あとがき

本書 *American Predator: The Hunt for the Most Meticulous Serial Killer of the 21st Century* は全米各地で数々の暴力的な犯罪を繰り返し、最後は自ら命を絶ってその責任を逃れた連続殺人鬼イスラエル・キーズの生涯と、彼と捜査関係者が繰り広げた駆け引きの記録である。原題の"American Predator"は直訳すれば「アメリカの捕食者」。本書では、まるで野生動物が獲物を捕食するようにして、残忍な殺戮を繰り返したキーズの犯行内容が、捜査関係者からの長時間に及ぶ取材に基づき、つぶさに描きだされている。

イスラエル・キーズは一九七八年にユタ州リッチモンドで生まれた。両親は白人至上主義者で十人の子どもたちを学校に通わせることなく、孤立した環境で育てていた。幼い子らに労働を強いて自由を奪い、社会との繋がりも完全に遮断。次男として生まれたキーズは、弟妹の面倒をよく見る頼りがいのある兄として兄弟姉妹の中で中心的役割を務めながら、一方で小動物を殺害したり、盗みを働いたり、暴力事件を起こしたりと、十代後半からその凶暴性をエスカレートさせていった。

二〇歳で入隊、高い身体能力とストイックさで優秀な兵士として様々な勲章を授与される。同じ従軍仲間のうちでも抜きん出て優秀だったキーズだが、山奥の閉鎖された環境で生まれ育った過去から仲間に馴染むことができず、次第に酒に溺れるようになっていった。除隊してからは、手先の器用さと幼少期からの厳しい労働で培った技術力をいかし、建設業を立ち上げ、腕のいい大工として評判も悪くはなかった。しかしキーズには、隠された凶暴な裏の顔があったのだ。

勤勉で物静かな大工という表の顔を使いながら、キーズはガールフレンドとの間に子どもをもうけ、やがて別離すると、看護師のパートナーを得る。彼女と娘と同居しつつ、普通の暮らしを装いながら、一方で全米各地に殺人キットを埋めて隠しては、残忍な犯行を繰り返した。車、飛行機などの移動手段を駆使し、人気のいない小さな町では、殺害のための資金を得るため銀行強盗まで行っている。殺戮だけを目的とした犯行では、身の毛もよだつ執着で被害者を待ち伏せし、獲物を狩るように俊敏な動作で捕らえ、ねじ伏せ、そして殺害した。キーズの犯行は一貫して冷酷非道だ。被害者の命乞いなど、キーズにとってなんの意味もなかったのだろう。圧倒的な力で獲物の命を奪い去るその様子は、およそ人間の行いとは思えない。

FBIの取り調べは長時間にわたって行われ、その様子はインターネット上のアーカイブで閲覧することができる。そこに映るキーズは、捜査官から出されたカフェラテを片手に、リラックスして雑談や事情聴取に応じている。感じのいい若者といった姿だ。残忍な殺害方法を、さも簡単なことのようにさらりと口にして見せる。殺人の様子を説明しながら性的興奮を感じていることを隠そうともせず、魅力的な女性刑事を指名しては上機嫌で語る。捜査官をからかい、あざ笑い、混乱させることに喜びを感じている様子が手に取るようにわかる。キーズが逮捕されるきっかけとなったサマンサ・コーニグ殺害事件についても、被害者が十代の女性であるにも拘わらず、なんの反省の色も見せない。殺害方法は極悪非道の限りだ。あまりにも残忍で卑怯なその犯行内容は、訳すのに苦労したほど。唯一キーズが反省したそぶりを見せるのは、わが子の将来を憂うときだけで、他人の大切な子どもの将来を根こそぎ奪っておきながら、その身勝手な主張には怒りを覚えるばかりである。

キーズの幼少期に同情すべき点がないわけではない。すべてを奪われ、父親から暴力を受けていた可能性もあり、母親からの強い依存と執着に苦しんだ彼が、人格形成の段階で多大な影響を受けたことは容易に想像できる。しかし、それを考慮しても、なんの罪もなく、面識もない人々を無残に殺害していい理由になるはずもない。

全編にわたって描かれているのは、イラスエル・キーズにまつわる捜査手法の致命的な失敗だ。サマンサ・コーニグ失踪直後から、捜査関係者の動きはすべて後手後手に回った。信じられないような初歩的ミスも多数発生する。ＦＢＩの捜査官や刑事たちが、捜査に割り込んできた検事のスタンドプレーに翻弄される様子は、捜査を進めたいのか、それとも迷宮入りさせたいのか、理解に苦しむような状況だ。それに加え、アラスカという土地の特異性も捜査の進展を遅らせる。雪が解ければＤＮＡが洗い流される。時間との戦いの中で、結局最後は、拘禁されていた矯正施設関係者の失態によって、キーズは自らの血液で書いた謎のメッセージを残し、一方的にすべての事件を永遠に封印してしまった。キーズの犠牲になった人々が何人いるのか、未だ謎は解明されていない。

著者のモーリーン・キャラハンはニューヨーク・ポスト紙などで活躍するライター・ジャーナリストで、九〇年代ファッション論 *Champagne Supernovas* やレディ・ガガ論 *Porker Face* などの著作も持ち、ポップカルチャーから政治問題まで広範なジャンルで執筆活動を行っている。著者ならではの、読みやすくリズムのよい文体は、まるでミステリー小説のように最後まで読者を事件に引きつけるだろう。

アメリカという広い国を縦横無尽に移動し、殺人キットを掘り起こして次々と残忍な犯行を行っていくキーズの凶行は、まさに読む者を震え上がらせるほど残忍だ。こんなにも凶暴な存在から、どうやって自分自身の身を守ればいいのか、途方にくれてしまうかもしれない。その答えを、誰が教えてくれるというのだろう。

殺人者はどこかで必ず身を潜めている。私たちにできることは、常に危険を想定し、不穏なサインを見逃さない、それだけかもしれない。

二〇二一年五月

村井理子

主要参考文献

- Cleckley, Hervey. *The Mask of Sanity: An Attempt to Clarify Some Issues about the So-Called Psychopathic Personality*, Eastford, CT: Martino Books, 2nd Edition, 2015.
- Douglas, John, and Mark Olshaker. *Mindhunter: Inside the FBI's Elite Serial Crime Unit*, New York: Scribner, 1995.（邦訳『マインドハンター：FBI連続殺人プロファイリング班』ジョン・ダグラス／マーク・オルシェイカー著、井坂清訳、ハヤカワ・ノンフィクション文庫、2017年）
- Geberth, Vernon J. *Practical Homicide Investigation: Tactics, Procedures and Forensic Techniques*, Fifth Edition, CRC Press, 2015.
- Hazelwood, Roy, and Stephen G. Michaud. *Dark Dreams: Sexual Violence, Homicide and the Criminal Mind*, New York, Macmillan, 2001.
- Hunter, J.T. *Devil in the Darkness: The True Story of Serial Killer Israel Keyes*, Toronto: RJ Parker Publishing Inc., 2016.
- Kahn, Jennifer. "Can You Call a 9-Year-Old a Psychopath?" *The New York Times Magazine*, May 11, 2012.
- Koontz, Dean. *Intensity: A Novel*, New York: Knopf, 1996.（邦訳『インテンシティ』ディーン・クーンツ著、天馬龍行訳、アカデミー出版、上下巻、1999年）
- Michener, James. *Alaska: A Novel*, New York: Random House, 1988.
- Rosenbaum, Ron. *Explaining Hitler: The Search for the Origins of His Evil*, Boston: Da Capo Press, 1998.
- Samenow, Stanton E., PhD. *Inside the Criminal Mind*, New York: Crown, revised edition, 2004.
- Smith, Sonia. "Sinners in the Hands: When is a Church a Cult?" *Texas Monthly*, February 2014.
- Thomas, M. E. *Confessions of a Sociopath: A Life Spent Hiding in Plain Sight*, New York: Crown, 2013.（邦訳『ソシオパスの告白』M・E・トーマス著、高橋祥友訳、金剛出版、2017年）

モーリーン・キャラハン Maureen Callahan

ジャーナリスト・ライター・コラムニスト。「ヴァニティ・フェア」「ニューヨーク・ポスト」などに寄稿。著作に九〇年代ファッション論*Champagne Supernovas*、レディ・ガガ論*Poker Face*などがあり、ポップカルチャーから政治問題まで、様々なジャンルに亘る執筆活動を行っている。

村井理子 Riko Murai

翻訳家・エッセイスト。一九七〇年静岡県生まれ。主な著書に『犬ニモマケズ』『犬がいるから』『兄の終い』『全員悪人』など。訳書に『ゼロからトースターを作ってみた結果』『人間をお休みしてヤギになってみた結果』（共にトーマス・トウェイツ著）、『黄金州の殺人鬼』（ミシェル・マクナマラ著）ほか多数。

亜紀書房翻訳ノンフィクション・シリーズⅣ-2

捕《ほ》食《しょく》者《しゃ》

全米《ぜんべい》を震撼《しんかん》させた、
待《ま》ち伏《ぶ》せする連続殺人鬼《れんぞくさつじんき》

二〇二一年七月四日　第一版第一刷発行

著者　モーリーン・キャラハン
訳者　村井理子

発行者　株式会社亜紀書房
〒一〇一-〇〇五一
東京都千代田区神田神保町一-三二
[電話]（〇三）五二八〇-〇二六一
[振替]〇〇一〇〇-九-一四四〇三七
https://www.akishobo.com

装丁　木庭貴信＋岩元萌（オクターヴ）
DTP　山口良二
印刷・製本　株式会社トライ
https://www.try-sky.com

Printed in Japan　ISBN978-4-7505-1699-8　C0095

亜紀書房翻訳ノンフィクション・シリーズ　好評既刊

なりすまし
――正気と狂気を揺るがす、精神病院潜入実験

スザンナ・キャハラン 著
宮﨑真紀 訳

黄金州の殺人鬼
――凶悪犯を追いつめた執念の捜査録

ミシェル・マクナマラ 著
村井理子 訳

人喰い
――ロックフェラー失踪事件

カール・ホフマン 著
奥野克巳 監修・解説
古屋美登里 訳

殺人鬼ゾディアック
——犯罪史上最悪の猟奇事件、その隠された真実
ゲーリー・L・スチュワート／スーザン・ムスタファ 著
高月園子 訳

生き物を殺して食べる
ルイーズ・グレイ 著
宮﨑真紀 訳

それでもあなたを「赦す」と言う
——黒人差別が引き起こした教会銃乱射事件
ジェニファー・ベリー・ホーズ 著
仁木めぐみ 訳

ホンモノの偽物
——模造と真作をめぐる8つの奇妙な物語
リディア・パイン 著
菅野楽章 訳

ドイツ人はなぜヒトラーを選んだのか
——民主主義が死ぬ日
ベンジャミン・カーター・ヘット 著
寺西のぶ子 訳

定本 災害ユートピア
——なぜそのとき特別な共同体が立ち上がるのか
レベッカ・ソルニット 著
高月園子 訳